広告ビジネスに関わる人の
メディアガイド2015

博報堂DYメディアパートナーズ／編

はじめに

長きにわたり、博報堂DYグループのガイドブックであった「メディアガイド」をこのたび「広告に関わる人のメディアガイド2015」として、皆様にお届けすることになりました。入社したとき、初めてメディアを担当することになったとき、メディアのイロハを学ぶための教科書として活用してきたメディアガイドは、データを中心とした基礎知識集です。マスメディアからインターネット、アウトドアメディアに至るまで、用語解説から生活者のメディア接触状況など多様なデータが収録されています。これまで、メディアプラニングやプレゼン資料の作成など、メディアビジネスのさまざまなシーンで使われてきました。デジタル化によってメディア環境は大きく変化し、メディアビジネスや生活者とのコミュニケーションは大きく変わりつつあります。そのような時代になっても、そのような時代だからこそ、それぞれのメディアが持つ固有の価値やメディアと生活者の関係性を客観的にとらえて、メディア効果をデザインすることの大切さは不変なのではないかと私達は考えます。広告会社のメディアビジネス最前線の知識と経験が詰まった同書が、広告に関わる方々、また、メディアと広告ビジネスに興味を持つ方々の一助になればと願っています。ご活用頂けましたら、幸いです。

最後になりましたが、本書を編纂するにあたって、数多くのデータを収録させて頂きました。ご協力を賜りました皆様に、この場をお借りして、御礼申し上げます。

2015年4月
メディアガイド編集長　新美妙子

広告ビジネスに関わる人のメディアガイド2015

Contents

はじめに ... 003

[1章] メディア概況
メディア環境年表 ... 008〜009
2014年メディアトピックス ... 010〜013
メディア環境研究所トピックス ... 014〜022
メディアイメージ ... 023
メディア接触状況 ... 024〜045
広告費 ... 046〜050

[2章] テレビ[地上波、衛星放送 BS／CS]
テレビ媒体概況 ... 052〜053
テレビ民間放送ネットワーク ... 054〜055
テレビ番組の種類 ... 056
テレビ番組の編成 ... 057
タイムCMとスポットCM ... 058〜061
スポットCMの時間取りパターン ... 062
タイムテーブル ... 063
テレビ媒体特性 ... 064〜065
視聴率 ... 066〜069
テレビ広告効果 ... 070〜071
テレビの調査 ... 072
用語 ... 072〜073
テレビ広告出稿状況 ... 074〜077
衛星放送媒体概況 ... 078
衛星放送広告手法 ... 079
BSデジタル放送媒体概況 ... 080〜081
BSデジタル放送媒体特性 ... 082〜084
CSデジタル放送／BSペイテレビ媒体概況 ... 085
CS／BSペイテレビの主なチャンネル ... 086〜087
CS／BSペイテレビ媒体特性 ... 088〜089
CSデジタル放送の視聴データ／ケーブルテレビ ... 090

[3章] ラジオ
ラジオ媒体概況 ... 092〜095
ラジオ民間放送ネットワーク ... 096〜097
全国のラジオ局 ... 098〜099
ラジオ媒体接触状況 ... 100〜103
ラジオ媒体特性 ... 104〜110
ラジオ広告特性 ... 111
ラジオ広告の種類と手法 ... 112〜113
ラジオ広告の料金 ... 113
ラジオ広告効果 ... 114〜117
ラジオ媒体の調査 ... 118
ラジオ広告出稿状況 ... 119〜122

[4章] 新聞
新聞媒体概況 ... 124〜127
新聞媒体接触状況 ... 128〜137
新聞媒体の種類 ... 138〜139
都道府県別世帯普及率　朝刊 ... 140〜141
都道府県別世帯普及率　夕刊 ... 142〜143
新聞部数 ... 144〜146
新聞の版建て／配布エリア／広告審査 ... 147
新聞媒体特性 ... 148〜151
新聞広告特性 ... 152〜154
新聞広告の種類 ... 155〜156

新聞広告の料金	157
新聞広告手法	158〜159
新聞広告効果	160〜162
新聞媒体の調査	163
新聞広告出稿状況	164〜165
フリーペーパーの概要	166〜167
フリーペーパー接触状況	168〜170
フリーペーパー媒体特性	171
主要フリーペーパー・フリーマガジン	172

[5章] 雑誌

雑誌媒体概況	174〜180
雑誌媒体接触状況	181〜185
雑誌媒体の種類	186
雑誌ポジショニングマップ	とじ込み
雑誌部数	187
雑誌ジャンル別主要ビークル	188〜190
雑誌媒体特性	191〜195
雑誌広告特性	196〜197
雑誌広告の種類	198〜199
雑誌広告手法	200
雑誌広告効果	201〜205
雑誌広告出稿状況	206〜208

[6章] インターネット

インターネット媒体概況	210〜218
インターネット広告概況	219〜220
インターネットメディアサイトの分類	221
インターネット広告の種類	222〜223
インターネット広告手法	224〜228
インターネット広告効果	229〜232
インターネット広告業務フロー	233
インターネット用語集	234〜236

[7章] アウトドアメディア[交通・屋外ほか]

アウトドアメディアの概要	238〜239
アウトドアメディアの特性	240〜241
デジタルサイネージ	242〜243
交通メディアの種類	244〜246
交通メディアの接触状況	247〜249
交通メディアの料金	250
交通広告出稿状況	251
屋外メディアの種類	252〜253
エリア別来街者数	254
屋外メディアの広告評価	255〜256
シネアド	257
シネアドの広告効果	258
店・ルートメディアの種類	259
施設メディアの種類	260〜261
家メディアの種類／オリコミ	262
オリコミの接触状況	263〜264
電話帳	264

主なデータの調査概要	265〜270

博報堂DYメディアパートナーズ
http://www.hakuhodody-media.co.jp/

博報堂、大広、読売広告社の経営統合により、それぞれのメディア・コンテンツ機能を統合し2003年に設立された、他に類のない「総合メディア事業会社」。メディア・コンテンツビジネス領域において、プラニング、プロデュース、バイイング、トラフィック、ナレッジを主要な機能として駆使し、広告主、媒体社、コンテンツホルダーに対し、最適な課題解決力を提供している。

メディア環境研究所
http://www.media-kankyo.jp/

博報堂DYメディアパートナーズ設立の翌年2004年3月に設立された、メディア／コンテンツ／コミュニケーションに関するシンクタンク。生活者の視点から、メディア環境変化を丁寧に読み解くことを通じて、マスメディア、デジタルメディア、新しく登場するさまざまなコミュニケーション手段が持つ効果や可能性を研究し、多方面に情報発信を行っている。

1章－メディア概況
Overview

メディア環境年表

メディア概況 ...... Overview

トピックス		テレビ P051〜P090	ラジオ P091〜P122
千と千尋の神隠し アカデミー賞受賞	2003年	地デジ開始 （3大都市圏の一部）	デジタルラジオ 実用化試験放送
冬ソナ・韓流ブーム アテネ五輪	2004年		RABJ発足 （2010年解散）
愛知万博 総選挙 自民党圧勝	2005年	通信事業者のVOD サービス	
WBC初開催 サッカーW杯 トリノ五輪	2006年	ワンセグ開始 地デジ全国で開始	インターネットラジオ開始
郵政民営化	2007年		インターネットラジオ 東京キー局5局 デジタルラジオ受信機発売
リーマンショック 北京五輪	2008年	ひかりTV 地デジ再送信	3月3日を「ラジオの日」に
オバマ大統領就任 総選挙 民主党圧勝	2009年		
総人口3年振り減 少子高齢化進展 バンクーバー五輪	2010年	3Dテレビ	radiko 設立運用開始
東日本大震災 なでしこジャパン	2011年	アナログ停波 地デジ化終了 （岩手・福島・宮城以外）	
ロンドン五輪 総選挙 自民党圧勝	2012年	地デジ完全移行	
2020年五輪 東京で開催決まる	2013年	ハイブリッドキャスト開始	radiko アプリ
ソチ五輪 消費税8％に	2014年	Hulu 日本テレビ傘下で 日本向けサービス開始	radiko.jp プレミアム開始

メディア環境年表

メディア概況 / Overview

新聞 P123～P172	雑誌 P173～P208	インターネット P209～P236	アウトドアメディア P237～P264
	ぴあ電子チケット サービス開始	パケット定額制開始	六本木ヒルズ開業
朝日新聞 「アスパラクラブ」開始	R25創刊	ミクシィサービス開始 GREEサービス開始	
	電子書籍94億円市場に CanCamTV(Web)	YouTube開始	
SANKEI EXPRESS 発行 47CLUB開始	ニコ☆プチ創刊	モバゲータウンサービス開始 Wii発売 Twitter開始 番号ポータビリティ	表参道ヒルズ開業
	AneCan創刊	YouTube日本語版	
あらたにす開始	SWEET付録 付録ブーム	Facebook日本語版 Twitter日本語版 iPhone 3G 日本発売 Android発売	J・ADビジョン導入 （駅デジタルサイネージ）
紙面の12段化加速	XBRAND マガストア		イオンチャンネル開始 （デジタルサイネージ） 3D映画
日経電子版開始		iPad日本発売	
読売KODOMO新聞創刊 朝日新聞 有料電子版開始	XBRAND STORE 本格始動	LINE開始	
	DOMANI バッグサイズ登場 SPUR.JP(Web)	Facebook10億人突破	東京スカイツリー開業
ハフィントン・ポスト 日本版開設	DRESS創刊	LINE登録者2億人突破	グランフロント大阪開業
	ウェブコミック配信 サイト・アプリ 週刊少年ジャンプ＋開始	Gunosy、Antennaなど キュレーションメディア 急成長	

MEDIA GUIDE 2015

メディアトピックス

2014年　概況

○スマートグラス、スマートウォッチなどの身に着けられるコンピューター端末「ウェアラブルデバイス」の実用化に向けた動きが活発になり、商品化が進んでいる。2015年、さらなる進化が期待される。

○コミュニケーションロボットなど個人向けロボットの開発が進み、生活者の暮らしやコミュニケーションに変化の兆し。

○2014年10月、KADOKAWAとドワンゴが経営統合し、両社の強みを生かしたコンテンツプラットフォームの形成、新しいコンテンツの創出、新規ビジネスを目指す。

○動画市場が拡大。動画広告が急速に増加し、テレビとインターネットの相乗効果に期待が高まる。スマートフォンのディスプレイの大型化やタブレット端末などのデバイスの変化は動画視聴の増加を後押しした。

○放送局の動画配信サービスの拡充、PCやスマートフォンでラジオ聴取できるラジコの普及、電子新聞・電子雑誌の増加など、テクノロジーの発達、多角的なサービスやデバイスの多様化により、メディアとプラットフォーム、放送と通信、コンテンツなど多方面での融合が進む。

テレビ

○2014年に民放キー局数社が無料見逃し配信を開始。PCやスマートデバイスでの放送後1週間の見逃し視聴が可能で、一部では番組の前後で広告配信も始まっている。また、民放キー5社による広告付き見逃し視聴サービスのトライアルが2015年秋に始まることが民放連より発表された。

○放送局の動画配信サービスはこれまで課金型のVODサービスがほとんどであったが、2014年、日本テレビ傘下となったHuluの日本市場進出により、定額制（SVOD）動画配信サービスが定着しつつある。米国動画配信サービスNetflixが2015年秋に日本でのサービスを開始すると発表。

○スマートテレビは、4Kテレビとともに本格的な普及期を迎え、テレビの解像度やネット接続だけでなく、アプリやスマートデバイスとの連携など多機能になると考えられる。また、これまでPCに搭載されてきたOSを採用することを発表するテレビメーカーも出てきており、機能面でPCとテレビの境界が曖昧になってくる。

2014年メディアトピックス

○BSデジタル放送の視聴可能世帯数は全国で約3,944万世帯。世帯普及率は推計70.5%（「BS世帯普及率調査」2014年12月）。

○CS／BSペイテレビの視聴可能世帯数は全国で約1,078万世帯。ケーブルテレビ経由は約646.9万世帯、直接受信世帯（「スカパー！」加入数）は約337.8万世帯、IPTVなどで約92.9万世帯。世帯普及率は20.7%（CABJ 2014年6月）。

ラジオ

○「ラジコ（radiko.jp）」が好評。PC、スマートフォンなどでの聴取が可能で、全国に拡大。
全国のラジオを聴くことができる有料サービス「radiko.jpプレミアム」は利用者が15万人を超える（2015年1月末現在）。

○難聴取対策としてAM局がFM波を使用したサイマル放送を一部開始。

○2015年よりVHF帯を使用した高音質放送やデータ配信が可能な新サービス「V-Lowマルチメディア放送」が始まり、順次全国に拡大予定。

新聞

○新聞各社のデジタル版がさらに進展。日経電子版の会員数（有料＋無料）は2014年12月時点で約250万人。朝日新聞デジタルの会員数（有料＋無料）は2014年5月時点で約148万人を突破。また、読売新聞が2014年4月より、本紙購読者限定の有料サービス「読売プレミアム」に、朝刊紙面をブラウザでそのまま読める機能を追加したことで、中央5紙の紙面ビューワーが出揃った。

○2011年に首都圏・近畿圏の中央5紙でスタートした新聞広告共通調査プラットフォーム「J-MONITOR」は、参加新聞社・エリアが拡大し、2015年4月時点で18社19紙が参加。

○日本新聞協会の推奨制作サイズ「N-SIZE」の適用拡大。15段・10段・7段・5段に加え、3段・2段・1段、さらに二連版、1／2の左右サイズが追加。このサイズで入稿すると、新聞各社のサイズに合わせて拡大・縮小される。

2014年メディアトピックス

メディア概況 .... Overview

雑誌

○40～50代の女性誌が好調。

○雑誌広告効果測定調査「M-VALUE」データ・システムの提供が開始。業界標準値の整備・蓄積に向け、調査継続中。

○コミック誌も含め、雑誌のデジタル化が進む。デジタル版が無料で読めるキャンペーン、雑誌購入者にデジタル版無料閲覧サービスなど、デジタルの普及を後押し。

インターネット

○「Gunosy」、「Antenna」、「SmartNews」「NAVERまとめ」などキュレーションメディアが急成長。成長の背景にはデバイスの多様化、スマートフォンの普及とアプリの存在があり、独自の視点でまとめられ、利用者向けにカスタマイズされた情報がプッシュ配信で受け取れることが生活者の支持を得た。

○動画広告元年といわれた2013年から1年経ち、動画広告（ビデオアド）は、動画コンテンツの前後や途中に挿入されるインストリーム広告が急速な伸びを見せている。ブランディングのために実施されることも多く、テレビCMと連動するなど、コミュニケーションの可能性を広げることのできる広告手法として期待される。

○アドテクノロジーとデータテクノロジーの進展により、プログラマティックバイイング（データに基づいたリアルタイムな広告枠の自動買い付け）が広がり、運用型広告がプレミアム広告を上回る成長をみせている。より効率の高い運用のためのデータドリブンマーケティングや広告の質や安全を担保する仕組みづくりが進んでいる。

○メディアコンテンツに自然に溶け込ませるように表示させる広告手法であるネイティブ広告が、米国で急速に拡大し、日本でも注目を集めている。日本においては、インターネット広告推進協議会がネイティブアド研究会を発足して、2014年8月より活動を開始。2015年3月にネイティブ広告の定義を提示するとともに、信頼性確立のためのガイドラインを策定。正しい理解促進とインターネット広告市場の健全な普及啓発を推進することを目指している。

**アウトドア
メディア**

○2015年3月14日、北陸新幹線（長野－金沢間）と上野東京ラインが開業。交通インフラの発達が、生活者の流出入にどのような影響を与えるかが注目される。

○サイネージメディアは引き続き拡大傾向で、現在は交通広告が市場を牽引している。JRだけでなく小田急線などの私鉄各社でも車内ビジョンを拡大しているが、今後は「インストア・施設系メディア」の拡大が見込まれる。イオン店頭におけるサイネージメディア化など、購買導線上のサイネージメディアの動きも進んでいる。

○商業施設などを中心に携帯サイトで割引クーポンを発行して来店促進するなど、生活者が外出先の購買導線上から実店舗での購入につなげるためのネット上の販売促進施策であるO2O（Online to Offline）が活発化している。ビーコンなどを活用してスマートフォンの位置情報を特定し、ロケーションに合わせた情報を配信するサービスが商業施設などを中心に拡大している。

○東京都が羽田空港の屋外広告を解禁。2015年度以降、新たに広告媒体が設置されていく予定。これまで、都条例により空港内の景観維持のため屋内のみの広告掲示しか認められていなかったが、2020年の東京オリンピックを視野に入れ、東京の玄関口としての情報配信機能が強化される。

メディア環境研究所トピックス

Media Extension －ひろがる生活、ひろがるメディア－

2014年、スマートフォンの普及率は59.1％（メディア環境研究所「メディア定点調査2014年」より）に達しました。「Media Extension」すなわち「メディアの拡張」とは、スマートフォンなどのスマートデバイスの普及により、「見る」「読む」「聴く」といった接触中心の行動から、「調べる」「買う」「出かける」などさまざまな行動が広がり始めたという、生活者のメディアとの関わりの変化を表しています。スマートデバイスを手にしたことで、生活者の情報行動は変化し、新たな行動が生まれました。メディアと生活者の関係は、視聴者はそのメディアに接する視聴者であり、読者はそのメディアの読者であるといった情報の送り手、受け手というシンプルな関係ではなくなっています。従来のメディアだけでなく、車、家電、家など身の回りのものがインターネットでつながることで、生活空間そのものがメディア化し、コミュニケーションのあり方が変化しつつあります。生活者の集まるところがメディア化し、コミュニケーションが生まれる、生活者自身がメディアになるなど、メディアの概念も広がっているのです。博報堂DYメディアパートナーズのメディア環境研究所では、スマートデバイスによって変化した生活者の情報行動をとらえる調査を行い、生活者とメディアの関係の変化を明らかにしました。

メディア概況 Overview

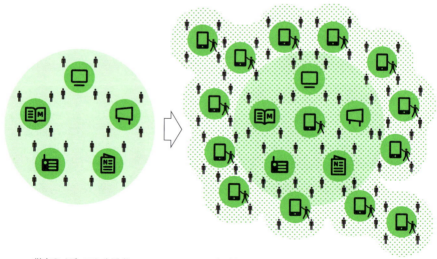

従来のメディアと生活者　　　生活者の行動領域の拡大・生活空間のメディア化

情報行動の変化と生活者をとらえるヒント

《いつでもどこでもどこからでも。
　　情報の入口を多面に設けて生活者との接点を増やす》

特定の情報源だけでなく複数の情報源から幅広く情報を得たり、若年層を中心にキュレーションメディアが支持されるなど、生活者の情報行動は変化しています。Webの検索やソーシャルメディアの情報をきっかけとしてメディアに接触するといったメディア行動も増えつつあります。

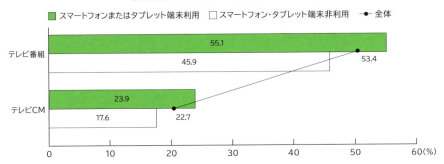

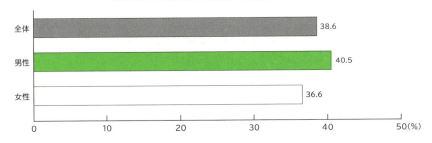

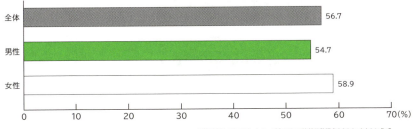

博報堂DYメディアパートナーズ「メディア情報行動調査2014」をもとに作成

メディア環境研究所トピックス

スマートデバイスの利用者は非利用者と比較すると、情報を早く取得したり、調べるなど、情報感度が高い傾向があることが調査結果から見てとれます。

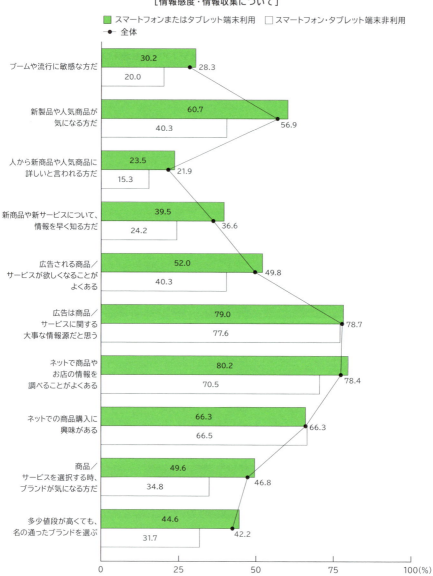

博報堂DYメディアパートナーズ「メディア情報行動調査2014」をもとに作成

メディア環境研究所トピックス

《生活者の情報接触の瞬間をとらえる》
スマートデバイスが常に身近にあることで、メディアに接触しながら、スマートデバイスを操作するというメディア同時行動は日常化しているといえます。テレビ視聴時におけるWeb・アプリの同時行動の積み上げグラフからは、瞬間、瞬間で変化していく生活者のメディア同時行動が見えてきます。番組を見ながらソーシャルメディアでつぶやいたり、番組をきっかけにして検索をするなど、同時行動からコミュニケーションの創出や行動の誘発に結びついている様子が伺えます。

[ログ解析におけるテレビ番組視聴時のWeb・アプリ行動（毎分）]

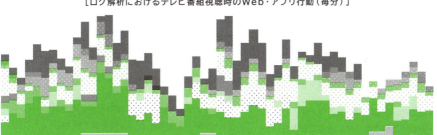

《「コミュニケーション行動」が活発なドラマ、「インフォメーション行動」が活発な情報番組》
Web・アプリ同時行動の内訳を情報番組とドラマを例にとって見てみます。情報番組でのWeb・アプリ行動はドラマと比べると情報発信の行動が少なく、情報収集行動である「インフォメーション行動」が多くなっています。番組から発信されるさまざまな情報に刺激されて、行動を起こすために情報収集している様子が見えてきます。ドラマでのWeb・アプリ同時行動は、LINE、Facebook、TwitterなどのSNSによる情報受発信行動である「コミュニケーション行動」が目立ちます。今回の結果からは、情報番組では「インフォメーション行動」が、ドラマでは「コミュニケーション行動」が広がっていることが確認できました。番組のジャンルやコンテンツによって、行動内容にはさまざまな違いがあるようです。

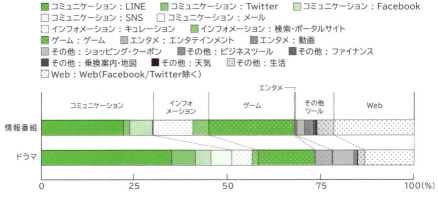

博報堂DYメディアパートナーズ「メディア情報行動調査2014」をもとに作成

メディア環境研究所トピックス

《行動の原動力である欲求をとらえる》
生活者をとらえるには、行動という現象面を見るだけでなく、行動の原動力となっている意識や欲求を明らかにする必要があります。メディア環境研究所では、生活者の欲求の構造に着目。生活者をとらえるヒントとするために「追っかけ欲求」「満たされ欲求」「深掘り欲求」「臨場欲求」の4つの欲求に分類しました。

「世の中の出来事を把握していたい」、
「流行っているものはおさえておきたい」
という世の中についていきたい欲求

「メディアで得た情報をネットで調べる」、
「調べたい情報と違う情報まで調べる」、
といった情報を詳細に知りたい欲求。
1つの事柄を深く知りたいという縦型の欲求と
「関連する違う情報を知りたい」という、
別の情報に広がる横型の欲求がある。

「自分が思っていることを聞いてほしい」、
「何をしているか知らせたい」という
承認の欲求

「その場にいなくてもいるような感覚でいたい」、
「天気や交通情報はリアルな情報が欲しい」という
ライブ感を求める欲求

《行動の核は「即」》
すべての欲求の核になっているのは、「即」。「興味をもったら、すぐに調べる」、「欲しいと思ったら、すぐに買う」など、生活者の行動の短時間化、行動間のシームレス化が起こっています。

メディア環境研究所トピックス

● 追っかけ欲求

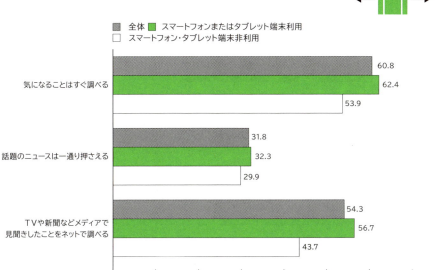

● 満たされ欲求

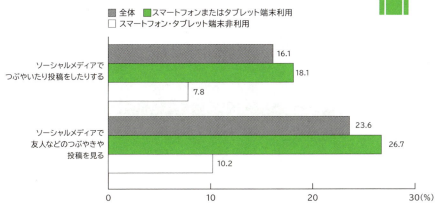

博報堂DYメディアパートナーズ「メディア情報行動調査2014」をもとに作成

メディア環境研究所トピックス

● 深掘り欲求

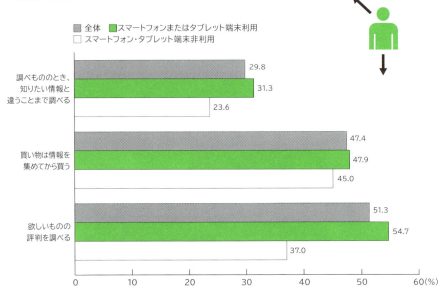

● 臨場欲求

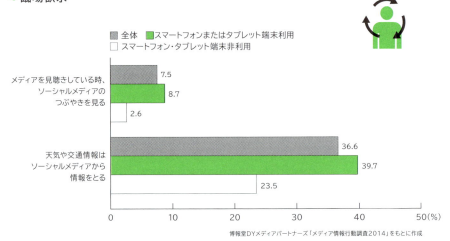

博報堂DYメディアパートナーズ「メディア情報行動調査2014」をもとに作成

メディア環境研究所トピックス

さまざまな生活者の情報行動

《広がる検索行動》

「気になることはすぐ調べる」はどの年代でも比較的高い行動ですが、60代の女性がもっとも高くなっています。また「欲しいものの評判を調べる」「買い物は情報を集めてから買う」など生活者は欲求から購買行動に移る前に、複数の情報源から情報を集めているようです。

■ 全体

項目	全体
気になることはすぐ調べる	62.4
欲しいものの評判を調べる	54.7
買い物は情報を集めてから買う	47.9
天気や交通情報はソーシャルメディアから情報をとる	39.7
話題のニュースは一通り押さえる	32.3

	男性						女性					
	10代	20代	30代	40代	50代	60代	10代	20代	30代	40代	50代	60代
気になることはすぐ調べる	50.6	57.2	56.4	58.2	57.0	59.2	59.7	70.8	68.9	68.9	65.2	72.2
欲しいものの評判を調べる	45.1	59.6	57.4	51.5	51.4	49.0	47.2	65.8	64.9	58.1	52.6	34.4
買い物は情報を集めてから買う	42.1	50.0	58.0	53.9	45.1	43.9	41.5	53.5	49.7	44.6	42.2	32.2
天気や交通情報はソーシャルメディアから情報をとる	31.7	31.3	36.2	39.4	35.9	45.9	34.6	44.6	41.1	43.9	42.2	45.6
話題のニュースは一通り押さえる	26.8	30.7	29.3	30.3	33.8	42.9	14.5	28.2	33.8	33.1	37.8	40.0

スマートフォンまたはタブレット端末利用者ベース
博報堂DYメディアパートナーズ「メディア情報行動調査2014」をもとに作成

メディア環境研究所トピックス

《若年層に多いメディア行動》
● 共有行動

情報が整理され、共有されやすい形に編集されたまとめサイトは男女ともに若年層によく見られています。ソーシャルメディアで投稿したり、投稿を見たり、写真を撮って人と共有するなど、10代を中心に若年層の女性は共有行動が多くなっています。

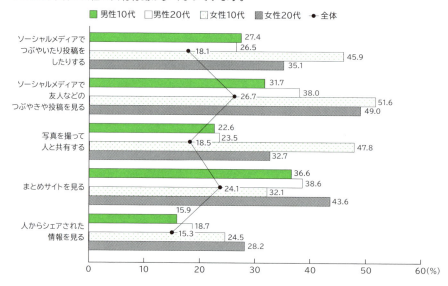

● マルチスクリーン視聴行動

見逃した番組を動画で見たり、ソーシャルメディアを使いながら番組を見聞きするなど、テレビ、スマートフォン、タブレット端末といったさまざまな大きさのスクリーンを持つメディアに、いつでもどこでも自分のペースで接触することができるマルチスクリーン視聴は、若年層に多い行動です。

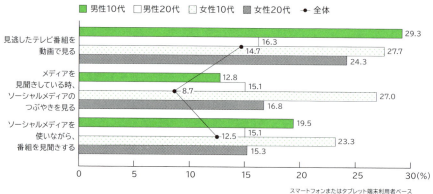

スマートフォンまたはタブレット端末利用者ベース
博報堂DYメディアパートナーズ「メディア情報行動調査2014」をもとに作成

各メディアの広告イメージ

下記はメディア別にみた広告のイメージです。テレビやラジオ、交通広告や屋外広告などのアウトドアメディアはフリークエンシーにより記憶メディアとして、新聞広告は信頼性、雑誌広告はイメージ醸成、インターネットは詳報性といった点が評価されていることがわかります。

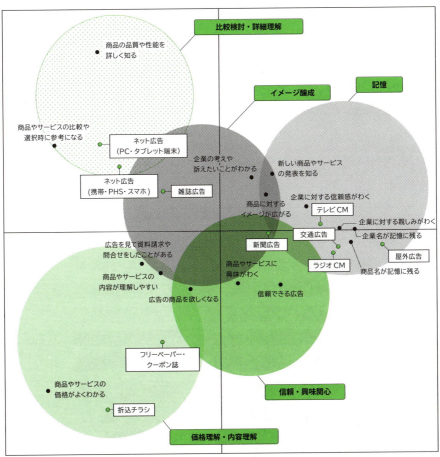

ビデオリサーチ「J-READ（全国新聞総合調査）2013」をもとに作成

メディア接触状況

2014年のメディア接触時間量は385.6分。2014年よりタブレット端末を追加し、パソコン、PCからのインターネットをそれぞれ、パソコン、携帯電話（スマートフォン含む）に調査項目を変更したことで、時間量が大きく伸びました。時系列でみると、パソコン、携帯電話などのデジタルメディアの伸びは著しいものがありますが、性・年代にみると、メディア接触傾向が大きく異なることがわかります。メディアの特性によって接触時間量は異なるため、各メディアは単純に比較できるものではありません。

● メディア接触時間量

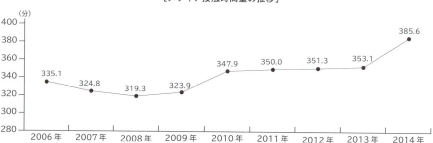

［メディア接触時間量の推移］

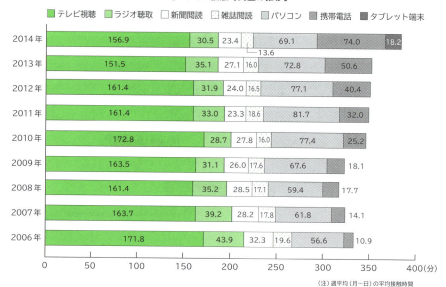

［メディア接触時間量の推移］

（注）週平均（月～日）の平均接触時間
（注）2014年より「タブレット端末」を追加。
「パソコンからのインターネット」を「パソコン」に、「携帯電話（スマートフォン含む）からのインターネット」を「携帯（スマートフォン含む）」に表記を変更。
博報堂DYメディアパートナーズ「メディア定点調査2006～2014（東京）」をもとに作成

メディア接触状況

● 性・年代別のメディア接触時間量

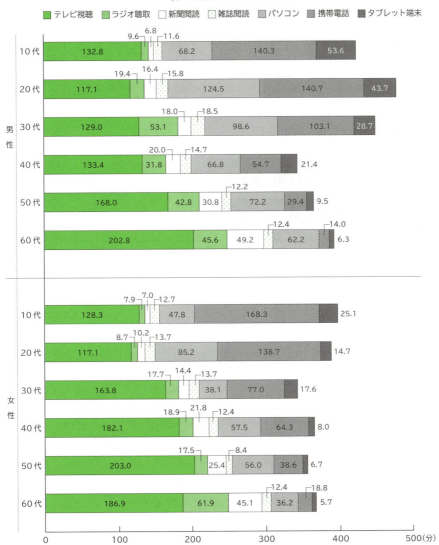

[性・年代別メディア接触時間量]

(注) 週平均 (月〜日) の平均接触時間
(注) 2014年より「タブレット端末」を追加。
「パソコンからのインターネット」を「パソコン」に、「携帯電話 (スマートフォン含む) からのインターネット」を「携帯 (スマートフォン含む)」に表記を変更。
博報堂DYメディアパートナーズ「メディア定点調査2014 (東京)」をもとに作成

メディア接触状況

● メディア接触リーチ

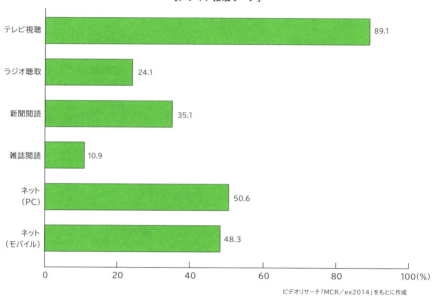

● 性・年代別のメディア接触リーチ

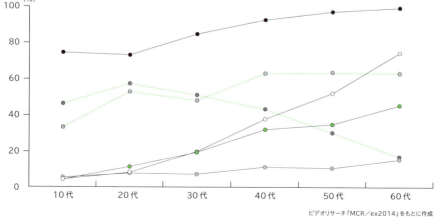

メディア接触状況

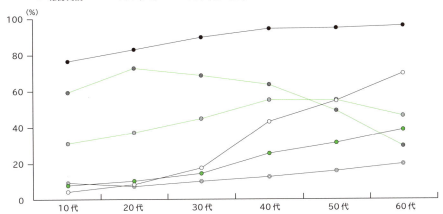

● メディア接触の時間帯

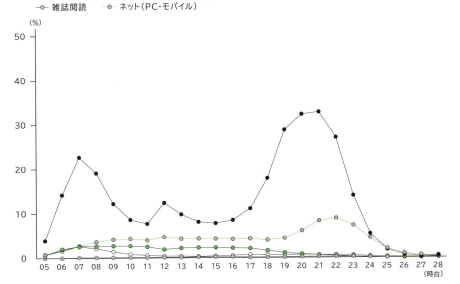

ビデオリサーチ「MCR／ex2014」をもとに作成

メディア接触状況

メディア接触の時間帯は性・年代、職業、曜日によって異なります。

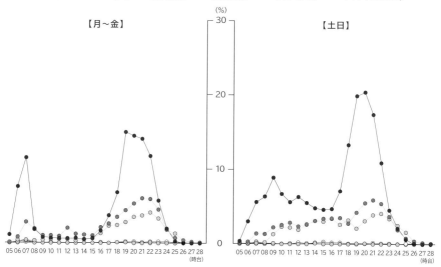

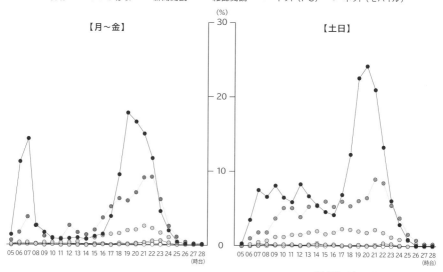

ビデオリサーチ「MCR／ex2014」をもとに作成

メディア接触状況

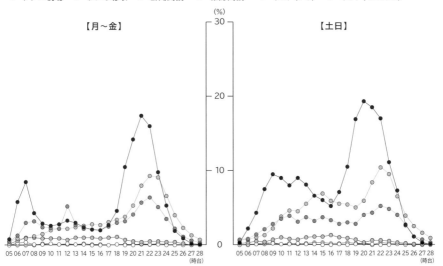

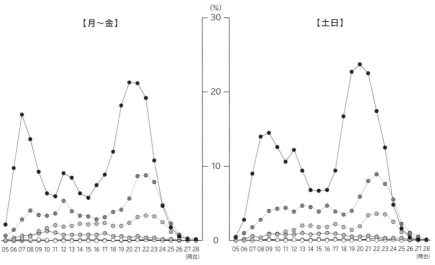

ビデオリサーチ「MCR／ex2014」をもとに作成

メディア接触状況

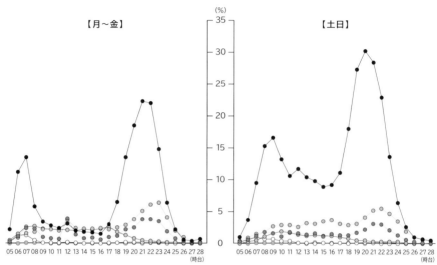

[時間帯別接触率　30代（男性）]

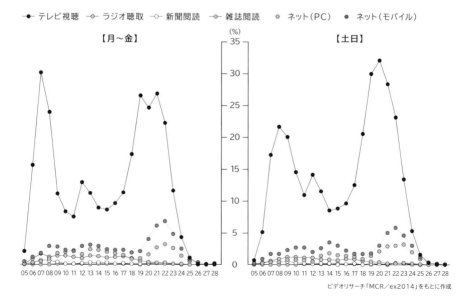

[時間帯別接触率　30代（女性）]

ビデオリサーチ「MCR／ex2014」をもとに作成

メディア接触状況

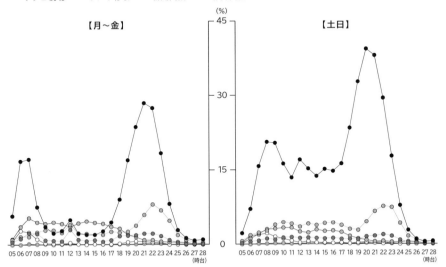

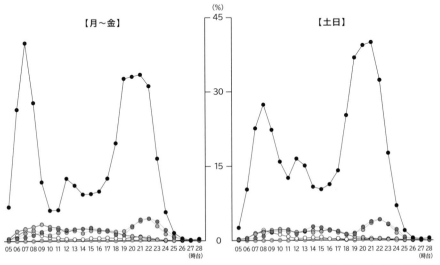

ビデオリサーチ「MCR/ex2014」をもとに作成

メディア接触状況

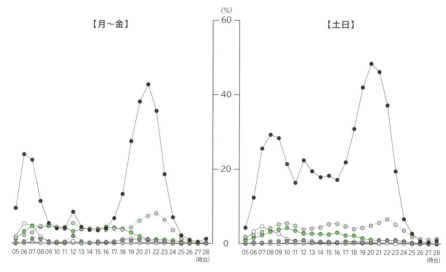

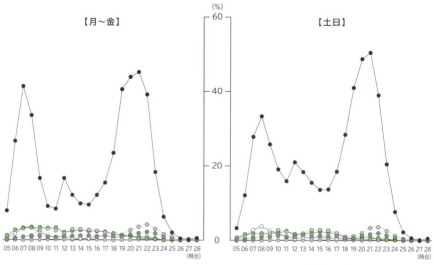

ビデオリサーチ「MCR／ex2014」をもとに作成

メディア接触状況

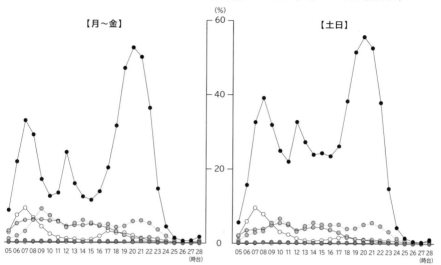

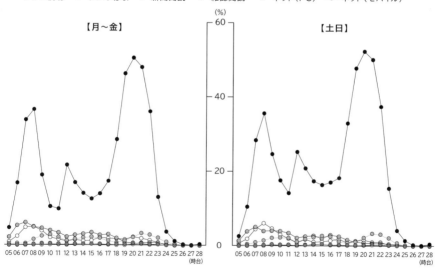

ビデオリサーチ「MCR／ex2014」をもとに作成

メディア接触状況

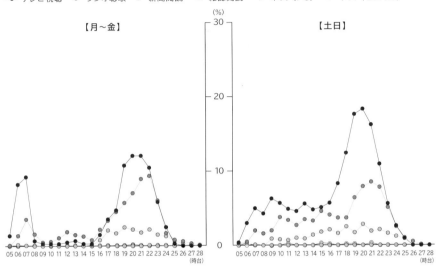

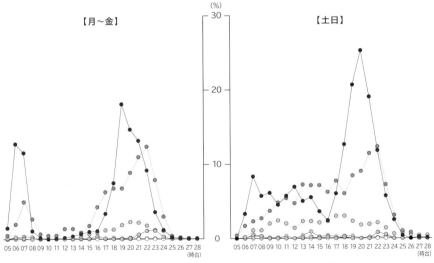

ビデオリサーチ「MCR／ex2014」をもとに作成

メディア接触状況

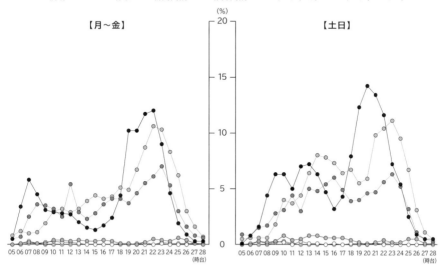

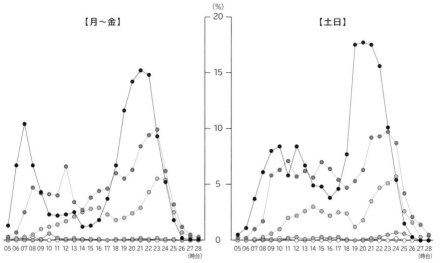

ビデオリサーチ「MCR／ex2014」をもとに作成

メディア接触状況

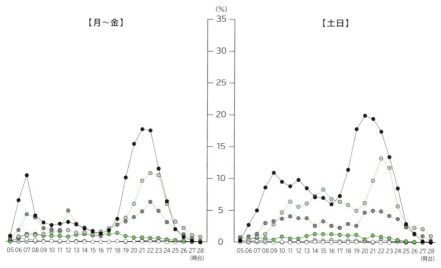

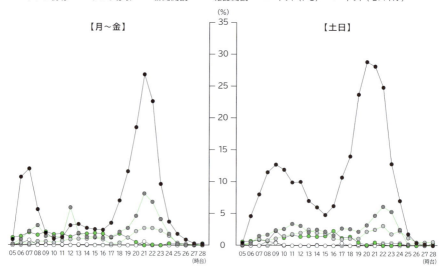

（注）未婚は、離死別した既婚者を含む
（注）有職は、給料事務・研究職・給料労務・作業職、販売・サービス職、経営・管理職、専門職・自由業、商店、工場、サービス業の自営業、農・漁・林業
（注）無職は、主婦・主夫（既婚のみ。フルタイム勤務は除く）、無職

ビデオリサーチ「MCR／ex2014」をもとに作成

メディア接触状況

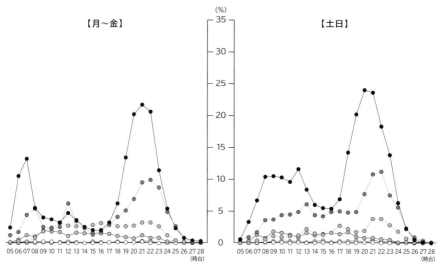

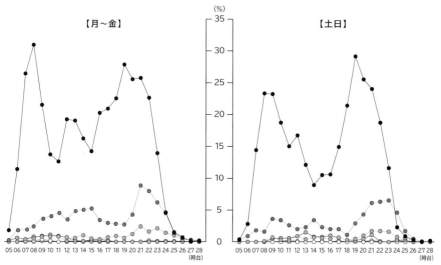

(注) 未婚は、離死別した既婚者を含む
(注) 有職は、給料事務・研究職、給料労務・作業職、販売・サービス職、経営・管理職、専門職・自由業、商店、工場、サービス業の自営業、農・漁・林業
(注) 無職は、主婦・主夫（既婚のみ。フルタイム勤務は除く）、無職
ビデオリサーチ「MCR／ex2014」をもとに作成

メディア接触状況

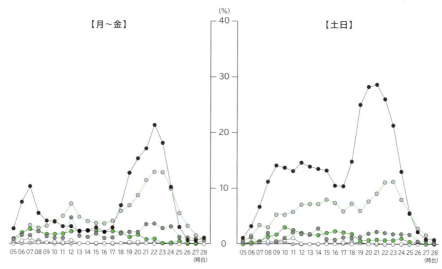

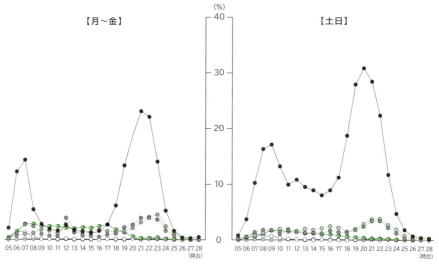

(注) 未婚は、離死別した既婚者を含む
(注) 有職は、給料事務・研究職、給料労務・作業職、販売・サービス職、経営・管理職、専門職・自由業、商店、工場、サービス業の自営業、農・漁・林業
(注) 無職は、主婦・主夫 (既婚のみ。フルタイム勤務は除く)、無職
ビデオリサーチ「MCR/ex2014」をもとに作成

メディア接触状況

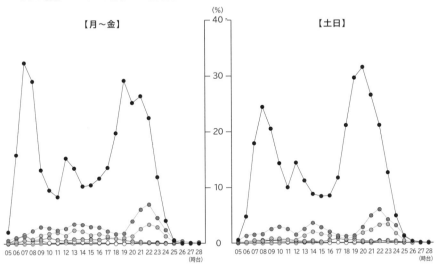

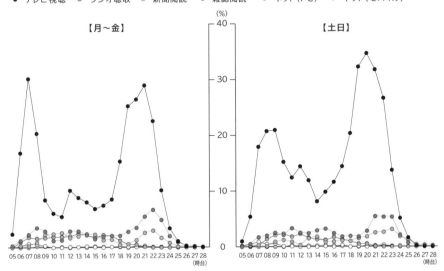

(注) 未婚は、離死別した既婚者を含む
(注) 有職は、給料事務・研究職、給料労務・作業職、販売・サービス職、経営・管理職、専門職・自由業、商店、工場、サービス業の自営業、農・漁・林業
(注) 無職は、主婦・主夫（既婚のみ。フルタイム勤務は除く）、無職
ビデオリサーチ「MCR/ex2014」をもとに作成

メディア接触状況

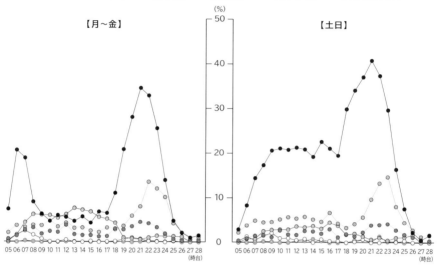

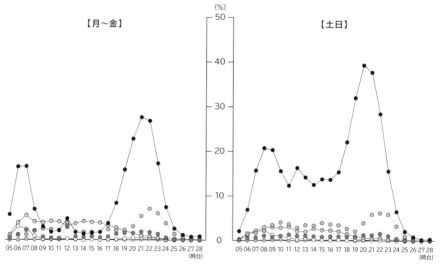

メディア接触状況

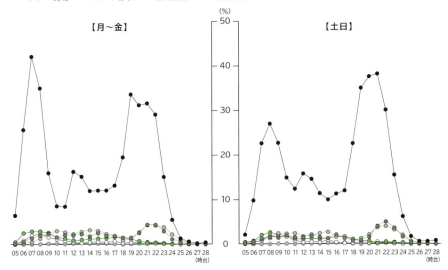

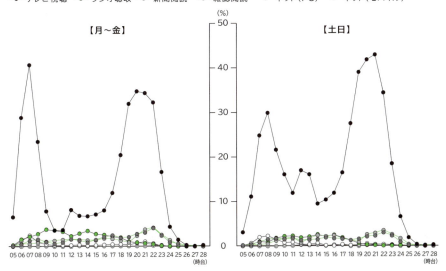

メディア概況 Overview

メディア接触状況

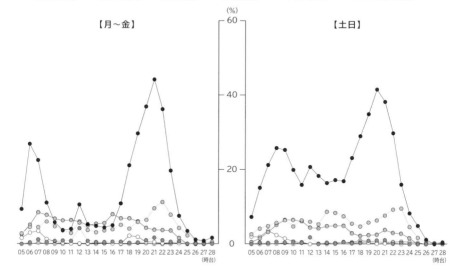

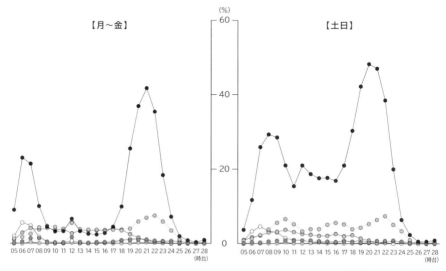

(注) 未婚は、離死別した既婚者を含む
(注) 有職は、給料事務・研究職・給料労務・作業職、販売・サービス職、経営・管理職、専門職・自由業、商店、工場、サービス業の自営業、農・漁・林業
(注) 無職は、主婦・主夫（既婚のみ。フルタイム勤務は除く）、無職
ビデオリサーチ「MCR／ex2014」をもとに作成

メディア接触状況

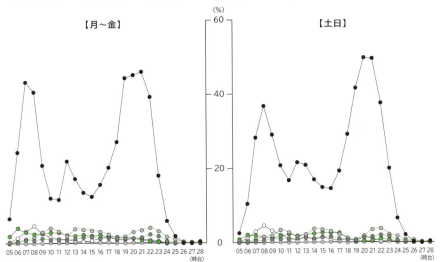

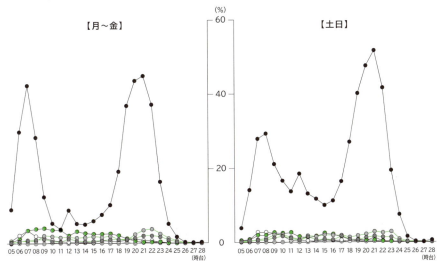

(注) 未婚は、離死別した既婚者を含む
(注) 有職は、給料事務・研究職、給料労務・作業職、販売・サービス職、経営・管理職、専門職・自由業、商店、工場、サービス業の自営業、農・漁・林業
(注) 無職は、主婦・主夫（既婚のみ。フルタイム勤務は除く）、無職
ビデオリサーチ「MCR／ex2014」をもとに作成

メディア接触状況

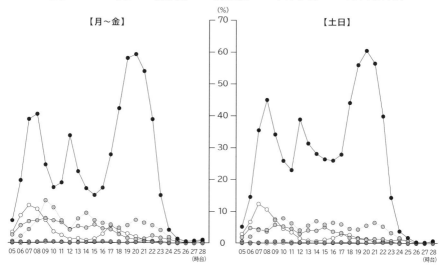

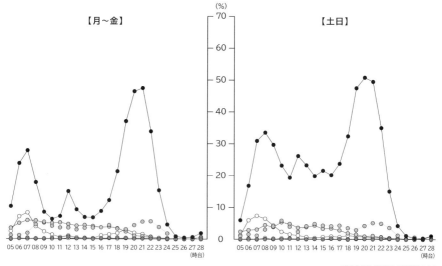

(注) 有職は、給料事務・研究職・給料労務・作業職、販売・サービス職、経営・管理職、専門職・自由業、商店、工場、サービス業の自営業、農・漁・林業
(注) 無職は、主婦・主夫（既婚のみ。フルタイム勤務は除く）、無職
(注) 未婚は、離死別した既婚者を含む

ビデオリサーチ「MCR／ex2014」をもとに作成

メディア接触状況

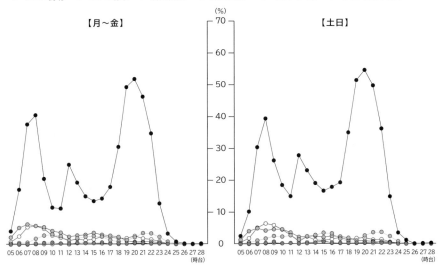

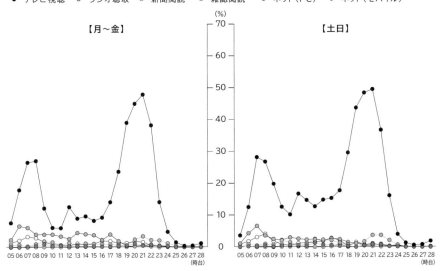

(注) 未婚は、離死別した既婚者を含む
(注) 有職は、給料事務・研究職、給料労務・作業職、販売・サービス職、経営・管理職、専門職・自由業、商店、工場、サービス業の自営業、農・漁・林業
(注) 無職は、主婦・主夫（既婚のみ。フルタイム勤務は除く）、無職
ビデオリサーチ「MCR／ex2014」をもとに作成

広告費

2014年の総広告費

2014年（1～12月）の日本の総広告費は6兆1,522億円、前年比102.9%となりました。総広告費は3年連続で上昇し、6年振りに6兆円を超えました。

	2005年	2006年	2007年	2008年	2009年	2010年	2011年	2012年	2013年	2014年
総広告費	68,235	69,399	70,191	66,926	59,222	58,427	57,096	58,913	59,762	61,522
総広告費（改定前）	59,625	59,954								
国内総生産	5,039,030	5,066,870	5,129,752	5,012,093	4,711,387	4,823,844	4,713,108	4,751,104	4,801,280	4,882,155

（注）国内総生産は内閣府「国民経済計算年報」及び「国民所得統計速報」による。
（注）2007年に「日本の広告費」の推定範囲が2005年に遡及して改訂された。
電通「2014年日本の広告費」をもとに作成

2007年、日本の広告費の推定範囲が2005年に遡って改訂されました。
〈改訂のポイント〉
・「雑誌」は推定対象誌を増加（専門誌・地方誌などを追加）。
・インターネット広告費は、広告制作費を推定。
・プロモーションメディア広告費はSP広告費から呼称変更と内訳の見直し。
・「屋外」は広告板・ネオンに加え、屋外ビジョン・ポスターボードなどを追加。
・「交通」は鉄道・バスに加え、空港・タクシーを追加。
・「折込」は全国の折込料金を見直して推定。
・「DM」は郵便料に加え、民間メール便配達料を追加。
・「フリーペーパー・フリーマガジン」の広告料金を推定。

広告費

媒体別広告費

マスコミ四媒体広告費は2兆9,393億円、前年比101.6%と前年を上回りました。テレビメディア広告費（地上波テレビ＋衛星メディア関連）は同102.8%と好調に推移。インターネット広告費は運用型広告費の伸長が目立ち、全体で1兆519億円、同112.1%と初めて1兆円を超えました。屋外、交通などのプロモーションメディア広告費も前年比100.8%と3年連続で前年を上回りました。

[媒体別広告費]

媒体	広告費（億円）2013年	広告費（億円）2014年	前年比（%）2014年	構成比（%）2014年
総広告費	59,762	61,522	102.9	100.0
マスコミ四媒体広告費	28,935	29,393	101.6	47.8
新聞	6,170	6,057	98.2	9.8
雑誌	2,499	2,500	100.0	4.1
ラジオ	1,243	1,272	102.3	2.1
テレビメディア	19,023	19,564	102.8	31.8
地上波テレビ	17,913	18,347	102.4	29.8
衛星メディア関連	1,110	1,217	109.6	2.0
インターネット広告費	9,381	10,519	112.1	17.1
媒体費	7,203	8,245	114.5	13.4
広告制作費	2,178	2,274	104.4	3.7
プロモーションメディア広告費	21,446	21,610	100.8	35.1
屋外	3,071	3,171	103.3	5.1
交通	2,004	2,054	102.5	3.3
折込	5,103	4,920	96.4	8.0
DM	3,893	3,923	100.8	6.4
フリーペーパー・フリーマガジン	2,289	2,316	101.2	3.8
POP	1,953	1,965	100.6	3.2
電話帳	453	417	92.1	0.7
展示・映像ほか	2,680	2,844	106.1	4.6

（注）2014年より、テレビメディア広告費は「地上波テレビ＋衛星メディア関連」とし、2012年に遡及して集計した。
電通「2014年日本の広告費」をもとに作成

メディア概況 Overview

MEDIA GUIDE 2015

広告費

● 媒体別広告費 年推移

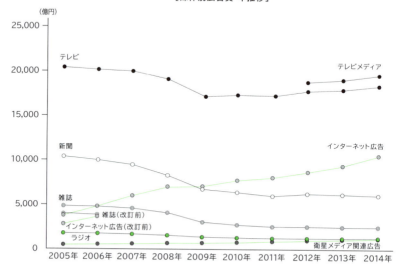

[媒体別広告費 年推移]

(億円)

		2005年	2006年	2007年	2008年	2009年	2010年	2011年	2012年	2013年	2014年
新聞		10,377	9,986	9,462	8,276	6,739	6,396	5,990	6,242	6,170	6,057
雑誌*	改定後	4,842	4,777	4,585	4,078	3,034	2,733	2,542	2,551	2,499	2,500
	改定前	3,945	3,887								
ラジオ		1,778	1,744	1,671	1,549	1,370	1,299	1,247	1,246	1,243	1,272
テレビメディア									18,770	19,023	19,564
	地上波テレビ	20,411	20,161	19,981	19,092	17,139	17,321	17,237	17,757	17,913	18,347
	衛星メディア関連	487	544	603	676	709	784	891	1,013	1,110	1,217
インターネット広告*	改定後	3,777	4,826	6,003	6,983	7,069	7,747	8,062	8,680	9,381	10,519
	改定前	2,808	3,630								

(注) 2007年に「日本の広告費」の推定範囲が2005年に遡及して改訂された (*印が改訂されたもの)。
(注) 2014年より、テレビメディア広告費は「地上波テレビ+衛星メディア関連」と区分し、2012年に遡及して集計した。
(注) 2012年以前は、地上波テレビはテレビ、衛星メディア関連は衛星メディア関連広告として集計。
電通「2014年日本の広告費」をもとに作成

広告費

業種別広告費

マスコミ四媒体（衛星メディア関連は除く）での業種別広告費は、「精密機器・事務用品」、「情報・通信」、「家電・AV機器」など、全21業種のうち14業種で広告費が増加しました。

[業種別広告費（マスコミ四媒体広告費）]

	2013年 （千万円）	2014年 （千万円）	前年比 （％）	構成比 （％）
エネルギー・素材・機械	2,490	2,560	102.8	0.9
食品	27,209	26,350	96.8	9.4
飲料・嗜好品	20,688	21,096	102.0	7.5
薬品・医療用品	14,745	14,992	101.7	5.3
化粧品・トイレタリー	27,985	29,551	105.6	10.5
ファッション・アクセサリー	11,732	11,382	97.0	4.0
精密機器・事務用品	2,834	3,050	107.6	1.1
家電・AV機器	5,533	5,926	107.1	2.1
自動車・関連品	16,710	17,277	103.4	6.1
家庭用品	6,856	7,242	105.6	2.6
趣味・スポーツ用品	10,227	9,414	92.1	3.3
不動産・住宅設備	11,503	11,804	102.6	4.2
出版	8,988	8,769	97.6	3.1
情報・通信	24,332	26,091	107.2	9.3
流通・小売業	19,273	19,374	100.5	6.9
金融・保険	16,762	16,437	98.1	5.8
交通・レジャー	20,976	21,172	100.9	7.5
外食・各種サービス	14,229	14,504	101.9	5.2
官公庁・団体	3,149	3,380	107.3	1.2
教育・医療サービス・宗教	8,069	7,717	95.6	2.7
案内・その他	3,960	3,672	92.7	1.3
合計	278,250	281,760	101.3	

電通「2014年日本の広告費」をもとに作成

広告費

業種・媒体別広告費

[業種・媒体別広告費]

業種 ＼ 媒体	新聞 広告費(千万円)	新聞 構成比(%)	新聞 前年比(%)	雑誌 広告費(千万円)	雑誌 構成比(%)	雑誌 前年比(%)	ラジオ 広告費(千万円)	ラジオ 構成比(%)	ラジオ 前年比(%)	地上波テレビ 広告費(千万円)	地上波テレビ 構成比(%)	地上波テレビ 前年比(%)
エネルギー・素材・機械	701	1.2	111.6	148	0.6	117.5	265	2.1	96.7	1,446	0.8	98.9
食品	5,865	9.7	106.1	1,354	5.4	96.0	1,008	7.9	100.9	18,123	9.9	94.0
飲料・嗜好品	2,167	3.6	103.2	1,321	5.3	95.7	565	4.4	109.9	17,043	9.3	102.1
薬品・医療用品	1,816	3.0	107.2	769	3.1	103.5	1,011	7.9	93.8	11,396	6.2	101.5
化粧品・トイレタリー	3,405	5.6	98.7	3,077	12.3	100.2	418	3.3	92.5	22,651	12.3	107.8
ファッション・アクセサリー	1,379	2.3	84.8	6,602	26.4	100.5	75	0.6	115.4	3,326	1.8	95.8
精密機器・事務用品	718	1.2	119.7	999	4.0	109.2	65	0.5	118.2	1,268	0.7	100.3
家電・AV機器	568	0.9	93.4	662	2.7	96.6	148	1.2	97.4	4,548	2.5	111.3
自動車・関連品	1,552	2.6	93.4	916	3.7	107.9	1,050	8.3	112.4	13,759	7.5	103.7
家庭用品	1,225	2.0	105.3	537	2.2	96.8	218	1.7	107.9	5,262	2.9	106.6
趣味・スポーツ用品	1,080	1.8	92.0	1,377	5.5	97.0	241	1.9	88.0	6,716	3.7	91.3
不動産・住宅設備	2,803	4.6	98.5	760	3.0	94.8	661	5.2	112.6	7,580	4.1	104.3
出版	5,469	9.0	96.8	255	1.0	85.0	660	5.2	99.4	2,385	1.3	100.3
情報・通信	3,415	5.6	95.7	1,054	4.2	96.2	758	6.0	104.6	20,864	11.4	110.2
流通・小売業	7,392	12.2	99.4	1,027	4.1	108.6	777	6.1	88.6	10,178	5.5	101.7
金融・保険	2,121	3.5	92.1	584	2.3	92.7	898	7.1	96.1	12,834	7.0	99.5
交通・レジャー	9,733	16.1	97.4	1,785	7.1	108.4	973	7.6	99.3	8,681	4.7	103.9
外食・各種サービス	2,081	3.4	97.9	538	2.2	89.8	1,675	13.2	125.5	10,210	5.6	100.4
官公庁・団体	1,385	2.3	104.4	292	1.2	127.5	822	6.5	96.8	881	0.5	118.4
教育・医療サービス・宗教	2,527	4.2	89.6	885	3.5	91.7	400	3.1	91.1	3,905	2.1	101.6
案内・その他	3,168	5.2	93.2	58	0.2	107.4	32	0.2	76.2	414	0.2	88.8
合計	60,570	100.0	98.2	25,000	100.0	100.0	12,720	100.0	102.3	183,470	100.0	102.4

電通「2014年日本の広告費」をもとに作成

2章 − テレビ
[地上波、衛星放送 BS／CS]
Television

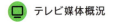 テレビ媒体概況

テレビ放送の種類

テレビ放送は、伝送路の違いから下記のとおり分類することができます。

● 地上デジタル放送（地上波放送）

一般的にいうテレビ放送のことで、中継局などを経由して電波を送る放送。地上デジタル放送の事業者は、放送と番組制作の両部門を所有する。

● BS放送

放送衛星（Broadcasting Satellite）を使って、放送電波を直接配信する放送。NHK、民放系、WOWOWなど。

● CS放送

通信衛星（Communication Satellite）を使って番組を配信する放送。主に、「スカパー！」やケーブルテレビ（CATV）などに加入して視聴する。

● 有線放送（CATV、IPTV）

同軸ケーブルや光ケーブルなどの有線で番組を送信するケーブルテレビ放送や、有線役務利用放送事業者のIPTVなどのこと。地上デジタル放送や衛星放送の再送信や自主チャンネル、その他通信サービスを提供。

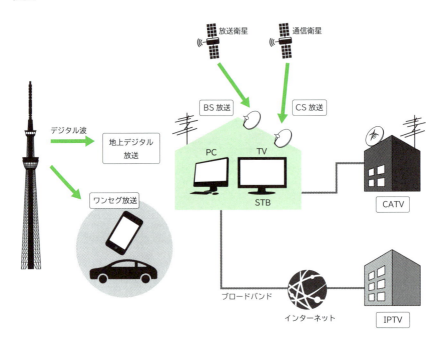

テレビ媒体概況

民放テレビ局のネットワーク

地上波放送は、公共放送であるNHKと民間放送（民放）に分けられます。民放テレビ局は全国32地区で127局あります。

● 系列（ネットワーク）

全国をカバーするNHKとは違い、民放テレビ局は電波法上ではローカル放送として免許を与えられています。そのためサービスエリアは一定地域に限られており、各局が「系列」というネットワークを形成することで、ニュースやドラマなどの番組を全国に配信することが可能になっています。現在、系列は下記の5系列があります。

NNN	JNN	FNN	ANN	TXN
30局	28局	28局	26局	6局
日本テレビ系列（NTV系列）	TBSテレビ系列（TBS系列）	フジテレビ系列（CX系列）	テレビ朝日系列（EX系列）	テレビ東京系列（TX系列）

地方局の中には複数の系列に属するところもあり、これを「クロスネット局」と呼びます。系列に属さない13局は「県域放送局」と呼びます。

● キー局

キー局は系列（ネットワーク）の中心となる放送局のことで、関東の5局（日本テレビ放送網、テレビ朝日、TBSテレビ、テレビ東京、フジテレビジョン）をキー局と呼びます。また、各系列内での番組供給において、番組を送り出す局をキー局、番組を受ける局をネット局と呼ぶ場合もあります。

民放テレビ局の事業収入

民放テレビ局の主な放送事業収入は、広告収入（タイムCM、スポットCM）で、民放テレビが無料で視聴できるのは、このビジネスモデルをとっているからです。広告収入のほかには、著作権使用料などがあります。また、放送外のその他事業収入としては、映像、音楽、出版、不動産、イベント、物品販売などがあります。

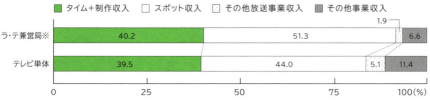

［2013年度民放テレビ局の事業収入］

	タイム＋制作収入	スポット収入	その他放送事業収入	その他事業収入
ラ・テ兼営局※	40.2	51.3	1.9	6.6
テレビ単体	39.5	44.0	5.1	11.4

（注）その他放送事業収入…著作権使用料、衛星・ケーブルテレビからの収入（番販を除く）、マーチャンダイジング、放送機器レンタル、技術スタッフ・アナウンサー派遣など
その他事業収入…不動産、映画事業、通販事業、イベント、DVD販売収入、番組・コンテンツなどネット配信に関わる収入など
※ラ・テ兼営局についてはテレビの収入も含む
日本民間放送連盟「日本民間放送年鑑2014」をもとに作成

テレビ民間放送ネットワーク

テレビ・地上波 (Television)

系列	北海道	青森	岩手	宮城	秋田	山形	福島	茨城	栃木	群馬	東京	埼玉	千葉	神奈川	新潟	富山	石川	福井	山梨	長野	静岡	岐阜	愛知	三重
日本テレビ系列 27局+3局 NNN	札幌テレビ放送 STV	青森放送 RAB	テレビ岩手 TVI	宮城テレビ放送 MMT	秋田放送 ABS	山形放送 YBC	福島中央テレビ FCT	日本テレビ放送網 NTV	←	←	←	←	←	←	テレビ新潟放送網 TeNY	北日本放送 KNB	テレビ金沢 KTK	福井放送 FBC	山梨放送 YBS	テレビ信州 TSB	静岡第一テレビ SDT	中京テレビ放送 CTV	←	←
TBSテレビ系列 28局 JNN	北海道放送 HBC	青森テレビ ATV	IBC岩手放送 IBC	東北放送 TBC		テレビユー山形 TUY	テレビユー福島 TUF	TBSテレビ TBS	←	←	←	←	←	←	新潟放送 BSN	チューリップテレビ TUT	北陸放送 MRO		テレビ山梨 UTY	信越放送 SBC	静岡放送 SBS	CBCテレビ CBC	←	←
フジテレビ系列 26局+2局 FNN	北海道文化放送 UHB		岩手めんこいテレビ MIT	仙台放送 OX	秋田テレビ AKT	さくらんぼテレビジョン SAY	福島テレビ FTV	フジテレビジョン CX	←	←	←	←	←	←	新潟総合テレビ NST	富山テレビ放送 BBT	石川テレビ放送 ITC	福井テレビジョン放送 FTB		長野放送 NBS	テレビ静岡 SUT	東海テレビ放送 THK	←	←
テレビ朝日系列 24局+2局 ANN	北海道テレビ放送 HTB	青森朝日放送 ABA	岩手朝日テレビ IAT	東日本放送 KHB	秋田朝日放送 AAB	山形テレビ VTS	福島放送 KFB	テレビ朝日 EX	←	←	←	←	←	←	新潟テレビ21 UX		北陸朝日放送 HAB	福井放送 FBC		長野朝日放送 abn	静岡朝日テレビ SATV	名古屋テレビ放送 NBN	←	←
テレビ東京系列 6局 TXN	テレビ北海道 TVh							テレビ東京 TX	←	←	←	←	←	←									テレビ愛知 TVA	
県域放送 13局									とちぎテレビ GYT	群馬テレビ GTV	東京メトロポリタンテレビジョン MXTV	テレビ埼玉 TVS	千葉テレビ放送 CTC	テレビ神奈川 tvk								岐阜放送 GBS		三重テレビ放送 MTV

※ ────── はフルネット局　　▭ はVHF局（48局）
　　………… はクロスネット局　　▭ はUHF局（79局）
　　━━━━ はキー局

MEDIA GUIDE 2015

テレビ民間放送ネットワーク

テレビ・地上波 / Television

滋賀	京都	大阪	兵庫	奈良	和歌山	鳥取	島根	広島	山口	岡山	香川	徳島	愛媛	高知	福岡	佐賀	長崎	熊本	大分	宮崎	鹿児島	沖縄	エリア	
読売テレビ放送 YTV							日本海テレビジョン放送 NKT	広島テレビ放送 HTV	山口放送 KRY	西日本放送 RNC			南海放送 RNB	高知放送 RKC	福岡放送 FBS		長崎国際テレビ NIB	熊本県民テレビ KKT	テレビ大分 TOS	テレビ宮崎 UMK	鹿児島読売テレビ KYT		日本テレビ系列 27局+3局 NNN
												四国放送 JRT											
毎日放送 MBS							山陰放送 BSS	中国放送 RCC	テレビ山口 tys	山陽放送 RSK			あいテレビ ITV	テレビ高知 KUTV	RKB毎日放送 RKB		長崎放送 NBC	熊本放送 RKK	大分放送 OBS	宮崎放送 MRT	南日本放送 MBC	琉球放送 RBC	TBSテレビ系列 28局 JNN
関西テレビ放送 KTV							テレビジョン山陰中央 TSK	テレビ新広島 TSS		岡山放送 OHK			テレビ愛媛 EBC	高知さんさんテレビ KSS	テレビ西日本 TNC	サガテレビ STS	テレビ長崎 KTN	テレビ熊本 TKU	テレビ大分 TOS	テレビ宮崎 UMK	鹿児島テレビ放送 KTS	沖縄テレビ放送 OTV	フジテレビ系列 26局+2局 FNN
朝日放送 ABC								広島ホームテレビ HOME	山口朝日放送 yab	瀬戸内海放送 KSB			愛媛朝日テレビ EAT		九州朝日放送 KBC		長崎文化放送 NCC	熊本朝日放送 KAB	大分朝日放送 OAB	テレビ宮崎 UMK	鹿児島放送 KKB	琉球朝日放送 QAB	テレビ朝日系列 24局+2局 ANN
テレビ大阪 TVO											テレビせとうち TSC					TVQ九州放送 TVQ								テレビ東京系列 6局 TXN
びわ湖放送 BBC	京都放送 KBS京都		サンテレビジョン SUN	奈良テレビ放送 TVN	テレビ和歌山 WTV																		県域放送 13局

(注) クロスネット局がありますので、このリストでは127局を超えます。
2014年12月現在
(注) 上記は概念図であり、実際の視聴可能エリアとは異なります。

MEDIA GUIDE 2015　055

テレビ番組の種類

テレビ番組は、放送エリアや編成パターンを基準として、下記のように分類できます。

● ネットワーク番組／ローカル番組

主にキー局が作成し、系列局で放送される番組をネットワーク番組といいます。通常は同一時間帯で放送されますが、各局の編成事情により異なる場合もあります。それに対して、各局が独自に制作してその地区のみで放送する番組をローカル番組といって、ローカルニュースや天気予報などがこれにあたります。関東キー局が関東地区のみで放送しているものもローカル番組に区分されます。

● レギュラー番組／単発番組

2クール（26週。1クールは13週）ごとに編成される通常の番組をレギュラー番組、1回または数回のみの番組を単発番組といいます。単発番組はスポーツ中継のような不定期のものや、改編期や年末年始などの特別編成番組（特番）などを指します。

● 箱番組／帯（ベルト）番組

1週間のうち同一曜日の同時間に1回放送される番組を箱番組といい、ゴールデンタイム（19～22時）に多くみられます。一方、1週間、または平日（月～金曜）の同時間に同一番組名で連続して編成される番組を帯（ベルト）番組といいます。

● ミニ番組

2つの番組の間に放送される放送時間が15分未満（通常約5分程度）の番組をミニ番組といいます。暮らしの情報、ニュース、天気予報などの内容が一般的です。広告主1社による提供となることが多く、番組内容は企業イメージに直接結びつけやすくなっています。

通販（テレビショッピング）番組

番組内で商品を紹介し、視聴者に商品の購入を促す内容の生活情報番組を通販（テレビショッピング）番組といいます。30秒や120秒程度のCM枠で放送するものや、番組一枠すべてが通販番組になっているものがあります。番組には、放送局の編成枠内で行われるものと、通販会社などの広告主が枠を買い取って放送する方法があります。

局制作	番組枠	●局制作の通販番組、通販専門チャンネル ・テレビ局が商品を仕入れて番組を制作。 ・局の番組として放送。
広告主の自社制作	CM枠	●タイムCM、スポットCM ・30秒、60秒、90秒、120秒などの素材を、CM枠で放送。 ・リーチを幅広く獲得することができる。
	番組枠	●広告主制作の持込み枠（インフォマーシャル） ・3分、4分、14分、29分などの素材を、番組枠で放送。 ・商品・サービスの詳しい説明やPRが可能。

テレビ番組の編成

■番組改編

各放送局が自社で放送する番組の内容と放送時間を決めることを編成といい、番組編成が変わることを改編といいます。民放では通常、4月と10月に編成の見直しが行われます。編成は2クール（26週）が基本です。年末年始や4月、10月の改編期の期首、期末にはレギュラー番組が2時間に拡大されるなど、通常とは編成が異なる場合があります。

■番組フォーマット

番組内の本編とCMのポジションや長さを示したものが番組フォーマットです。番組本編とCMの順列を確認するために必要で、下表は番組フォーマットの一例です（下表内のように、CC、HHが設定されている番組もあります）。

〈番組フォーマットの例〉

SB	(CC)	オープニング	前提供クレジット	前CM	本編	中CM①	本編	中CM②	本編	後CM	後提供クレジット	エンディング	(HH)	SB

● 提供クレジット
番組提供社名（または商品名）を告知すること。

● SB（Station Break）
ステーションブレイク（ステブレ）。番組と番組の間の時間に設定される時間のことで、スポットCMの中核をなす。

● CC（Cow Catcher）
カウキャッチャー。番組開始直前（提供クレジットの表示直前）の枠で出すCMのこと。

● HH（Hitch Hike）
ヒッチハイク。番組終了直後（提供クレジットの表示直後）の枠で出すCMのこと。

タイムCMとスポットCM

タイムCMとスポットCM

テレビ広告には、タイムCMとスポットCMの2種類があります。タイムCMは、個別番組を提供し、その番組内に設定されているCM枠内で放送されるCMです。基本的に番組の前後に提供クレジットで提供する広告主名が告知されます。スポットCMは、番組とは関係なくテレビ局が設定した時間枠に放送されるCMです。番組と番組の間のステーションブレイク（ステブレ）や、番組内でタイムCM以外に設定されたCM枠であるPT（パーティシペイティングCM）があります。

● タイムCMとスポットCMの特徴

	タイムCM	スポットCM
提供期間	レギュラー番組は原則2クール（26週）	期間の設定は自由
購入単位	原則30秒以上（30秒単位）	原則15秒（30秒以上も可能）
放送時間帯	提供する番組の放送時間	ターゲット接触を考慮して効率のよい時間帯パターンを選択
取引窓口	ネット番組…キー局 ローカル番組…各局	各局
予算	2クール（26週）分の固定予算	キャンペーン単位の予算
料金	電波料 ＋ 制作料 ＋ ネット費	電波料のみ ・タイムランクに合わせた枠ごとの料金設定 ・目標とする世帯GRP（世帯延べ視聴率）から算出される場合が多く、1GRPの単位（パーコスト）を基準に算出

タイムCM・スポットCMのメリット

● タイムCMのメリット

- 番組視聴者に継続して訴求することができるため、ターゲットに効率的にアプローチできる。
- 番組イメージを企業・商品イメージに反映させることができる。
- 競合する広告主を排除できる（番組によっては競合調整を行うことがある）。

● スポットCMのメリット

- 幅広い層に訴求できる。
- 放送エリア、期間、投下量など柔軟な展開ができる。
- 新商品発売などキャンペーン時に効果が期待できる。
- 提供番組が放送されない地域で補完的に使うことができる。

タイムCM・スポットCMの出稿量と構成比

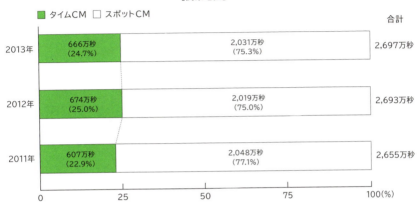

[関東地区]

年	タイムCM	スポットCM	合計
2013年	666万秒 (24.7%)	2,031万秒 (75.3%)	2,697万秒
2012年	674万秒 (25.0%)	2,019万秒 (75.0%)	2,693万秒
2011年	607万秒 (22.9%)	2,048万秒 (77.1%)	2,655万秒

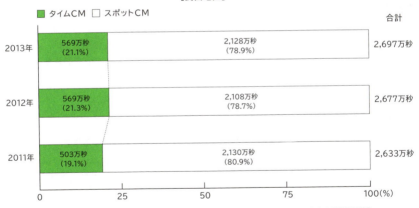

[関西地区]

年	タイムCM	スポットCM	合計
2013年	569万秒 (21.1%)	2,128万秒 (78.9%)	2,697万秒
2012年	569万秒 (21.3%)	2,108万秒 (78.7%)	2,677万秒
2011年	503万秒 (19.1%)	2,130万秒 (80.9%)	2,633万秒

(注) 局広報CMを除く民放5局合計の年間総CM出稿量
ビデオリサーチ「テレビ広告統計」をもとに作成

タイムCMとスポットCM

CM量の規定

日本民間放送連盟の放送基準でCM量は下記のとおり規制されています。

○週間のCMの総量は、総放送時間の18％以内。
○プライムタイム※におけるCM（SB除く）は、下記の限度を超えないものとする。
○その他の時間帯においてもこの時間量を標準とするが、スポーツ番組、特別行事番組については各放送局の定めるところによる。

[プライムタイムの番組内CM量]

番組の長さ	CM量
5分以内	1分
10分	2分
20分	2分30秒
30分以上	番組放送時間の1割

※放送基準におけるプライムタイムとは、局の定める18〜23時までの間の連続した3時間半をいう。
日本民間放送連盟「放送基準」をもとに作成

CM考査

すべてのCM素材は日本民間放送連盟監修「放送基準」、関係法規、各種団体自主規制、公正競争規約及び各放送局の内規に基き審査されます。CM素材の内容で表現上の誤り、または上記基準に抵触する場合は、素材の改稿要請または放送を断られることがありますので要注意です（景表法、薬事法、比較広告、ダブルスポンサー、複数商品、最大級表現広告など）。

タイムCMの種類

タイムCMは、番組の放送期間、放送エリアや提供形態などで分類することができます。

ネットワーク番組／ローカル番組の提供	系列局に同時間帯に放送される全国ネット番組を提供すると、CMは全国で露出され、ローカル番組を提供すると、その放送エリアのみの露出になります。
箱番組／帯（ベルト）番組の提供	箱番組を提供すると週1回のペースで露出できます。連日放送される帯（ベルト）番組を提供すると、連日露出が可能です。帯番組を隔日で提供することを、テレコ提供といいます。
レギュラー番組／単発番組の提供	レギュラー番組の提供はクール単位の継続的な展開となります。単発番組の提供は期首・期末などの特定時期やスポーツ中継など不定期な展開となります。
1社提供／共同提供	特定の番組を1社独占で提供する1社提供と、複数社で提供する共同提供があります。また、特定の番組で1社のみ、またはCM枠の大半を購入することで、社名または商品名を番組タイトルに付加できる冠スポンサー番組があります。
PT／CC／HH	提供クレジットが出ない番組CM枠です。番組開始直前に放送されるCCや番組終了直後のHHと呼ばれるものは、主に1社提供番組に設定されていることが多いです。

タイムCMとスポットCM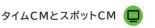

提供クレジット

各局ごとに規定され、提供秒数により異なります（下表は一例）。

秒数	表示	ナレーション
30秒	マーク＋社名または商品名	社名告知なし 例）「この番組はご覧のスポンサーの提供でお送りします。」
60秒	マーク＋社名または商品名	社名または商品名告知 例）「この番組は○○○（社名または商品名）の提供でお送りします。」
90秒以上	マーク＋社名または商品名 キャッチフレーズも可	簡単なキャッチフレーズを含む社名または商品名の告知 例）「この番組は○○○の○○○（キャッチフレーズを含む社名または商品名）の提供でお送りします。」

タイムランク

テレビの電波料金はタイムランクによって正規料金が定められています。
タイムランクは総世帯視聴率を基準として、右図のように1週間の放送時間をA、特B、B、Cの等級に分けたもので、各局によって異なります。スポット作業ではタイムランク別に放送本数を管理しています。

各局のタイムランク区分とその正規料金は、日本広告業協会（JAAA）発行の「放送広告料金表」をご覧ください。

［東京4局統一時間区分（NTV、TBS、EX、TX）］

時	月	火	水	木	金	土	日
6						C	
7							
8				B			
9						B	
10				C			
11							
12				特B			
13							
14							
15				B			
16							
17							
18				特B			
19							
20				A			
21							
22							
23				特B		特B	
24						B	
25				C			

タイム料金
A 高い
特B
B
C 低い

（注）CXは独自のTOPSレートによりパワーポイント制実施のため対象外

スポットCMの時間取りパターン

代表的なスポットCMの時間取りパターン

テレビのスポットCMは発注時に放送の曜日と時間帯の指示が必要で、全日、ヨの字、コの字、逆L などが代表的です。時間取りパターンによってパーコストは異なります。

[全日パターン]

月～日の朝から夜まで幅広い層に訴求。

[ヨの字パターン]

月～金の朝・昼・夜、土・日の朝から夜まで昼どきに流れることから、主婦やOLに訴求。

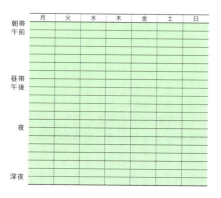

[コの字パターン]

月～金の朝と夜、土・日の朝から夜まで。朝の通学、通勤前と帰宅後を押さえられるため、学生や会社員にも訴求。

[逆Lパターン]

月～金の夜、土・日の朝から夜まで。若者や会社員などに訴求。

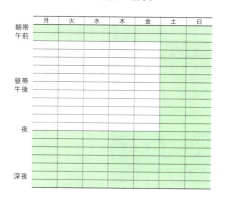
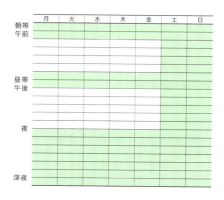

タイムテーブルの読み方

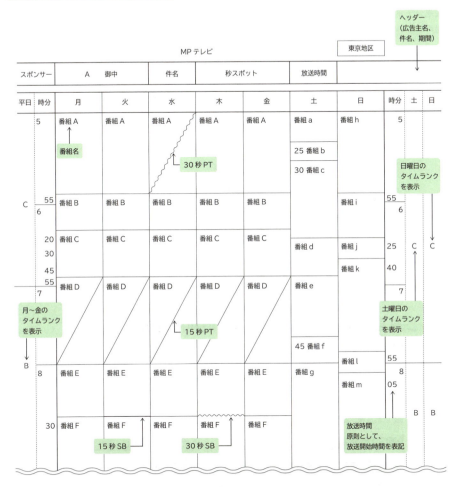

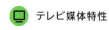 テレビ媒体特性

テレビのさまざまなサービスが利用されています

放送メディアに関する利用経験を見ると、BSデジタル放送は東京では7割、大阪でも6割以上が利用していると答えています。CSデジタル放送は3割前後の利用となっています。

[放送メディアサービス利用経験]

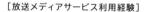 東京(N=2,086)　大阪(N=1,636)

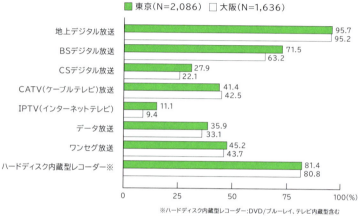

※ハードディスク内蔵型レコーダー:DVD/ブルーレイ、テレビ内蔵型含む
博報堂DYメディアパートナーズ「メディア定点調査2014」をもとに作成

テレビを見ながらのスマートフォンの利用実態

10代では約半数がほぼ毎日、携帯電話やスマートフォンを操作しながら、テレビを見ています。携帯電話やスマートフォンを操作しながらのテレビ視聴は若年層に高い傾向があります。

[携帯電話・スマートフォンを操作しながらのテレビ視聴]

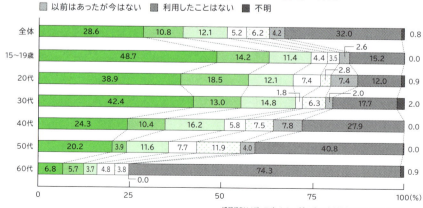

博報堂DYメディアパートナーズ「メディア定点調査2014」をもとに作成

テレビを見ている時に気になることを週に1～2回以上携帯電話やスマートフォンで調べる人は全体では約4割ですが、10代、20代では6割以上います。テレビで気になったことをすぐに検索する行動は若年層を中心に日常的な行動になっているようです。

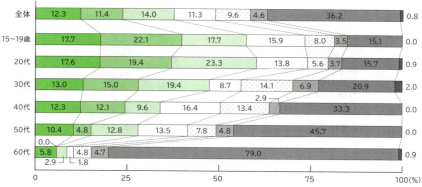

テレビとソーシャルメディアの相乗効果

ソーシャルメディアの情報がきっかけとなってテレビを見たことがある人は10代、20代で高くなっています。ソーシャルメディアがテレビ視聴の後押しをしていることがわかります。

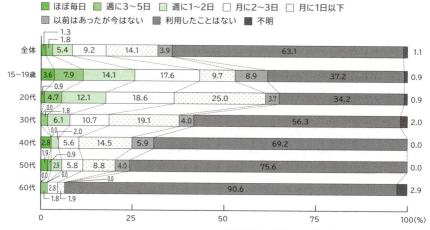

視聴率

視聴率

視聴率はテレビ番組やCMがどれくらいの世帯や人々に見られているかを示すもので、テレビの媒体力や広告効果を測る1つの指標です。視聴率には、世帯視聴率と個人視聴率がありますが、一般的に使われるのは世帯視聴率です。

世帯視聴率

テレビ所有世帯のうち、どれくらいの世帯がテレビをつけていたかを示す割合。

個人視聴率

視聴者を性年齢別・職業別などに分けて、どれくらいの人に見られていたかを示す割合。

視聴率の調査方法

テレビ番組の接触状況を示す視聴率として、ビデオリサーチによる視聴率データが広く使われています。日本の放送エリアは全部で32あり、それぞれの放送エリアごとに視聴率調査が行われています。ビデオリサーチでは、関東地区をはじめ全国27地区の調査エリアで、ピープルメータ（PM）システムによる調査とオンラインメータシステムによる調査を実施しています（日本全国を1つの調査エリアとした視聴率調査は実施していません）。山梨、福井、佐賀、宮崎の5地区については共同調査を行っており、放送局の委託契約のもと、ビデオリサーチが日記式調査を実施しています。

● ピープルメータ（PM）システムによる機械式視聴率調査

ピープルメータ（PM）システムは、調査対象世帯のテレビごとに設置した視聴チャンネルを測定する「チャンネルセンサー」と個人の視聴を入力・表示する「PM表示器」により世帯視聴率と個人視聴率を同時に調査する方法。

● オンラインメータシステムによる機械式視聴率調査

オンラインメータシステムは、調査対象世帯のテレビごとに設置した視聴チャンネルを測定する「チャンネルセンサー」と視聴記録を蓄積し、集積センターに送信する「オンラインメータ」により世帯視聴率を調査する方法。

視聴率

世帯視聴率の調査概要

● ピープルメータ（PM）システム調査地区（3地区）

地区	調査方法	調査日	調査対象世帯数 （4歳以上家族全員）	調査対象テレビ台数	報告書		
					日報発行日 （世帯） iNEX （世帯・個人）	速報発行日 （世帯）	個人視聴率 週報発行日
関東	PMシステム	毎日	600	8台まで	翌日	翌週水曜日	翌週金曜日
関西							
名古屋							

● 52週調査地区（8地区）

地区	調査方法 調査日	調査対象世帯数	調査対象テレビ台数	日報発行日	速報発行日
北部九州	オンラインメータシステム 毎日	200	3台まで	翌日	翌週木曜日
札幌					
仙台					
広島					
静岡					
福島					翌週金曜日
新潟					
岡山・香川					

● 24週調査地区（16地区）

地区	調査方法 調査日	調査対象世帯数	調査対象テレビ台数	日報発行日	速報発行日
熊本	オンラインメータシステム 毎月2週間 ※毎月第1月曜からの連続2週間を調査 [4・10月は第2月曜からの連続2週間]	200	3台まで	翌日	翌週金曜日
鹿児島					
長野					
長崎					
金沢					
山形					
岩手					
鳥取・島根					
愛媛					
富山					
山口					
秋田					
青森					
大分					
沖縄					
高知					

ビデオリサーチ「TV RATING GUIDE BOOK」より

視聴率

世帯視聴率の計算方法

世帯視聴率の最小単位は毎分視聴率で、視聴率はこれをもとに算出します。世帯内にある複数台のテレビを調査しているため、各局の視聴率の合計と総世帯視聴率（HUT）の関係は各局の視聴率の合計≧総世帯視聴率（HUT）となります。下表は5世帯のうち、3世帯が視聴しているため、総世帯視聴率（HUT）は、60％となります。

	TV1	TV2	TV3	TV ON/OFF	局のカウント
○○家 TV3台所有	A局	A局	OFF	ON	A局=1
△△家 TV2台所有	OFF	OFF		OFF	
××家 TV1台所有	A局			ON	A局=1
□□家 TV1台所有	OFF			OFF	
◎◎家 TV2台所有	B局	C局		ON	B局=1 C局=1
				ON =3	A局=2 B局=1 C局=1

テレビ・地上波 / Television

視聴率

HUT

HUT（Households Using Television）とは、総世帯視聴率のことです。調査対象世帯のうち、テレビ放送を放送と同時に視聴していた世帯の割合を意味します。一方、テレビ放送を放送と同時に視聴していた人の割合のことをPUT（Persons Using Television）といいます。PUTは、生活パターンや視聴するテレビ番組の内容によって、性・年代ごとにそれぞれ傾向が異なっています。

（例）世帯のテレビの視聴パターン

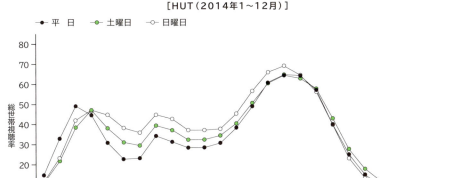

ビデオリサーチ「テレビ世帯視聴率（関東地区）」をもとに作成

視聴率データの内容

番組平均視聴率	当該番組の放送時間内における視聴世帯（個人）の割合。 番組の放送時間内における毎分視聴率の合計を放送分数で割ったもので、パーセントで表示する。
前4週平均視聴率	該当する局の当日の番組が放送された枠や時間帯に普段（前週までの過去4回）どれくらいの視聴があったのかを見る数値。該当する週を除く過去4週間の平均視聴率。 放送回ごとの視聴率のばらつきを考慮する。
番組終了時視聴率	ある番組の放送時間終了直前の1分間の視聴率。 通常、SBの視聴率とみなされる。
視聴占拠率	該当する局の視聴率が放送全体の視聴率に占める割合。 各局の視聴率の合計で、該当するテレビ局の視聴率を割って、パーセント表示したもの。

 テレビ広告効果

有効リーチ／有効フリークエンシー

有効リーチとは、単に広告に接触したということではなく、効果的に接触したかどうかを計る指標で、有効な回数だけ接触している人の到達率のことです。有効とされる回数を有効フリークエンシーと呼びます。広告の露出回数に関する理論では「3ヒットセオリー」がよく利用されますが、諸条件によって有効フリークエンシーは異なります。下図はフリークエンシー別のリーチの推移を表したものです。リーチ曲線は、地区、ターゲット、出稿パターン、使用局数、1本あたりの平均視聴率などにより異なります。

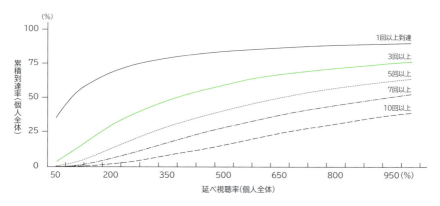

● 回数別累積到達率

個人全体 延べ視聴率 （％）	平均視聴 回数（回）	判定回数別累積到達率（％）				
		1回以上 到達率	3回以上 到達率	5回以上 到達率	7回以上 到達率	10回以上 到達率
50	1.4	35.3	3.0	0.1	―	―
100	1.9	52.1	12.2	2.6	0.5	―
150	2.4	61.8	21.7	7.3	2.4	0.3
200	2.9	68.2	30.2	12.8	5.5	1.5
250	3.4	72.7	37.3	18.4	9.1	3.2
300	3.9	76.0	43.2	23.8	13.0	5.4
350	4.5	78.6	48.2	28.7	17.0	7.8
400	5.0	80.6	52.5	33.2	20.8	10.4
450	5.5	82.2	56.1	37.2	24.5	13.1
500	6.0	83.5	59.3	40.9	28.0	15.8
550	6.5	84.6	62.0	44.2	31.3	18.6
600	7.0	85.6	64.4	47.2	34.3	21.2
650	7.5	86.4	66.5	50.0	37.2	23.8
700	8.0	87.1	68.4	52.4	39.9	26.3
750	8.6	87.7	70.1	54.7	42.3	28.6
800	9.1	88.3	71.5	56.7	44.6	30.9
850	9.6	88.7	72.9	58.6	46.8	33.1
900	10.1	89.2	74.1	60.4	48.8	35.2
950	10.6	89.5	75.2	62.0	50.6	37.2
1,000	11.1	89.9	76.2	63.5	52.4	39.0

（注）地区：関東PM、ターゲット：個人全体、出稿パターン：全日、使用局数：3局、1本あたりの平均視聴率：5％で作成
「TV HAAP効果グラフ」をもとに作成

GRPと広告認知率の関係

● 投下GRP別にみる広告認知率の変化

テレビCMの認知率はGRPの増加により下図のように上昇します。ターゲット別にみると、同じGRPでも一般的には男性よりも女性が、また若い年齢層の方がCM認知率が高い傾向にあります。
広告認知は、ターゲット（性×年代）／局数／出稿パターン／予算配分／キャンペーン時期、期間／商品ジャンル／CMクリエイティブなどの要素に影響を受けるため、キャンペーンごとに検討する必要があります。

[一般消費財の場合　男性]

― 男女13～59歳　― 13～19歳　…… 20～34歳　－・－ 35～49歳　－－ 50歳以上

[一般消費財の場合　女性]

― 男女13～59歳　― 13～19歳　…… 20～34歳　－・－ 35～49歳　－－ 50歳以上

(注) 一般消費財、関東エリア5局使用、全日でシミュレーション
「TV HAAP効果グラフ」をもとに作成

テレビの調査

テレビ広告取引では、ビデオリサーチが調査したテレビ視聴率を使用するのが一般的ですが、それ以外にもNHKによる視聴率調査や、ビデオリサーチのテレビ番組カルテなど質的な視聴データがあります。質的データでは、番組イメージなどの指標で番組を評価することができます。

● 全国個人視聴率調査（NHK）

全国の7歳以上の男女3,600人を対象に年2回、個人視聴率調査を実施しています。個人視聴率調査としては、日本では唯一の全国規模調査であることが特徴です。性・年代別、職業別などの個人属性で、視聴率、視聴時間、視聴番組などを分析できます。

用語

ＣＣ	Cow Catcher（カウキャッチャー）の略。 番組開始の直前（提供クレジットの表示直前）の枠で出すCMのこと。
ＣＰＭ	Cost Per Mill（コスト・パー・ミル）の略。 当該広告を1,000世帯（人）に到達させるために必要な広告費。
Ｆ１、Ｆ２、Ｆ３	ビデオリサーチの個人視聴率の性・年齢区分の通称。 F1…女性 20〜34歳、F2…女性 35〜49歳、F3…女性 50歳以上
ＧＲＰ	Gross Rating Points（グロス・レイティング・ポイント）の略。 ある期間中に放送したCMの各回視聴率の合計。延べ視聴率。
ＨＨ	Hitch Hike（ヒッチハイク）の略。 番組提供社が番組終了の直後（提供クレジットの表示直後）の枠で出すCMのこと。
ＨＵＴ	Households Using Televisionの略。総世帯視聴率のこと。 調査対象世帯のうち、テレビ放送を放送と同時に視聴していた世帯の割合。
Ｍ１、Ｍ２、Ｍ３	ビデオリサーチの個人視聴率の性・年齢区分の通称。 M1…男性 20〜34歳、M2…男性 35〜49歳、M3…男性 50歳以上
ＰＴ	Perticipation（パーティシペーション）の略。番組内でタイムCM以外に設定された枠のCM。
ＰＵＴ	Persons Using Televisionの略。総個人視聴率のこと。 調査対象世帯の4歳以上の個人全体のうち、テレビ放送を放送と同時に視聴していた人の割合。
ＳＢ	Station Break（ステーションブレイク）の略。 ステブレともいう。番組と番組の間の時間のことでスポットCMの中核をなす。

用語	説明
帯（ベルト）番組	1週間、または平日（月〜金）の同時間に同一番組名で連続して編成される番組のこと。
ゴールデンタイム	19時〜22時までの3時間を指す通称。
視聴占拠率	該当する局の視聴率が放送全体の視聴率に占める割合。 各局の視聴率の合計で、該当するテレビ局の視聴率を割って、パーセント表示したもの。
スポットCM	番組とは関係なく、テレビ局が設定した時間枠に放送されるCM。 PT、SBなど。
前4週平均視聴率	該当する局の当日の番組が放送された枠や時間帯に普段（前週までの過去4回）どれくらいの視聴があったのかを見る数値。 該当する週を除く過去4週間の平均視聴率。放送回ごとの視聴率のばらつきを考慮する。
タイムCM	個別番組を提供し、その番組内に設定されているCM枠内で放送されるCM。
パーコスト（1%コスト）	CMの効率を見るための指標。 視聴率1％を獲得するのに必要な費用を金額で示したもの（広告費÷GRP）。実施料金÷GRP
箱番組	1週間のうち同一曜日の同時間に1回放送されるレギュラー番組のこと。
番組終了時視聴率	ある番組の放送時間終了直前の1分間の視聴率。通常、SBの視聴率とみなされる。
番組平均視聴率	当該番組の放送時間内における視聴世帯（個人）の割合。番組の放送時間内における毎分視聴率の合計を放送分数で割ったもので、パーセントで表示する。
プライムタイム	19時〜23時までの4時間を指す通称。
フリークエンシー	視聴（到達）回数。視聴（到達）した世帯（人）をベースに何回視聴（到達）したかを示す指標。
リーチ	到達率のこと。一定の期間内にテレビ番組やCMが到達した世帯（人）の割合。
ワンクール	番組やCMの放送契約期間の単位のこと。ワンクールは3ヶ月（13週）。

テレビ・地上波 Television

テレビ広告出稿状況

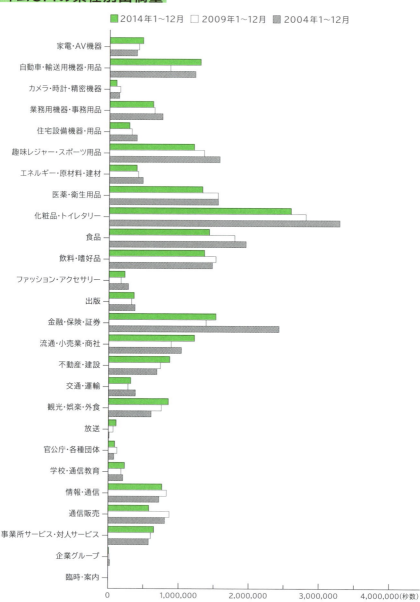

テレビ広告出稿状況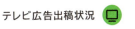

タイムCMの広告主ランキング　上位30社

地区	順位	広告主	2014年1~12月（秒数）
関東地区	1	プロクター・アンド・ギャンブル・ジャパン	237,225
	2	花王	186,705
	3	ライオン	137,625
	4	ジャパネットたかた	115,710
	5	トヨタ自動車	108,825
	6	イオン	103,245
	7	サントリーホールディングス	99,315
	8	アメリカンホーム医療・損害保険	92,870
	9	新宿事務所	88,200
	10	アデランス	80,280
	11	アートネイチャー	78,465
	12	バンダイ	67,425
	13	小林製薬	65,505
	14	メットライフ生命保険	62,760
	15	日本マクドナルド	60,270
	16	本田技研工業	55,155
	17	再春館製薬所	53,400
	18	ダイハツ工業	50,805
	19	ソフトバンクモバイル	49,080
	20	KDDI	43,965
	21	キユーピー	43,770
	22	アサヒ緑健	43,530
	23	はぴねすくらぶ	43,290
	24	小学館	43,035
	25	日本コカ・コーラ	42,720
	26	ロート製薬	40,950
	27	日産自動車	39,750
	28	ブシロード	38,985
	29	ソニー損害保険	38,910
	30	三越伊勢丹	37,950
関西地区	1	プロクター・アンド・ギャンブル・ジャパン	234,840
	2	花王	171,660
	3	ライオン	135,240
	4	ジャパネットたかた	113,590
	5	トヨタ自動車	106,620
	6	サントリーホールディングス	94,110
	7	イオン	80,820
	8	アデランス	78,675
	9	バンダイ	67,395
	10	小林製薬	65,550
	11	日本マクドナルド	60,165
	12	本田技研工業	55,845
	13	ロート製薬	51,300
	14	ダイハツ工業	49,860
	15	アートネイチャー	47,280
	16	ソフトバンクモバイル	47,220
	17	アメリカンホーム医療・損害保険	46,400
	18	再春館製薬所	46,230
	19	KDDI	44,340
	20	日本コカ・コーラ	42,840
	21	NTTドコモ	42,615
	22	小学館	39,915
	23	日産自動車	38,820
	24	キユーピー	38,790
	25	アサヒビール	37,890
	26	アース製薬	37,230
	27	大阪ガス	35,085
	28	ブシロード	33,945
	29	三菱電機	32,460
	30	積水ハウス	32,280

ビデオリサーチ「テレビ広告統計」をもとに作成

テレビ・地上波　Television

テレビ広告出稿状況

スポットCMの業種別出稿量

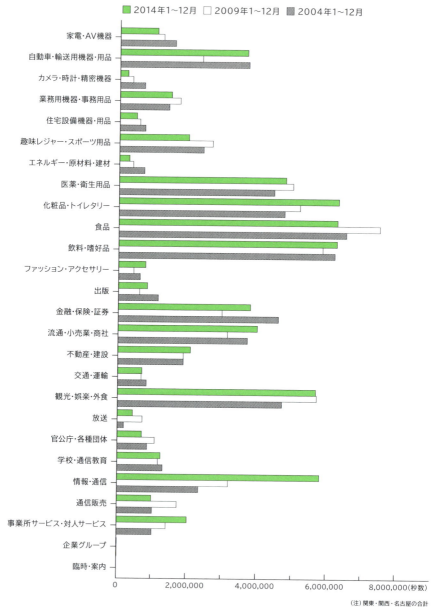

(注) 関東・関西・名古屋の合計
ビデオリサーチ「テレビ広告統計」をもとに作成

テレビ広告出稿状況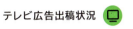

スポットCMの広告主ランキング　上位30社

地区	順位	広告主	2014年1～12月（秒数）
関東地区	1	花王	569,145
	2	サントリーホールディングス	507,345
	3	日本コカ・コーラ	308,475
	4	KDDI	261,255
	5	ソフトバンクモバイル	260,715
	6	リクルートホールディングス	216,810
	7	興和新薬	216,210
	8	武田薬品工業	211,830
	9	NTTドコモ	177,600
	10	スズキ	175,485
	11	ユニリーバ・ジャパン	170,895
	12	キリンビール	166,710
	13	トヨタ自動車	162,540
	14	東宝	159,620
	15	ハウス食品	157,155
	16	ファーストリテイリング	155,340
	17	日産自動車	155,295
	18	アサヒビール	151,695
	19	資生堂	140,595
	20	大正製薬	139,575
	21	アメリカンファミリー生命保険会社	138,900
	22	プロクター・アンド・ギャンブル・ジャパン	133,350
	23	永谷園	131,115
	24	明治	129,315
	25	グノシー	124,155
	26	本田技研工業	123,465
	27	ウォルト・ディズニー・ジャパン	120,330
	28	グラクソ・スミスクライン	117,660
	29	DHC	117,405
	30	ハウスウェルネスフーズ	116,490
関西地区	1	花王	517,110
	2	サントリーホールディングス	433,635
	3	リクルートホールディングス	250,080
	4	KDDI	241,200
	5	武田薬品工業	236,055
	6	スズキ	232,770
	7	ハウス食品	223,605
	8	ユー・エス・ジェイ	211,455
	9	興和新薬	198,765
	10	日本コカ・コーラ	191,385
	11	ソフトバンクモバイル	191,370
	12	ハウスウェルネスフーズ	174,540
	13	キリンビール	158,610
	14	プロクター・アンド・ギャンブル・ジャパン	151,905
	15	NTTドコモ	151,035
	16	アサヒビール	148,560
	17	日産自動車	146,460
	18	ユニリーバ・ジャパン	145,980
	19	東宝	142,885
	20	トヨタ自動車	130,875
	21	ファーストリテイリング	130,080
	22	本田技研工業	128,670
	23	ケイ・オプティコム	122,250
	24	マツダ	121,305
	25	大正製薬	118,935
	26	明治	117,075
	27	ソニー損害保険	113,325
	28	資生堂	113,085
	29	DHC	110,025
	30	メットライフ生命保険	108,045

テレビ・地上波　Television

ビデオリサーチ「テレビ広告統計」をもとに作成

衛星放送媒体概況

衛星放送媒体概況

衛星放送は衛星を用いて、全国1波で番組を配信します。地上波の難視聴地域の解消を目的としてスタートしましたが、現在では専門性の高い番組を放送する多チャンネルサービスの特徴が強くなっています。人工衛星の違いから、放送衛星（Broadcasting Satellite）を使用するBS放送と通信衛星（Communication Satellite）を使用するCS放送とに区分されています。CS放送はすでに完全デジタル化が終了していましたが、BS放送も2011年7月にアナログ放送を終了しました。

視聴方法

衛星放送は、パラボラアンテナとチューナー設置による直接受信と、ケーブルテレビに加入してのケーブルテレビ経由の受信による視聴、そしてIPTV事業会社と契約しての視聴が可能です。

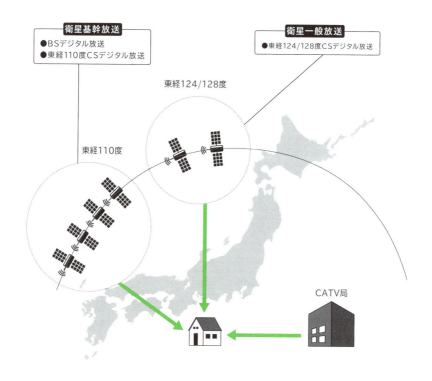

衛星放送広告手法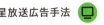

衛星放送の広告手法の特徴

地上波と同様、タイムCMとスポットCMという基本的な広告展開と、衛星放送ならではの編成の柔軟性を生かしたインフォマーシャルなどの展開があります。衛星放送では編成の自由度が比較的高く、企画実施への障害が少ないため、地上波では困難なさまざまな試みが可能です。

● インフォマーシャル

インフォマーシャルとは、通常のCMと比較すると、長尺で多くの情報を含む広告のことです。使用方法や使用者の体験談、実験など、商品の信頼性を高めるために時間をかけて商品の説明を行う手法です。説明が必要な商品や、通販のようにレスポンスを求める場合などに有効です。

● 長尺CMできっちり伝えることができます

衛星放送では、枠が確保しやすく、地上波では難しい長尺CMやインフォマーシャルの実施が比較的容易なため、商品やサービスをより詳しく、丁寧に伝えることができます。60〜90秒CMはもちろん、120秒・180秒以上の素材も実施することができます。また、最近では広告主の社会貢献度の認知など企業イメージの向上を目的に行うケースも目立ってきています。

● カスタマイズした番組制作・放送が容易

衛星放送では、ミニ番組での展開はもとより、30分や1時間のオリジナル番組を制作することもできます。さらに放送局に映像制作を依頼することも可能で、質の高い映像の訴求力に広告効果が期待できます。

● コンテンツの2次活用も可能

制作したインフォマーシャルや番組を、2次利用する事例も多くあります（ただし、著作権処理が必要です）。

（広告主における活用例）
・店頭での活用
・ホームページやWeb上でのストリーミング
・DVD化して、営業ツールなどに活用
・社内研修、株主総会などイベントに活用

BSデジタル放送媒体概況

BSデジタル放送

BSデジタル放送は、2000年12月から世界に先駆けて日本で開始した、衛星を利用したデジタル放送です。東経110度、地上36,000kmに打ち上げられた放送衛星（BSAT）を使って、デジタル信号で送信される衛星放送で、2000年12月1日から放送が始まりました。2014年12月時点では29チャンネルでテレビ放送が行われています。テレビの放送以外に、データ放送（※）のサービスがあります。
「BS世帯普及率調査」によると、BSデジタル放送視聴推定可能世帯数は全国で約3,944万世帯、全国世帯普及率は70.5％と推計されています（2014年12月現在）。

※文字や図形・静止画などをデータとして放送することから、データ放送と呼ばれます。

BSデジタル放送の普及状況

（注）BSデジタル放送視聴推定可能世帯数は、住民基本台帳の全国総世帯数に、
BSデジタル世帯普及率調査2回分の普及率の平均を掛け合わせて算出
2014年12月現在
BS民放5局「BS世帯普及率調査」をもとに作成

BSデジタル放送媒体概況

BSデジタル放送のチャンネル

	放送局	企業名
公共放送	NHK BS1	日本放送協会
	NHK BSプレミアム	日本放送協会
無料放送	BS日テレ	BS日テレ
	BS朝日	ビーエス朝日
	BS-TBS	BS-TBS
	BSジャパン	BSジャパン
	BSフジ	ビーエスフジ
	BS11	日本BS放送
	TwellV（トゥエルビ）	ワールド・ハイビジョン・チャンネル
	放送大学	放送大学学園
	Dlife	ブロードキャスト・サテライト・ディズニー
有料放送	WOWOWプライム	WOWOW
	WOWOWライブ	WOWOW
	WOWOWシネマ	WOWOW
	スターチャンネル1	スター・チャンネル
	スターチャンネル2	スター・チャンネル
	スターチャンネル3	スター・チャンネル
	グリーンチャンネル	競馬・農林水産情報衛星通信機構
	BSアニマックス	アニマックスブロードキャスト・ジャパン
	FOXスポーツ＆エンターテイメント	ビーエスFOX
	BSスカパー！	スカパー・エンターテイメント
	J sports 1	ジェイ・スポーツ
	J sports 2	ジェイ・スポーツ
	J sports 3	ジェイ・スポーツ
	J sports 4	ジェイ・スポーツ
	BS釣りビジョン	釣りビジョン
	IMAGICA BS	IMAGICA TV
	BS日本映画専門チャンネル	日本映画衛星放送
	ディズニー・チャンネル	ブロードキャスト・サテライト・ディズニー

2014年12月現在

テレビ・衛星放送 Television

BSデジタル放送媒体特性

BSデジタル放送で好きな番組ジャンル

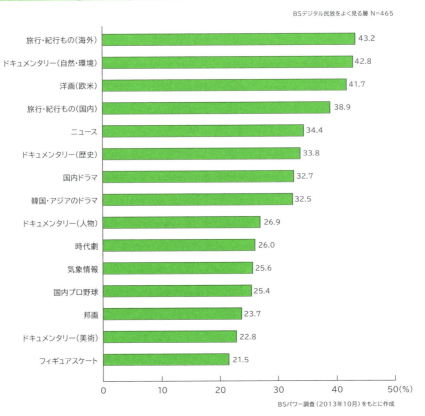

BSデジタル民放をよく見る層 N=465

ジャンル	%
旅行・紀行もの(海外)	43.2
ドキュメンタリー(自然・環境)	42.8
洋画(欧米)	41.7
旅行・紀行もの(国内)	38.9
ニュース	34.4
ドキュメンタリー(歴史)	33.8
国内ドラマ	32.7
韓国・アジアのドラマ	32.5
ドキュメンタリー(人物)	26.9
時代劇	26.0
気象情報	25.6
国内プロ野球	25.4
邦画	23.7
ドキュメンタリー(美術)	22.8
フィギュアスケート	21.5

BSパワー調査(2013年10月)をもとに作成

男女ともによく視聴されています

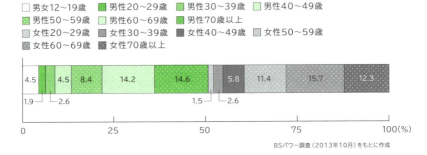

BSデジタル民放をよく見る層 N=465

凡例: 男女12～19歳、男性20～29歳、男性30～39歳、男性40～49歳、男性50～59歳、男性60～69歳、男性70歳以上、女性20～29歳、女性30～39歳、女性40～49歳、女性50～59歳、女性60～69歳、女性70歳以上

構成比: 4.5 / 1.9 / 2.6 / 4.5 / 8.4 / 14.2 / 14.6 / 1.5 / 2.6 / 5.8 / 11.4 / 15.7 / 12.3

BSパワー調査(2013年10月)をもとに作成

専念視聴傾向が強いメディアです

BSデジタル放送の「専念視聴」「ながら視聴」の割合をみると、「じっくり見ることが多い」と答えた人の割合は約4割です。「どちらかといえばじっくり見る」も合わせると8割となり、圧倒的に専念視聴傾向が強くなっています。

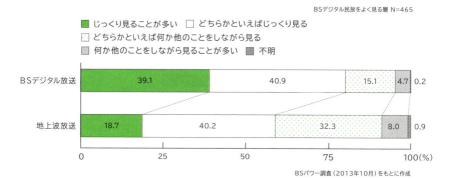

ザッピングが少なく、きちんと見られています

BSデジタル放送では番組視聴中、「ほとんどチャンネルを変えない」人が約6割います。BSデジタル放送は地上波放送と比べてザッピングが少ないことがわかります。

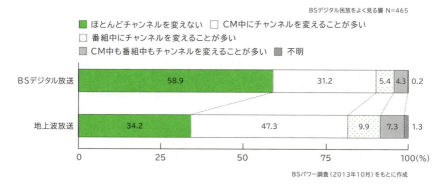

BSパワー調査

BSの視聴率は今のところ公表されていませんが、BS民放6局による自主調査「BSパワー調査」では、BSデジタル放送の視聴者の接触の傾向がわかります。「BSパワー調査」は2014年で終了し、2015年4月より「BS全国視聴データ」がスタート。さらなるデータの充実が期待されます。

BSデジタル放送媒体特性

BSデジタル放送の浸透状況

民放BSをよく見る層では、決めて見ている番組がある人は約6割、以前より身近になってきたと思っている人もが5割以上おり、BSデジタル放送が生活に浸透してきたことがわかります。

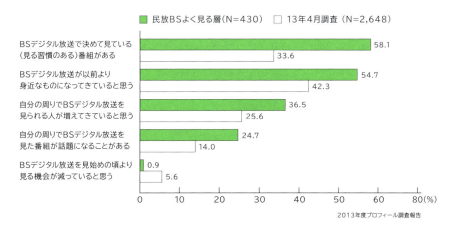

BSデジタル放送の満足度

民放BSをよく見る層の満足度は高く、約9割が満足していると答えています。

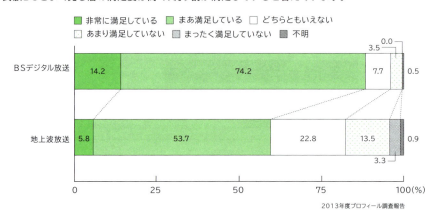

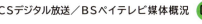

CSデジタル放送

● CSデジタル放送とは

CSデジタル放送とは、衛星放送において、通信衛星（CS）を利用するものを指します。現在、東経124度と128度、BSと同じ経度にある東経110度にある静止衛星を使い、100社を超える放送事業者が約300チャンネルを運営しています。基本的には有料で、視聴するには「スカパー！」と契約してパラボラアンテナを設置し、衛星から直接受信をするか、各地のケーブルテレビ局やIPTV事業会社と契約し、配信を受ける必要があります。1992年にアナログによるCS放送がスタートしましたが、1996年にデジタル技術が導入され、地上波やBSに先んじて、完全デジタル化を果たしています。

● 収入の柱は「受信契約料＋広告収入」です

大半のチャンネルにおいて、広告収入よりも視聴者からの受信契約料が、収入源として高い比重を占めています。CS放送事業者としては、まず視聴世帯数を増やしてから、広告事業に乗り出すというのが一般的です。

● チャンネルごとの「専門編成」です

CS放送チャンネルは、雑誌のようにニュース、映画、アニメ、音楽、スポーツなど、編成が専門化しているため、チャンネル単位で視聴者プロフィールが異なり、特定ターゲット層に絞った訴求が可能です。

CS／BSペイテレビ普及状況

CS／BSペイテレビの視聴可能世帯数は全国で約1,078万世帯で、普及率は20.7％（2014年6月末現在）です。ケーブルテレビ加入数は約646.9万世帯、「スカパー！」加入数は約337.8万世帯、IPTVなどで約92.9万世帯となっています。

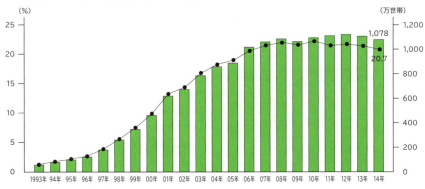

（注）ペイテレビとは有料のテレビ放送のことで、CAB-Jでは有料CS放送と有料BS放送のチャンネルを合わせてペイテレビと呼んでいます。
CAB-J「CS／BSペイテレビメディアデータブック2014」より

CS／BSペイテレビの主なチャンネル

代表的なチャンネルの視聴世帯数

分類	局名	視聴世帯数
ニュース	CNNj	6,748,982
ニュース	TBSニュースバード	6,325,799
ニュース	日経CNBC	7,557,523
ニュース	BBCワールドニュース	3,011,469
ドキュメンタリー	アニマルプラネット	6,134,324
ドキュメンタリー	ディスカバリーチャンネル	7,029,453
ドキュメンタリー	ナショジオ ワイルド	588,007
ドキュメンタリー	ナショナルジオグラフィックチャンネル	6,553,315
ドキュメンタリー	ヒストリーチャンネル	6,816,000
スポーツ	GAORA SPORTS	7,765,000
スポーツ	J SPORTS	6,804,950
スポーツ	ゴルフネットワーク	7,798,750
スポーツ	スカイ・A sports+	6,838,216
スポーツ	日テレG+	7,990,746
スポーツ	FIGHTING TV サムライ	非公開
映画	イマジカBS	4,744,044
映画	ザ・シネマ	4,812,900
映画	スターチャンネル	非公開
映画	チャンネルNECO	8,162,668
映画	日本映画専門チャンネル	7,616,914
映画	FOXムービープレミアム	4,944,935
映画	ムービープラス	7,026,800
ドラマ	AXN 海外ドラマ	7,395,715
ドラマ	AXNミステリー	6,141,599
ドラマ	時代劇専門チャンネル	8,212,410
ドラマ	スーパー！ドラマTV	8,201,500
ドラマ	ファミリー劇場	8,228,400
ドラマ	FOX	7,432,418
ドラマ	FOXCRIME	3,627,202
ドラマ	ホームドラマチャンネル	4,611,848
アニメ	アニマックス	8,758,748
アニメ	カートゥーンネットワーク	7,297,177
アニメ	キッズステーション	8,446,123
アニメ	ディズニーXD	5,740,000
アニメ	ディズニージュニア	未公開
音楽	MTV Japan	7,016,100
音楽	歌謡ポップスチャンネル	5,808,451
音楽	スペースシャワーTV	8,446,857
音楽	ミュージック・エア	2,047,930
音楽	MUSIC ON!TV	7,400,000
エンターテイメント	アジアドラマチックTV	2,500,000
エンターテイメント	エンタメ～テレ☆シネドラバラエティ	1,604,802
エンターテイメント	KBS World	4,363,479
エンターテイメント	女性チャンネル♪ LaLa TV	6,381,200
エンターテイメント	スカチャン	非公開
エンターテイメント	チャンネル銀河 歴史ドラマ・サスペンス・日本のうた	4,684,100
エンターテイメント	ディズニー・チャンネル	5,890,000
エンターテイメント	TBSチャンネル1	6,776,770
エンターテイメント	TBSチャンネル2	4,803,884
エンターテイメント	テレ朝チャンネル1 ドラマ・バラエティ・アニメ	4,762,684
エンターテイメント	テレ朝チャンネル2 ニュース・情報・スポーツ	6,332,256
エンターテイメント	日テレプラス ドラマ・アニメ・スポーツ	5,418,967
エンターテイメント	フジテレビTWO ドラマ・アニメ	3,958,145
エンターテイメント	フジテレビNEXT ライブ・プレミアム	281,670
エンターテイメント	フジテレビONE スポーツ・バラエティ	4,152,850
エンターテイメント	FOXスポーツ＆エンターテイメント	4,487,131
エンターテイメント	MONDO TV	5,084,519
エンターテイメント	WOWOWシネマ	2,619,300
エンターテイメント	WOWOWプライム	2,619,300
エンターテイメント	WOWOWライブ	2,619,300
趣味・娯楽	囲碁・将棋チャンネル	6,239,526
趣味・娯楽	大人の趣味と生活向上◆アクトオンTV	3,549,424
趣味・娯楽	旅チャンネル	3,208,136
趣味・娯楽	釣りビジョン	4,740,000
趣味・娯楽	FOODIES TV	1,987,780

CAB-Jホームページより(2014年12月現在)

CS／BSペイテレビの主なチャンネル

ターゲット別視聴経験率ランキング

[個人全体]

		(%)
1	アニマックス	17.5
2	キッズステーション	13.0
3	チャンネルNECO	11.6
4	J SPORTS 1	10.9
5	日本映画専門チャンネル	10.6
6	ムービープラス	10.0
7	J SPORTS 2	9.4
8	ファミリー劇場	9.2
8	ディスカバリーチャンネル	9.2
8	日テレG+	9.2

[男性12〜19歳]

		(%)
1	アニマックス	37.2
2	キッズステーション	27.4
3	J SPORTS 2	12.1
4	カートゥーン ネットワーク	11.6
5	MUSIC ON! TV	10.7
6	GAORA SPORTS	10.1
7	ディスカバリーチャンネル	7.9
8	J SPORTS 1	7.5
9	J SPORTS 4	7.0
10	スペースシャワーTV	6.9

[女性12〜19歳]

		(%)
1	アニマックス	24.1
2	ディズニーXD	14.8
3	キッズステーション	13.8
4	ディズニー・チャンネル	13.0
5	カートゥーン ネットワーク	12.5
6	MUSIC ON! TV	10.8
7	スペースシャワーTV	7.2
8	MTV	6.2
9	ムービープラス	5.6
10	チャンネルNECO	5.0

[男性20〜34歳]

		(%)
1	アニマックス	25.8
2	キッズステーション	15.1
3	ファミリー劇場	12.6
4	J SPORTS 2	12.1
5	チャンネルNECO	11.6
6	J SPORTS 1	11.3
7	フジテレビONE スポーツ・バラエティ	11.1
8	MUSIC ON! TV	10.4
9	スペースシャワーTV	10.2
9	日テレG+	10.2

[男性35〜49歳]

		(%)
1	アニマックス	21.0
2	J SPORTS 1	17.6
3	チャンネルNECO	16.7
4	J SPORTS 2	16.4
5	キッズステーション	15.9
6	ディスカバリーチャンネル	14.5
7	GAORA SPORTS	13.6
8	日テレG+	13.1
9	ファミリー劇場	12.8
10	日本映画専門チャンネル	12.3

[男性50〜69歳]

		(%)
1	ムービープラス	17.6
2	チャンネルNECO	17.5
3	日本映画専門チャンネル	16.8
3	J SPORTS 1	16.8
5	ディスカバリーチャンネル	16.4
6	日テレG+	15.0
7	J SPORTS 2	14.4
8	GAORA SPORTS	14.1
9	時代劇専門チャンネル	13.8
10	J SPORTS 3	12.4

[女性20〜34歳]

		(%)
1	アニマックス	28.5
2	キッズステーション	24.2
3	ディズニーXD	14.7
4	ディズニー・チャンネル	13.8
5	スペースシャワーTV	12.6
6	FOX	11.3
6	カートゥーン ネットワーク	11.3
8	MUSIC ON! TV	11.0
9	MTV	9.6
10	女性チャンネル♪LaLa TV	8.1

[女性35〜49歳]

		(%)
1	アニマックス	21.2
2	キッズステーション	17.4
3	カートゥーン ネットワーク	11.7
4	女性チャンネル♪LaLa TV	11.2
5	ディズニー・チャンネル	11.1
6	MUSIC ON! TV	9.4
7	チャンネルNECO	9.3
8	日本映画専門チャンネル	8.8
9	FOX	8.6
10	スペースシャワーTV	8.5

[女性50〜69歳]

		(%)
1	女性チャンネル♪LaLa TV	12.7
2	ホームドラマチャンネル	11.6
3	日本映画専門チャンネル	10.7
4	AXNミステリー	10.6
5	ショップチャンネル	10.5
6	ムービープラス	10.0
7	チャンネルNECO	9.3
8	ファミリー劇場	8.8
9	QVC	8.5
10	FOX	8.3

（注）スコアは「専門チャンネル視聴可能者」を母数としたもの。
専門チャンネルが視聴可能な人とは、直接受信・ケーブルテレビ・IPTVいずれかに加入し、専門チャンネルが視聴可能な人のこと。
ランキングは調査直近一週間のもの。調査時期：2014年5月19〜25日
ビデオリサーチ「Multichannel Viewers Profile report 2014年度データ」より

テレビ・衛星放送 Television

CS／BSペイテレビ媒体特性

CS／BSペイテレビ視聴率シェア

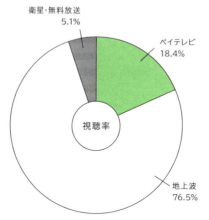

ペイテレビ視聴率調査2014年6月度調査
(注)ペイテレビとは有料のテレビ放送のことで、CAB-Jでは有料CS放送と有料BS放送のチャンネルを合わせてペイテレビと呼んでいます。
CAB-J「CS／BSペイテレビ メディアデータブック 2014」より

CS／BSペイテレビチャンネル年間平均接触率推移

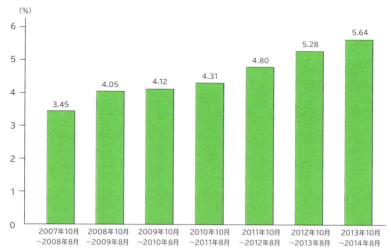

(注)ペイテレビとは有料のテレビ放送のことで、CAB-Jでは有料CS放送と有料BS放送のチャンネルを合わせてペイテレビと呼んでいます。
CAB-J「CS／BSペイテレビ メディアデータブック 2014」より

CS／BSペイテレビ媒体特性

CS／BSペイテレビ視聴世帯の平均年収

CS／BSペイテレビ視聴世帯の平均年収は751万円と全体の平均世帯年収の637万円に対し、100万円以上高くなっています。

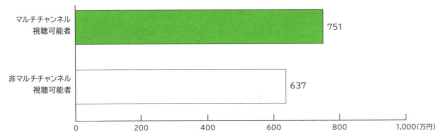

(注) マルチチャンネルが視聴可能な人とは、直接受信・ケーブルテレビ・IPTVいずれかに加入し、マルチチャンネルが視聴可能な人のこと。
ビデオリサーチ「Multichannel Viewers Profile report 2014年度データ」より

CS／BSペイテレビ世帯年収別加入率

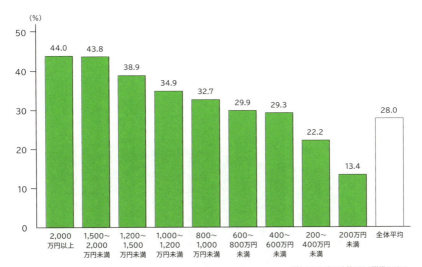

(注) ペイテレビとは有料のテレビ放送のことで、CAB-Jでは有料CS放送と有料BS放送のチャンネルを合わせてペイテレビと呼んでいます。
CAB-J「CS／BSペイテレビメディアデータブック2014」より

CSデジタル放送の視聴データ／ケーブルテレビ

CSデジタル放送の視聴データ

CSデジタル放送には、地上波放送のような視聴率データがないため、下記のようなデータを参考にしています。

● 接触率調査データ「機械式ペイテレビ接触率共同調査」

関東、関西地区で実施されている接触率調査で、専門チャンネルを視聴可能な600世帯を対象として、チャンネルごとの世帯と個人の視聴傾向が把握できます。各CSチャンネル及び広告会社の共同調査として、2000年から日記式でスタートし、現在は年6回（偶数月1回）の機械式調査で行い、データの速報性と精度が向上しています。接触率と合わせて、プロフィールデータの集計も可能です。

● 視聴者プロフィール「MVP」(Multichannel Viewers Profile report)

MVPは、ACR／ex、視聴率調査世帯標本特性から抽出して作成しており、専門チャンネルを1チャンネル以上視聴できる人を対象に「媒体普及状況」と「視聴者プロフィール」をビデオリサーチが調査・集計し、年1回発行しています。

● 媒体普及データ「視聴可能世帯数」

視聴可能世帯数は、各チャンネルが発表しており、ケーブルテレビ局経由の世帯と直接受信世帯（「スカパー！」総契約数）との合計世帯数です。

ケーブルテレビ（CATV）の普及状況

ケーブルテレビはCSデジタル放送を視聴する手段としてその重要性を増しています。元々地上波放送の難視聴対策インフラとしてスタートしましたが、テレビの多チャンネル化や、デジタル化をテコに都市型CATVとして進化し、地上波放送と衛星放送の再送信など、20〜130チャンネルを放送しています。2014年6月現在の加入世帯数は2,776万世帯、世帯普及率は49.6％となっています。

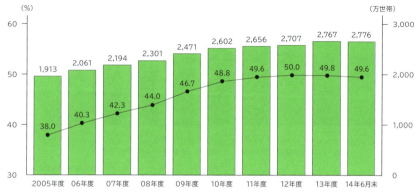

※世帯普及率は、前年度末の住民基本台帳世帯数から算出
総務省「ケーブルテレビの現状」(2014年10月発表)をもとに作成

3章 − ラジオ
Radio

ラジオ媒体概況

ラジオ放送の種類

- ### 地上波放送

  ○AM放送（Amplitude Modulation）
  　東京の100kW局と50kW局をキー局、大阪の50kW局を準キー局と呼びます。TBSラジオをキー局とするJRN（加盟34局）と文化放送・ニッポン放送をキー局とするNRN（加盟40局）の2大ネットワーク体制が確立されています。ローカル局（1県1波地区）ではどちらのネット番組も受けるクロスネットが一般的です。時間帯によってターゲットを変えた「ターゲットセグメンテーション編成」を導入、パーソナリティのキャラクターを中心としたトーク・情報番組などバラエティ系の番組が多く、ローカル局では圧倒的支持を得ている人気パーソナリティも数多く存在します。

  ○FM放送（Frequency Modulation）
  　東京の10kW局をキー局、大阪の10kW局を準キー局と呼びます。TOKYO FMをキー局とするJFN（加盟38局）とJ-WAVEをキー局とするJFL（加盟5局）に分けられ、外国語FM局はInterFMをキー局とするMegaNet（加盟3社4局）、独立系FM局は6局あります。音楽を中心とした編成で、FM多局化に伴い、独自のコンセプトで編成するケースも増えています。

  ○短波放送（Short Wave）
  　ラジオNIKKEIが唯一の短波局です。電波の遠距離到達性から、公共性の強い番組（株式・海上船舶向け気象情報・競馬・講座など）及び医療関係など、特殊な編成方針を取っている第1と、音楽などを中心にエンターテインメント性の高い編成をしているRN2の2チャンネルがあります。

  ○V-Lowマルチメディア放送
  　2015年（6月予定）、関東・近畿・福岡から始まる新しい放送です。VHF帯を使用し、高音質の音楽番組や、VICSより詳細な交通情報、デジタルサイネージへの各種データ配信、電子書籍の配信など、IPデータ放送を活用した画期的なサービスとなります。基幹都市で順次サービスを開始、2018年には全国世帯カバー率70％超を予定しています。

- ### インターネットラジオ

  インターネット専門の番組編成と地上波ラジオとのサイマル放送を行うケースがあります。各局とも専門性を持った編成となっており、音声以外に、文字や画像、動画などの情報も同時に放送しています。インターネット上のポータルサイトから地上波放送にアクセスできる「radiko（ラジコ）」が好調です。PCやスマートフォンでの聴取が可能で、東京と大阪から始まり、現在では39都道府県の71局と放送大学、ラジオNIKKEIのローカル配信を行っています。「radiko（ラジコ）」からのラジオ聴取は20〜40代が中心で、難聴取の解消がユーザーから評価され、これを機会にラジオを聴き始めた新規リスナー、再び聴き始めた復活リスナーが約半数を占め、今後のリスナー増加が期待されます。2014年4月からは、ローカル制限を排除した有料のサービス「ラジコプレミアム」も始まっています。一方、NHKもネットラジオ「らじる★らじる」を運営しています。

- ### その他

  ○コミュニティFM放送
  　1992年12月開局の函館市「FMいるか」を皮切りに、現在では全国で285局（2014年11月現在）が開局しています。局により番組コンテンツは異なりますが、地域情報が中心の局が多く、地元密着メディアとして根付いています。約100局がインターネットで再送信しています。

○CSデジタル放送
　通信衛星を利用して全国に放送するデジタル音声放送です。CSを利用するため全国をカバーします。コミュニティFMへもコンテンツを配信しています。ミュージックバード、SPACE DiVAがあり、あらゆるジャンルの豊富な音楽プログラムで構成されています。

民放ラジオ局のネットワーク

地上民間放送ラジオ局は101局あり、その内訳は、AM47局、FM53局、短波1局で構成され、東京の5局がそれぞれネットワークを保有しています。

JRN	NRN	JFN	JFL	MegaNet
34局	40局	38局	5局	4局
TBSラジオ	ニッポン放送 文化放送	TOKYO FM	J-WAVE	InterFM

(注) 上段：系列局数 下段：東京キー局名称

民放ラジオ局の事業収入

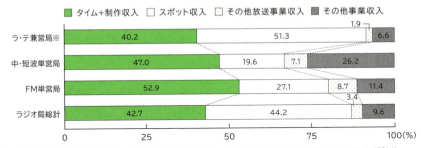

[2013年度民放ラジオ局の事業収入]

凡例：■タイム＋制作収入　□スポット収入　▨その他放送事業収入　■その他事業収入

	タイム＋制作収入	スポット収入	その他放送事業収入	その他事業収入
ラ・テ兼営局※	40.2	51.3	1.9	6.6
中・短波単営局	47.0	19.6	7.1	26.2
FM単営局	52.9	27.1	8.7	11.4
ラジオ局総計	42.7	44.2	3.4	9.6

(注) その他放送事業収入…著作権使用料、衛星・ケーブルテレビからの収入(番販を除く)、マーチャンダイジング、放送機器レンタル、技術スタッフ・アナウンサー派遣など
その他事業収入…不動産、映画事業、通販事業、イベント、DVD販売収入、番組・コンテンツなどネット配信に関わる収入など
※ラ・テ兼営局についてはテレビの収入も含む
日本民間放送連盟「日本民間放送年鑑2014」をもとに作成

インターネットラジオのホームページ

● インターネット専門番組（東京キー局）

| Suono Dolce（ニッポン放送） | http://www.suono.jp |
| 超!A&G+（文化放送） | http://www.agqr.jp |

● サイマル放送

| radiko（ラジコ） | http://radiko.jp/ |
| らじる★らじる（NHKネットラジオ） | http://www3.nhk.or.jp/netradio/ |

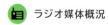

ラジオ媒体概況

ラジコ（radiko.jp）

ラジコ（radiko.jp）（以下、ラジコ）とは、地上波ラジオ放送をCMも含め、そのまま同時に地上波放送エリアに準じた地域に配信するサイマルストリーミングです。2010年12月から本配信を開始。インターネット配信のため、ラジオ専用受信機がなくても、PC、タブレット、スマートフォンなどを通じて、気軽にラジオを聴くことができます。ラジコを利用し始めてから、初めてラジオを聴くようになった新規リスナーと、以前聴いていて再び聴くようになった復活リスナーが約半数を占めており、難聴取問題の解消、若年層の掘り起こしにより、ユーザーが増加しています。
現在、全国の民放ラジオ73局（101局中）と放送大学が参加しており、エリアを全国に拡大しています。ラジコを利用するユニークユーザー数は、月間約1,300万UUです。
また、2014年4月から全国のラジオ放送をエリアに関係なく聴くことができるラジコプレミアム（有料）サービスがスタートし、初年度ですでに10万人以上が登録し、注目を集めています。

● ユーザープロフィール

ユーザーは男性が多く、7割を占めています。平均年齢は42.5歳。40代が3割強と最も多くなっていますが、若年層も聴いており、20～30代で3割強となっています。

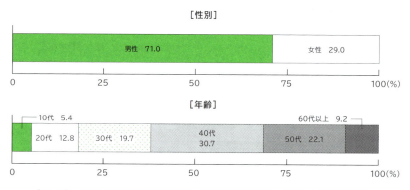

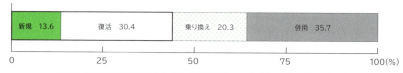

（注）新規…初めてラジコでラジオを聴いた人、復活…以前ラジオを聴いていたが、ラジコの登場により再びラジオを聴き始めた人、乗り換え…従来型のラジオで聴いていたが、ラジコにスイッチした人、併用…ラジオとラジコ両方でラジオを聴いている人

ラジコのサービス開始から4年。スマートフォン／タブレットのみのユーザーが、PCのみのユーザーを超えました。今後も、スマートフォンの普及とともにユーザー拡大の可能性が期待されます。ユーザーの平均年齢は、PCのみユーザーが46.4歳、スマートフォン／タブレットのみユーザーが39.4歳、PC・スマートフォン／タブレット併用ユーザーが39.9歳となっています。

ラジオ媒体概況

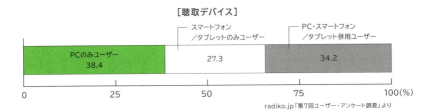

● 聴取時間帯

平日の夕方・深夜の聴取は、地上波よりも聴取比率が高くなっています。また、スマートフォンは、特に朝の通勤・通学時に多く利用されています。

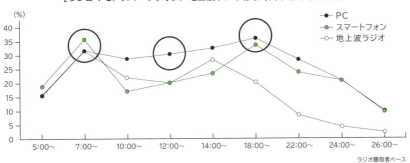

● ラジコプレミアム会員の傾向

ラジコプレミアム会員は、登録後に聴取時間が増え、通常のラジコユーザーよりも聴取時間が長い傾向にあります。プレミアム会員の登録理由は、主に「居住地域以外のタレントやアイドルの主演番組が聴ける」「普段聴いているラジオが旅行先や外出先でも聴ける」「自分の出身地のラジオ番組が聴ける」などがあげられています。

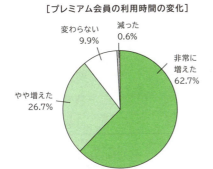

ラジオ民間放送ネットワーク

エリア	北海道	青森	岩手	宮城	秋田	山形	福島	茨城	栃木	群馬	東京	埼玉	千葉	神奈川	新潟	富山	石川	福井	山梨	長野	静岡	岐阜	愛知	三重
JRN 34	北海道放送 HBC	青森放送 RAB	岩手放送 IBC	東北放送 TBC	秋田放送 ABS	山形放送 YBC	ラジオ福島 RFC				TBSラジオ TBS				新潟放送 BSN	北日本放送 KNB	北陸放送 MRO	福井放送 FBC	山梨放送 YBS	信越放送 SBC	静岡放送 SBS		CBCラジオ CBC	
NRN 40	北海道放送 HBC / STVラジオ STV	青森放送 RAB	岩手放送 IBC	東北放送 TBC	秋田放送 ABS	山形放送 YBC	ラジオ福島 RFC	茨城放送 IBS	栃木放送 CRT		ニッポン放送 LF / 文化放送 QR				新潟放送 BSN	北日本放送 KNB	北陸放送 MRO	福井放送 FBC	山梨放送 YBS	信越放送 SBC	静岡放送 SBS		東海ラジオ SF	
AM独立局 3														RFラジオ日本 RF								岐阜放送 GBS		
JFN 38	FM北海道	FM青森	FM岩手	FM仙台	FM秋田	FM山形	FM福島		FM栃木	FM群馬	TOKYO FM				FM新潟	FM富山	FM石川	FM福井		FM長野	FM静岡	岐阜FM	FM愛知	FM三重
JFL 5	FMノースウェーブ										J-WAVE												ZIP-FM	
FM独立局 6											NACK5		bayfm	Fm yokohama	FM PORT					FM富士				
MegaNet 4											Inter FM												Inter FM NAGOYA	
全国 1	ラジオNIKKEI／RN2																							

JRN／Japan Radio Network
NRN／National Radio Network
JFN／Japan Fm Network
JFL／Japan Fm League

□ ＝ キー局
（破線囲み）＝ クロスネット局
←→ ＝ 広域地区
縦書 ＝ 局称
横書 ＝ 略称

ラジオ民間放送ネットワーク

ラジオ / Radio

滋賀	京都	大阪	兵庫	奈良	和歌山	鳥取	島根	岡山	広島	山口	徳島	香川	愛媛	高知	福岡	佐賀	長崎	熊本	大分	宮崎	鹿児島	沖縄	エリア
←	←	朝日放送 ABC	毎日放送 MBS	←	←	和歌山放送 WBS	山陰放送 BSS	山陽放送 RSK	中国放送 RCC	山口放送 KRY	四国放送 JRT	西日本放送 RNC	南海放送 RNB	高知放送 RKC	RKB毎日放送 RKB	NBCラジオ佐賀※ NBC	長崎放送 NBC	熊本放送 RKK	大分放送 OBS	宮崎放送 MRT	南日本放送 MBC	琉球放送 RBC	JRN 34
←	KBS京都 KBS	朝日放送 ABC	毎日放送 MBS	←	ラジオ大阪 OBC	和歌山放送 WBS	山陰放送 BSS	山陽放送 RSK	中国放送 RCC	山口放送 KRY	四国放送 JRT	西日本放送 RNC	南海放送 RNB	高知放送 RKC	九州朝日放送 KBC	NBCラジオ佐賀 NBC	長崎放送 NBC	熊本放送 RKK	大分放送 OBS	宮崎放送 MRT	南日本放送 MBC	ラジオ沖縄 ROK	NRN 40
			ラジオ関西 CRK																				AM独立局 3
FM滋賀		FM大阪	Kiss-FM KOBE				FM山陰	岡山FM	広島FM	FM山口	FM徳島	FM香川	FM愛媛	FM高知	FM福岡	FM佐賀	FM長崎	FM熊本	FM大分	FM宮崎	FM鹿児島	FM沖縄	JFN 38
		FM802													CROSS FM								JFL 5
	α-station FM京都																						FM独立局 6
		FM COCOLO													Love FM								MegaNet 4
									ラジオNIKKEI／RN2														全国 1

※NBCラジオ佐賀はネットワーク局数に含めません。
2014年12月現在

全国のラジオ局

全国のラジオ局

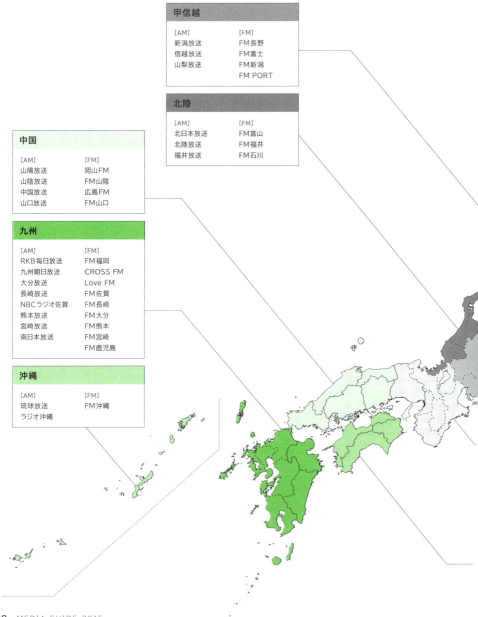

甲信越

[AM]
新潟放送
信越放送
山梨放送

[FM]
FM長野
FM富士
FM新潟
FM PORT

北陸

[AM]
北日本放送
北陸放送
福井放送

[FM]
FM富山
FM福井
FM石川

中国

[AM]
山陽放送
山陰放送
中国放送
山口放送

[FM]
岡山FM
FM山陰
広島FM
FM山口

九州

[AM]
RKB毎日放送
九州朝日放送
大分放送
長崎放送
NBCラジオ佐賀
熊本放送
宮崎放送
南日本放送

[FM]
FM福岡
CROSS FM
Love FM
FM佐賀
FM長崎
FM大分
FM熊本
FM宮崎
FM鹿児島

沖縄

[AM]
琉球放送
ラジオ沖縄

[FM]
FM沖縄

全国のラジオ局

ラジオ / Radio

全国
[短波]
ラジオNIKKEI

北海道
[AM]
北海道放送
STVラジオ

[FM]
FM北海道
FMノースウェーブ

東北
[AM]
青森放送
秋田放送
岩手放送
山形放送
東北放送
ラジオ福島

[FM]
FM青森
FM秋田
FM山形
FM岩手
FM仙台
FM福島

関東
[AM]
茨城放送
栃木放送
TBSラジオ
文化放送
ニッポン放送
RFラジオ日本

[FM]
FM群馬
FM栃木
NACK5
TOKYO FM
J-WAVE
InterFM
Fm yokohama
bayfm

東海
[AM]
静岡放送
東海ラジオ
CBCラジオ
岐阜放送

[FM]
FM静岡
FM愛知
ZIP-FM
FM三重
岐阜FM
InterFM NAGOYA

関西
[AM]
KBS京都
和歌山放送
毎日放送
朝日放送
ラジオ大阪
ラジオ関西

[FM]
FM滋賀
α-station FM京都
Kiss-FM KOBE
FM大阪
FM802
FM COCOLO

四国
[AM]
四国放送
西日本放送
南海放送
高知放送

[FM]
FM徳島
FM愛媛
FM香川
FM高知

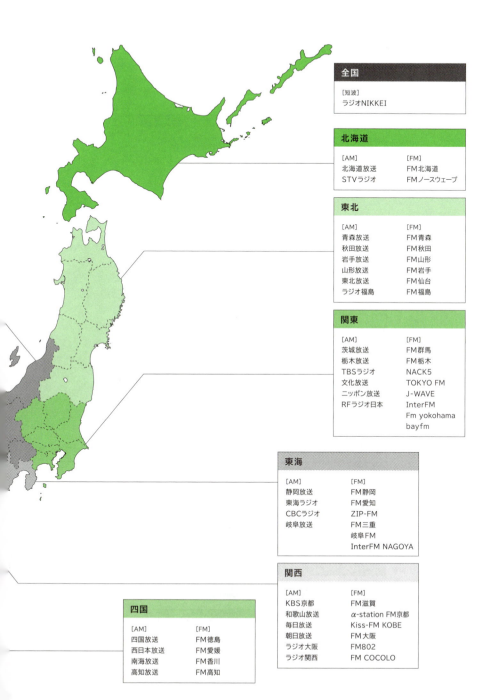

ラジオ媒体接触状況

リスナー聴取状況

● 週間リーチ

(5:00〜29:00 1週間累積到達率)

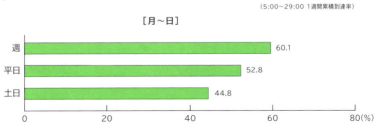

[月〜日]
- 週: 60.1
- 平日: 52.8
- 土日: 44.8

● 属性別リーチ

(5:00〜29:00 1週間累積到達率)

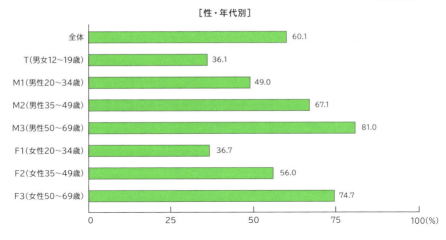

[性・年代別]
- 全体: 60.1
- T（男女12〜19歳）: 36.1
- M1（男性20〜34歳）: 49.0
- M2（男性35〜49歳）: 67.1
- M3（男性50〜69歳）: 81.0
- F1（女性20〜34歳）: 36.7
- F2（女性35〜49歳）: 56.0
- F3（女性50〜69歳）: 74.7

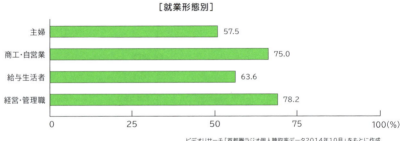

[就業形態別]
- 主婦: 57.5
- 商工・自営業: 75.0
- 給与生活者: 63.6
- 経営・管理職: 78.2

ビデオリサーチ「首都圏ラジオ個人聴取率データ2014年10月」をもとに作成

ラジオ媒体接触状況

● 聴取場所別リーチ

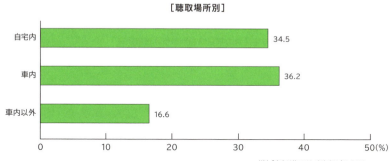

[聴取場所別] (5:00〜29:00 1週間累積到達率)

聴取場所	%
自宅内	34.5
車内	36.2
車内以外	16.6

(注)「車内以外」には、自宅内は含みません。
ビデオリサーチ「首都圏ラジオ個人聴取率データ2014年10月」をもとに作成

● AM・FM別の聴取状況

[AM・FM別聴取時間平均（分）の構成比]

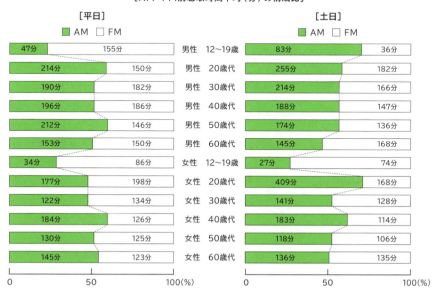

	平日 AM	平日 FM		土日 AM	土日 FM
男性 12〜19歳	47分	155分		83分	36分
男性 20歳代	214分	150分		255分	182分
男性 30歳代	190分	182分		214分	166分
男性 40歳代	196分	186分		188分	147分
男性 50歳代	212分	146分		174分	136分
男性 60歳代	153分	150分		145分	168分
女性 12〜19歳	34分	86分		27分	74分
女性 20歳代	177分	198分		409分	168分
女性 30歳代	122分	134分		141分	128分
女性 40歳代	184分	126分		183分	114分
女性 50歳代	130分	125分		118分	106分
女性 60歳代	145分	123分		136分	135分

(注) グラフはAM／FMの平均聴取時間の構成比、グラフ中の数字は平均聴取時間（分数）
(注) 東京、大阪、名古屋が対象
ラジオ聴取者ベース
ビデオリサーチ「ACR／ex2014」をもとに作成

ラジオ媒体接触状況

カーリスナー聴取状況

● 場所・時間帯別聴取状況

ラジオは自宅内に限らず、移動時にもカーラジオや携帯ラジオなどで聴かれています。給与生活者のラジオ聴取状況を場所別に見てみると、1日の生活行動の中で聴取場所が推移していく様子がわかります。

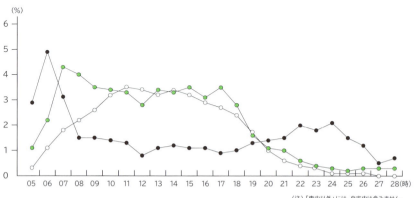

[給与生活者の平日時間別ラジオ聴取状況]

(注)「車内以外」には、自宅内は含みません。
ビデオリサーチ「首都圏ラジオ個人聴取率データ2014年10月」をもとに作成

● 車内の聴取状況

男性の商工・自営業及び勤め人や主婦は、車の中でラジオをよく聴いていることがわかります。

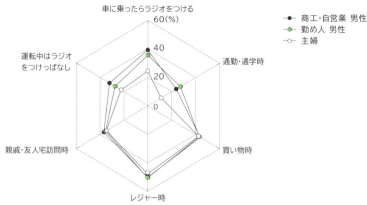

[車内の聴取状況]

ビデオリサーチ「首都圏ラジオプロフィールデータ2014年10月」をもとに作成

ラジオ媒体接触状況

● 通勤・レジャー時の車中ラジオ接触状況

ラジオは車の中で聴かれることが多く、男女35〜49歳では通勤時、レジャー時に約半数がラジオを聴いています。

[通勤時に車の中でラジオを聴く人]

[車でレジャーに出かけるときはラジオを聴く人]

（注）給料生活者、商工自営・自由業で、通勤時に自動車を利用している人ベース

ビデオリサーチ「首都圏ラジオプロフィールデータ2014年10月」をもとに作成

● 自動車に関するデータ

		全国	東京	大阪	愛知	その他
自動車保有台数（千台）	乗用車	60,051	3,138	2,736	4,028	50,149
	貨物車	14,749	686	664	774	12,626
	計	74,801	3,824	3,400	4,802	62,775
1世帯あたり自動車保有台数（乗用車＋貨物車）（台）		1.34	0.57	0.83	1.55	1.49
1台（乗用車＋貨物車）あたり人口（人）		1.72	3.45	2.61	1.56	1.58

自動車検査登録情報協会「わが国の自動車保有動向（平成26年3月末現在）」より
総務省「住民基本台帳に基づく人口、人口動態及び世帯数（平成26年1月1日現在）」より

ラジオ媒体特性

ローカルとラジオ

● 通勤・通学時間帯に聴かれるラジオ

ローカルでは、ラジオは平日の朝や夕方など通勤・通学の時間帯で聴かれる傾向があります。

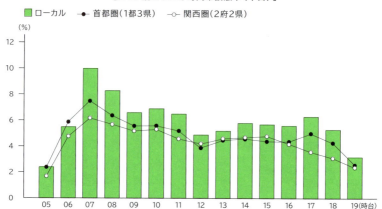

[エリア別のラジオ時間帯接触率（平日）]

● ラジオと車の親和性

ローカルでは運転免許保有者の9割以上が週1日以上運転しており、約9割が生活に車は欠かせないと答えています。ラジオと車の親和性から、ローカルではラジオ接触率が高いと考えられます。

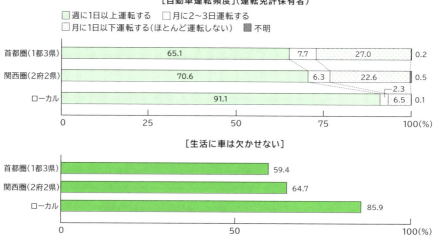

(注) ローカル（東京、神奈川、千葉、埼玉、大阪、兵庫、京都、奈良以外の39県）
ビデオリサーチ「J-READ（全国新聞総合調査）2013」をもとに作成

ながらメディア

ラジオは、耳で聴くメディアで、何かをしながら接触できるため、仕事中や買い物に行く途中などで、屋内でも屋外でも「ながら接触」されています。

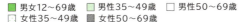
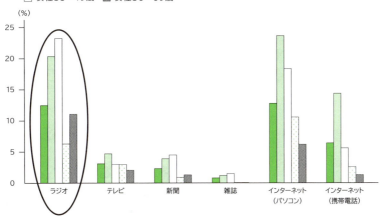

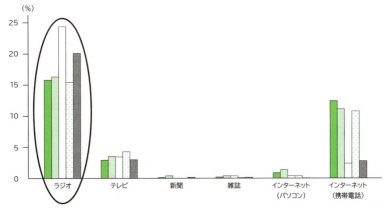

ビデオリサーチ「首都圏ラジオプロフィールデータ2014年10月」をもとに作成

ラジオ媒体特性

デイタイムメディア

ラジオは、平日デイタイムに強いため、デイタイムコミュニケーションを強化するのには適したメディアといえます。朝と夜をブリッジするなど、ラジオCMはコミュニケーションを効果的につなぐことができます。

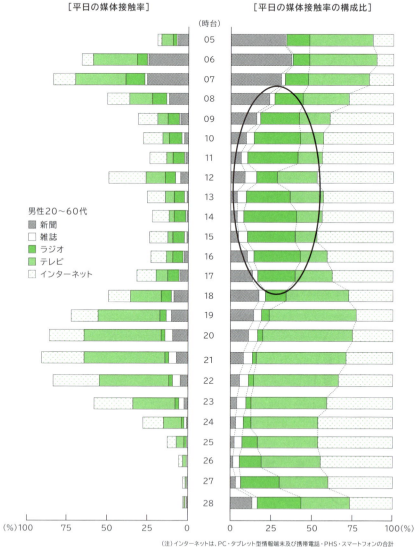

(注) インターネットは、PC・タブレット型情報端末及び携帯電話・PHS・スマートフォンの合計
ビデオリサーチ「J-READ (全国新聞総合調査) 2013」をもとに作成

ターゲットセグメントメディア

ラジオは局・時間帯ごとにターゲットを絞り込んだ番組編成になっています。

給与職：朝から夕方にかけての聴取率が高い。特に平日が高くなっている。
主　婦：午前中と夕方までの聴取率が高い。
学　生：平日と土・日は聴取傾向が異なる。土・日は平日より長時間聴取されている。

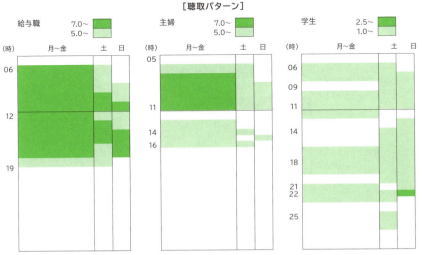

(注) 濃度が濃いほど高聴取率時間帯を示します。
ビデオリサーチ「首都圏ラジオ個人聴取率データ2014年10月」をもとに作成

BtoBに効くラジオ

ラジオは商工・自営業者に聴取される「BtoB」に有効なメディアです。就業時間中の接触率が高いことがグラフからわかります。

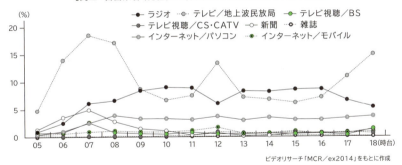

ビデオリサーチ「MCR/ex2014」をもとに作成

ラジオ媒体特性

双方向コミュニケーションメディア

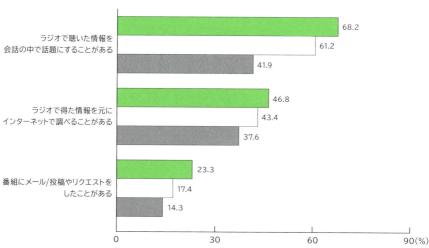

[ラジオに関する行動／経験]

- ラジオで聴いた情報を会話の中で話題にすることがある
  - ヘビーリスナー：68.2
  - ミドルリスナー：61.2
  - ライトリスナー：41.9
- ラジオで得た情報を元にインターネットで調べることがある
  - ヘビーリスナー：46.8
  - ミドルリスナー：43.4
  - ライトリスナー：37.6
- 番組にメール/投稿やリクエストをしたことがある
  - ヘビーリスナー：23.3
  - ミドルリスナー：17.4
  - ライトリスナー：14.3

(注)「ラジオ局／番組にメール／投稿やリクエストをしたことがある」に含まれる行動
ラジオ番組へリクエストをしたり、ハガキやFAX、メールを送ることがある／ラジオ番組のプレゼントや懸賞に応募することがある
(注) 平日のラジオ聴取時間　ヘビーリスナー：1時間半以上　ミドルリスナー：30分以上1時間半未満　ライトリスナー：30分未満
(注) 聴取時間にはradiko.jpなどを含みます。
ビデオリサーチ「首都圏ラジオプロフィールデータ2014年10月」をもとに作成

リスナーとパーソナリティは強く結びついています

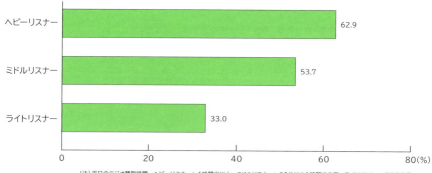

["このパーソナリティの番組だから聴いている"という番組がある]

- ヘビーリスナー：62.9
- ミドルリスナー：53.7
- ライトリスナー：33.0

(注) 平日のラジオ聴取時間　ヘビーリスナー：1時間半以上　ミドルリスナー：30分以上1時間半未満　ライトリスナー：30分未満
(注) 聴取時間にはradiko.jpなどを含みます。
ビデオリサーチ「首都圏ラジオプロフィールデータ2014年10月」をもとに作成

パーソナリティの言葉が効果をもたらします

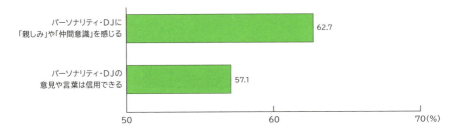

パーソナリティがすすめる商品は信頼されています

ラジオ媒体特性

ラジオは身近なメディアです

ラジオは、いつも聴く局が決まっていたり、お気に入りの局があるなど、身近なパーソナルなメディアととらえられています。タレントの素顔が見えたり、リラックスするために聴くなど、**自然体で接することができる生活者と距離の近いメディア**といえそうです。

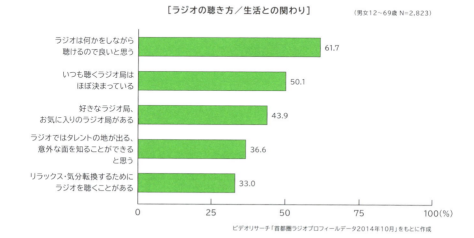

ラジオから流れる「音」が想像力を刺激します

ラジオは、音を中心とした情報メディアです。「ながら」メディアと同様に音楽や自然の音、生活音などのシズル感を効果的に活用することで、リスナーの頭の中にイメージが拡大していきます。

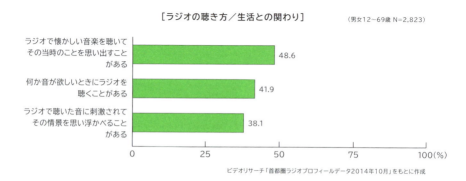

「音」の刷り込み効果

覚えやすいラジオCMとして上位に挙がるのは、毎日同じ時間に放送されるラジオCMや繰り返し流れる「時報CM」などとなっており、「音」情報の刷り込み効果がラジオCMの特性といえます。

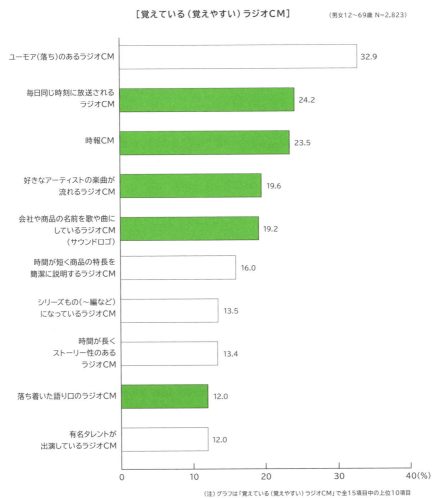

[覚えている（覚えやすい）ラジオCM]　（男女12～69歳 N=2,823）

- ユーモア（落ち）のあるラジオCM　32.9
- 毎日同じ時刻に放送されるラジオCM　24.2
- 時報CM　23.5
- 好きなアーティストの楽曲が流れるラジオCM　19.6
- 会社や商品の名前を歌や曲にしているラジオCM（サウンドロゴ）　19.2
- 時間が短く商品の特長を簡潔に説明するラジオCM　16.0
- シリーズもの（～編など）になっているラジオCM　13.5
- 時間が長くストーリー性のあるラジオCM　13.4
- 落ち着いた語り口のラジオCM　12.0
- 有名タレントが出演しているラジオCM　12.0

（注）グラフは「覚えている（覚えやすい）ラジオCM」で全15項目中の上位10項目
ビデオリサーチ「首都圏ラジオプロフィールデータ2014年10月」をもとに作成

ラジオ広告の種類と手法

広告の種類と手法

ラジオ広告は、主に番組提供（タイム）、スポットCM、その他（プロモーション・イベントなど）の3つに分けられます。

● 番組提供（タイム）

番組タイトルに冠（企業名や商品名など）をつけたり、提供クレジットでの社名の露出が可能です。ターゲットに合った時間帯や番組を選択することで、ターゲットである聴取者に効率良く訴求することが可能です。提供曜日・時間が決まっているため、継続的にメッセージを届けることで、企業や商品イメージの醸成や理解の深まりが期待できます。ラジオでは広告主の訴求メッセージを考慮した内容を調整の上、番組に反映させることができます。

● スポットCM

期間、時間帯、エリアなどを自由に選択することができ、キャンペーンの時期などに合わせて、集中的にCMを投下し、効果的・効率的に活用することが可能です。企業のCIや新商品発売など、企業名や商品名などの認知向上が期待できます。

● その他（プロモーション・イベントなど）

ラジオは、プロモーションやイベントなど機動力のある立体的な広告展開を得意とします。他メディアと比較すると、比較的低予算での実施が可能です。サンプリングやライブイベントなど、内容は多岐にわたります。放送と連動するなど、聴取者とのダイレクトなコミュニケーションにも適しています。

● 番組提供（タイム）の手法

箱　番　組	週1回、30分・60分番組提供（ローカル番組・全国ネット番組）など
ベルト番組	平日（月～金）、5分・10分などワイド番組内コーナー提供
情　報　枠	平日（月～金）ベルト、または週末（土・日）などの交通情報、天気予報、ニュースなどの情報枠の提供
特 別 番 組	例えば、祝日に通常放送している番組を休止して、長時間にわたって放送するホリデースペシャルなど

● スポットCMの手法

20秒スポット	通常のスポット
長尺 （40〜120秒）	詳細な情報発信が可能
短尺 （5〜10秒）	回数を増やしたい時の展開。インパクトが期待できる
生コマーシャル	パーソナリティ自身が番組で生でCMを行う展開
時報スポット	正時の時報直前に時報音と共に流れるスポットCM
ネットスポット	放送局のネットワーク局で同時間に放送するスポットCM （JRN（34局）、NRN（40局）、JFN（38局）など）

● その他（プロモーション・イベントなど）の手法

生 中 継	ラジオカー、レポーターが店舗などに出かけて行き、現場から生リポートを実施する展開。
番組タイアップ	キャンペーンなどのタイミングに合わせて、ワイド番組と1日タイアップし、企業ブランドや商品を訴求する。番組提供とは異なり、単発で番組提供感を演出し、聴取者に深く訴求することが可能。
プロモーション	広告主のニーズに合わせて、放送と連動させた展開が可能。映画試写会、セミナー、商品サンプリング、試飲会、流通店舗連動、音楽イベント、店舗タイアップ、店頭調査、店内放送など多様な展開が可能。

ラジオ広告の料金

● 番組提供（タイム）

レギュラー契約となるため、提供時間（10分、30分、55分など）に応じて月額料金（電波料＋制作費）
（注）制作費は番組内容、タレント起用などによって異なります。

● スポットCM

20秒、10秒など各秒数に応じて1本あたりの料金（電波料）
（注）生コマーシャルなどの場合は、電波料＋制作費が発生する場合があります。

ラジオ広告効果

イメージ移行効果

CMのサウンドロゴや曲を聴いて、以前にそれを聴いたときの感情やシーンを思い起こすことがあります。聴覚からは過去の記憶が思い起こされるのです。それがいわゆるイメージ移行効果で、50～69歳では4割近くがラジオCMを聴いて、他メディアで見た広告を思い出すことがあると答えています。ラジオCMからテレビCMを想起するという人は約3割、新聞・雑誌広告を想起する人は2割前後います。

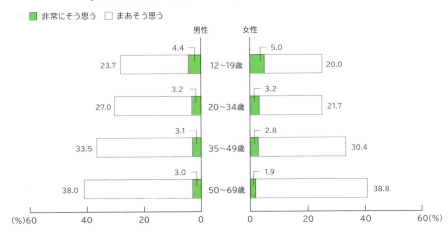

[ラジオCMを聴いて、他メディアで見た広告を思い出すことがある]

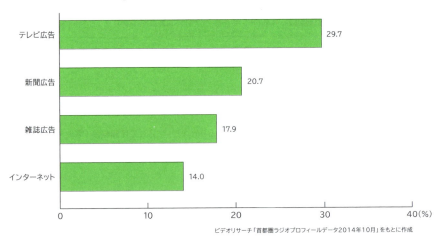

[ラジオCMを聴いて思い出す他メディアの広告]

ビデオリサーチ「首都圏ラジオプロフィールデータ2014年10月」をもとに作成

ラジオ広告効果

リーセンシー効果

「購買行動には購入直前の広告接触が最も効果的である」という考え方に基づくのが、リーセンシー効果です。男女12~69歳の4割近くが、「車で買い物に出かけるときにラジオを聴くことがある」と答えています。また、「買い物へ行く途中で聴いたラジオCMの商品を買い物の際に思い出したり、その商品を購入したことがある」と答えている人もいます。

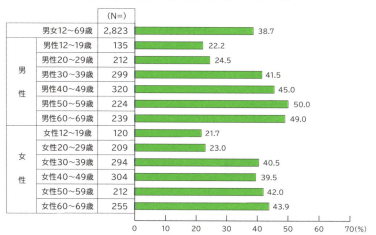

[車で買い物に出かけるときにラジオを聴くことがある]

		(N=)	%
	男女12~69歳	2,823	38.7
男性	男性12~19歳	135	22.2
	男性20~29歳	212	24.5
	男性30~39歳	299	41.5
	男性40~49歳	320	45.0
	男性50~59歳	224	50.0
	男性60~69歳	239	49.0
女性	女性12~19歳	120	21.7
	女性20~29歳	209	23.0
	女性30~39歳	294	40.5
	女性40~49歳	304	39.5
	女性50~59歳	212	42.0
	女性60~69歳	255	43.9

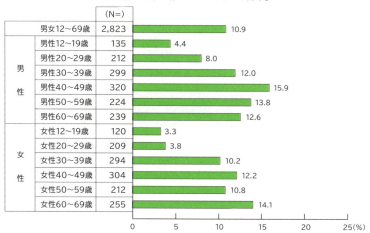

[買い物へ行く途中で聴いたラジオCMの効果]※

		(N=)	%
	男女12~69歳	2,823	10.9
男性	男性12~19歳	135	4.4
	男性20~29歳	212	8.0
	男性30~39歳	299	12.0
	男性40~49歳	320	15.9
	男性50~59歳	224	13.8
	男性60~69歳	239	12.6
女性	女性12~19歳	120	3.3
	女性20~29歳	209	3.8
	女性30~39歳	294	10.2
	女性40~49歳	304	12.2
	女性50~59歳	212	10.8
	女性60~69歳	255	14.1

※「買い物へ行く途中で聴いたラジオCMの商品を買い物の際に思い出すことがある」もしくは「買い物へ行く途中で聴いたラジオCMの商品を購入したことがある」という質問で「はい」と回答した人の割合
ビデオリサーチ「首都圏ラジオプロフィールデータ2014年10月」をもとに作成

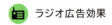

ラジオ広告の提供効果

ラジオは、ターゲットを絞りこんだ番組編成のため、決まったラジオ局や番組を聴取されることが多く、提供期間の長さは広告の効果に表れています。

● 提供企業認知度・好感度

ラジオ番組の提供は、提供年数が長い方が提供企業の認知や好感度が高くなっています。

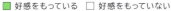

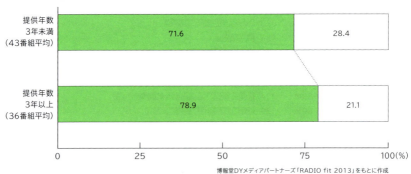

博報堂DYメディアパートナーズ「RADIO fit 2013」をもとに作成

ラジオ番組の年間到達率

ラジオの帯番組、箱番組計70番組を対象に4週間連続で接触状況を調査し、2クール、年間到達率を推計できるようになりました。これまでの評価軸1週間＝箱番組放送1回分の到達率が、週（回）を重ねるごとに伸びて、2クール（26週）目には4倍まで到達します。

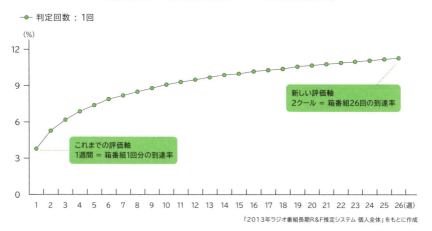

[首都圏某局　1曜日箱番組提供ケース　推定累積到達率]

「2013年ラジオ番組長期R&F推定システム 個人全体」をもとに作成

習慣聴取状況

ラジオ聴取行動の特徴として習慣性が高いことがあげられます。1局のラジオ局を聴く人が全体の約7割と高く、毎日聴く人が3割。ラジオの聴取者は局＝番組へのロイヤリティが高いといえます。

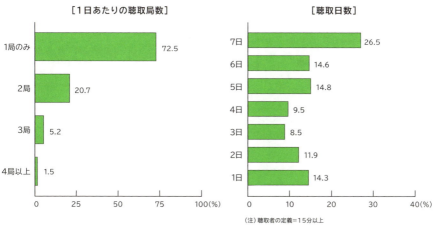

（注）聴取者の定義＝15分以上
例えば、聴取日数7日は15分以上7日間聴いていることを意味します。
ビデオリサーチ「首都圏ラジオ個人聴取率2014年調査平均」より

ラジオ媒体の調査

ラジオ個人聴取率の考え方

ラジオの個人聴取率は、ある時間帯にラジオが個人に聴かれている割合をいいます。テレビにも個人視聴率はありますが、一般的に視聴率といった場合は世帯視聴率を指し、テレビが世帯で見られている割合になります。このように聴取率と視聴率は異なる率のため、単純に比較することはできません。

①〜④の世帯で、合計10人の人がいて
一人が、ラジオを聴いた／テレビを見た場合

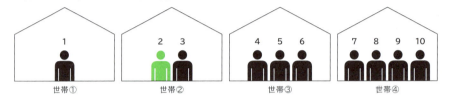

ラジオの場合：10人中1人が聴いた…10%
テレビの場合：4世帯中1世帯が見た…25%
※世帯視聴率では、人数に関係なく、世帯の中で1人でも見ていたら1カウントとなります。

ラジオ個人聴取率調査

ラジオ個人聴取率調査は、自宅内外を問わず、個人のラジオ聴取状況について調査したものです。その結果はラジオ個人聴取率調査報告書として発行され、首都圏・関西圏・中京圏などについては「ラジオ個人聴取率分析システム（RVR）」でもデータ検索できます。

● ラジオ個人聴取率調査概要／ラジオプロフィールデータ

	首都圏ラジオ個人聴取率調査	関西圏ラジオ個人聴取率調査	中京圏ラジオ個人聴取率調査
調査エリア	東京駅を中心とする半径35km圏	大阪府・京都府・兵庫県の45市5町	愛知県・岐阜県・三重県の48市22町1村
調査対象	12〜69歳男女個人3,000人		
標本抽出法	無作為系統抽出法		
調査方法	パネル化した調査対象者に調査票を一括郵送・回収する日記式郵送留置調査		
調査時期	年6回・偶数月	年2回（6月・12月）	
調査期間	1週間		
調査機関	ビデオリサーチ		

（注）上記以外の共同調査エリア：札幌、仙台、山形、福島、新潟、石川、静岡、広島、愛媛、福岡、宮崎、沖縄／12エリア28局（過去5年間で共同調査実績あり。ただし、直近の調査で単独調査エリアは除く。2015年1月現在）
（注）上記以外のローカル各局では単独で個人聴取率調査を実施しています。

ラジオ広告出稿状況

タイムCMの業種別出稿量

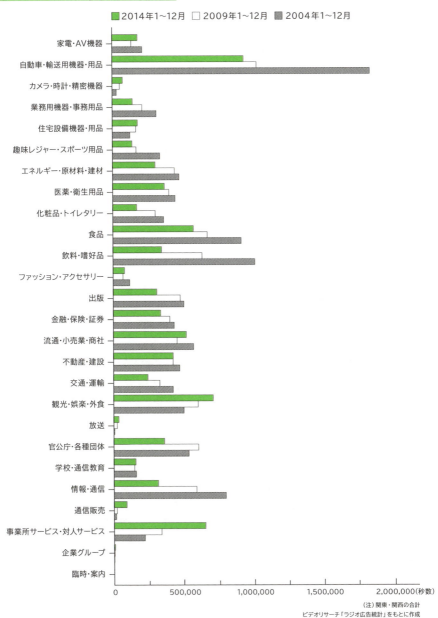

(注) 関東・関西の合計
ビデオリサーチ「ラジオ広告統計」をもとに作成

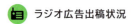
ラジオ広告出稿状況

タイムCM 広告主ランキング　上位30社

地区	順位	広告主	2014年1～12月（秒数）
関東地区	1	新宿事務所	311,640
	2	日野自動車	136,380
	3	NTTドコモ	132,175
	4	セブン-イレブン・ジャパン	73,830
	5	東京ガス	68,645
	6	スズキ	52,260
	7	創価学会	46,240
	8	日本マクドナルド	45,900
	9	パナソニック	45,480
	10	トヨタ自動車	40,615
	11	聖教新聞社	35,840
	12	キングレコード	34,860
	13	キリンビール	32,640
	14	キユーピー	32,360
	15	いすゞ自動車	31,900
	16	いすゞディーラー	31,080
	17	太田胃散	30,780
	18	ロッテ	28,835
	19	日本航空	27,940
	20	川口技研	27,740
	21	パルコ	27,600
	22	産経新聞社	27,420
	23	横浜ゴム	26,415
	24	久光製薬	25,980
	25	東日本高速道路	25,540
	26	コスモ石油	25,320
	27	呉工業	25,210
	28	山崎製パン	24,580
	29	三菱電機	24,250
	30	住友ゴム工業	24,200
関西地区	1	日野自動車	126,400
	2	創価学会	69,650
	3	スズキ	65,080
	4	パナソニック	62,495
	5	NTTドコモ	46,180
	6	毎日元気	41,605
	7	日本マクドナルド	41,520
	8	聖教新聞社	37,160
	9	トヨタ自動車	33,320
	10	キユーピー	27,310
	11	日本航空	26,640
	12	日本中央競馬会	25,780
	13	産経新聞社	24,080
	14	コスモ石油	23,700
	15	ロッテ	23,600
	16	KADOKAWA	20,950
	17	セイコーウオッチ	18,880
	18	KDDI	18,850
	19	太田胃散	18,640
	20	ユピテル	18,520
	21	サンスター	18,390
	22	大正製薬	17,880
	23	スカパーJSAT	17,585
	24	クレディセゾン	17,400
	25	トヨタディーラー	17,040
	26	福屋工務店	16,720
	27	YKK AP	16,540
	28	キリンビール	16,500
	29	バイオサプリ	16,190
	30	ヒガシマル醤油	15,960

ビデオリサーチ「ラジオ広告統計」をもとに作成

ラジオ広告出稿状況

スポットCMの業種別出稿量

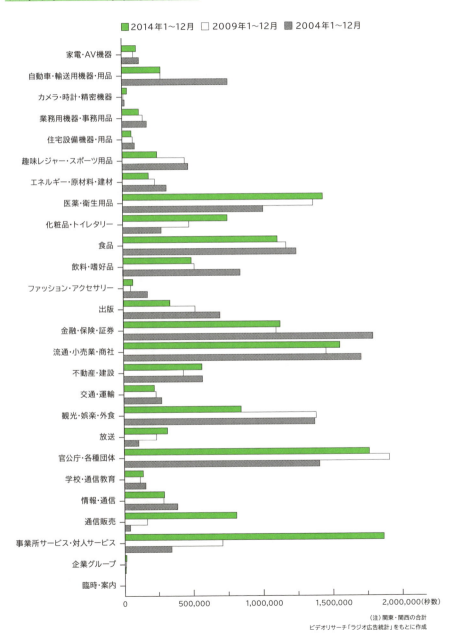

(注) 関東・関西の合計
ビデオリサーチ「ラジオ広告統計」をもとに作成

ラジオ広告出稿状況

スポットCM 広告主ランキング 上位30社

地区	順位	広告主	2014年1〜12月（秒数）
関東地区	1	再春館製薬所	508,795
	2	新宿事務所	434,245
	3	エスプリライン	285,095
	4	ACジャパン	232,075
	5	アクサ損害保険	197,560
	6	ガリバーインターナショナル	134,520
	7	アメリカンホーム医療・損害保険	110,480
	8	チューリッヒ・インシュアランス	82,100
	9	サントリーホールディングス	77,480
	10	スヴェンソン	77,230
	11	バイク王＆カンパニー	76,470
	12	東京放送	67,895
	13	マイケア	67,215
	14	ファーストブランド	64,320
	15	エイチーム	62,075
	16	クレモナ	52,380
	17	日本民間放送連盟	51,700
	18	セブン-イレブン・ジャパン	46,340
	19	東日本旅客鉄道	45,610
	20	日本広告審査機構	44,900
	21	興和新薬	37,840
	22	北海道アンソロポロジー	37,635
	23	ソニー損害保険	36,520
	24	ヨドバシカメラ	36,030
	25	ファイザー	33,390
	26	東日本高速道路	29,540
	27	牛乳石鹸共進社	29,460
	28	大日本除虫菊	29,240
	29	あかひげ薬局	29,060
	30	日本マクドナルド	26,685
関西地区	1	ACジャパン	581,620
	2	再春館製薬所	541,660
	3	エスプリライン	176,910
	4	チューリッヒ・インシュアランス	169,600
	5	アクサ損害保険	138,600
	6	バイク王＆カンパニー	132,035
	7	スヴェンソン	131,735
	8	創価学会	107,200
	9	エイチーム	100,640
	10	日本赤十字社	87,290
	11	ガリバーインターナショナル	85,400
	12	ティーバイティーガレージ	81,565
	13	ヨドバシカメラ	72,570
	14	興和新薬	63,940
	15	ジュピターテレコム	61,970
	16	サントリーホールディングス	60,115
	17	やまちや	57,125
	18	ヤマダ・エスバイエルホーム	56,885
	19	産経新聞社	49,060
	20	日本広告審査機構	47,040
	21	大日堂	46,180
	22	上新電機	45,785
	23	日本民間放送連盟	39,360
	24	ECC	36,430
	25	阪急阪神ホールディングス	35,240
	26	NTTドコモ	34,980
	27	関西アーバン銀行	34,525
	28	牛乳石鹸共進社	33,630
	29	太田胃散	32,350
	30	ファイザー	30,150

ビデオリサーチ「ラジオ広告統計」をもとに作成

4章－新聞
Newspaper

新聞媒体概況

新聞の市場

日刊紙の発行部数は、46,999,468部（朝夕刊セットを1部として算出）で、1部あたりの人口は2.69人、1世帯あたりの部数は0.86部となっています。

［新聞の発行部数と世帯数の推移］

日本新聞協会「データブック日本の新聞2014」をもとに作成

新聞社の収入

［新聞の総売上高と構成比］

（注）（ ）内は、新聞社の総売上高　単位：億円
（注）日本新聞協会加盟新聞社の推計合計
日本新聞協会「データブック日本の新聞2014」をもとに作成

新聞媒体概況

中央紙・ブロック紙・地方紙の販売部数の推移

[中央紙・ブロック紙・地方紙の販売部数の推移と前年比 朝刊]

	中央紙		ブロック紙		地方紙	
	販売部数（部）	前年比（％）	販売部数（部）	前年比（％）	販売部数（部）	前年比（％）
2014年	24,702,613	97.3	4,990,198	97.3	10,347,381	98.9
2013年	25,379,272	99.1	5,130,661	98.8	10,463,670	99.5
2012年	25,609,171	99.0	5,191,940	98.5	10,520,219	98.9
2011年	25,865,328	98.6	5,271,751	98.4	10,636,339	98.2
2010年	26,232,119	—	5,358,875	—	10,836,130	—

[中央紙・ブロック紙・地方紙の販売部数の推移と前年比 夕刊]

	中央紙		ブロック紙		地方紙	
	販売部数（部）	前年比（％）	販売部数（部）	前年比（％）	販売部数（部）	前年比（％）
2014年	8,755,988	95.4	1,199,501	90.0	2,198,255	95.5
2013年	9,181,582	96.9	1,332,678	97.2	2,301,000	97.5
2012年	9,471,721	97.3	1,371,766	95.2	2,359,421	89.9
2011年	9,730,611	96.6	1,441,642	93.9	2,625,370	89.6
2010年	10,075,522	—	1,534,574	—	2,928,782	—

（注）販売部数はいずれの年度も上期（1月～6月）部数
（注）日本ABC協会加盟紙のみで集計
日本ABC協会「新聞発行社レポート半期2010～2014」をもとに作成

新聞の戸別配達状況

日本の新聞は戸別宅配制度により配達されています。戸別配達率は95.1％と高く、各家庭に安定して届けられています。

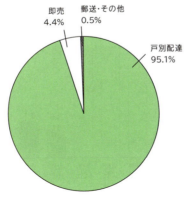

[新聞の戸別配達率]

即売 4.4％
郵送・その他 0.5％
戸別配達 95.1％

（注）日刊紙全体（2013年）
日本新聞協会「データブック日本の新聞2014」をもとに作成

新聞媒体概況

デジタルへの取り組み

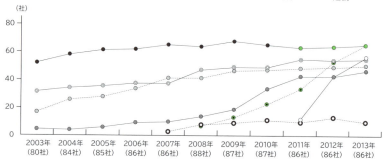

[デジタルメディア事業参入社数推移]

電子新聞の接触状況

電子新聞の購読申し込み・会員登録は女性より男性が高く、特に40～60代が高くなっています。

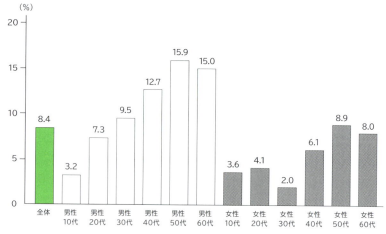

[電子新聞の購読申し込み・会員登録状況]

各紙の主な取り組み

● 朝日新聞社
1995年8月から続いてきた速報ニュースサイト「asahi.com」をリニューアルする形で、2011年5月に「朝日新聞デジタル」を創刊。本紙に掲載される記事とWeb独自の記事で構成しています。Web独自展開として雑誌のような切り口で「&M（男性向け）」、「&W（女性向け）」というライフスタイルコンテンツを拡充させ、他紙との差別化を図っています。デバイスはPCだけでなく、スマートフォン、タブレットでの閲覧にも対応。有料会員は3,800円／月（本紙購読者は＋1,000円／月）ですべての記事が閲覧可能。無料登録会員は一部の記事が1日に3本まで閲覧可能。また、有料会員に対しては専用アプリや、紙面ビューワーなどのサービスも行っています。

● 毎日新聞社
2004年4月以来大手ポータルサイトのMSNと提携して「MSN毎日インタラクティブ」を運営してきましたが、MSNとの契約満了に伴い、2007年の10月に速報ニュースサイトとして「毎日jp」をスタートしました。2013年12月にリニューアル、名称変更を行い、「毎日新聞」をスタートしました。デバイスはPC、スマートフォンに対応。2013年12月からはPC、スマートフォン、タブレットの各デバイスで紙面ビューワーの提供を開始。また、これらとは別に2012年5月からスポニチと共同で写真を中心にしたスマートフォン、タブレット向けニュースサービス「毎日スポニチTAP-i」を開始。料金は500円／月。

● 読売新聞社
1995年6月に「YOMIURI ONLINE」を本紙とは別の速報ニュースサイトとして創刊。女性をターゲットとした「大手小町」は人気コンテンツとなっており、約9割が女性というニュースサイトの中では稀な存在となっています。デバイスはPC、スマートフォンに対応。また、「YOMIURI ONLINE」とは別に本紙購読者向けサービス「読売プレミアム」を展開。157円／月で紙面ビューワーをはじめとする各種サービスやコンテンツが利用、閲覧可能です。

● 日本経済新聞社
1996年1月から運営してきた速報ニュースサイト「NIKKEI NET」をリニューアルし、2010年3月に「日本経済新聞電子版」を創刊し、新聞社の中で初めてWeb記事を原則有料化しました。本紙に掲載される記事以外にも電子版独自記事や日経BP、フィナンシャルタイムズの一部記事も閲覧が可能。PCだけでなく、スマートフォン、タブレットでの閲覧にも対応しています。有料会員は4,200円／月（本紙購読者は＋1,000円／月）ですべての記事が閲覧可能。無料登録会員は一部の記事が月に10本まで閲覧可能。また、有料会員に対しては専用アプリや、紙面ビューワーなどのサービスも行っています（日経MJ、日経産業新聞の紙面ビューワーはそれぞれ1,000円／月、1,500円／月の追加料金が必要）。

● 産経新聞社
2007年9月よりMSNと提携して「MSN産経ニュース」を提供していますが、それと並行して、他社に先駆け2008年12月に紙面ビューワーアプリとして「産経新聞iPhone版」を開始しました。また、2010年5月に「産経新聞HD（iPad版）」、2011年11月には「産経新聞Android版」を開始するなど、各社に先駆けて紙面ビューワーを展開。利用料金はiPhone版は無料、Android版は一部有料（7インチ以上は1,575円／月）、HD（iPad版）は1,500円／月。iPhone版以外の各アプリ内では追加料金を払うことで、産経新聞本紙だけでなく、フジサンケイビジネスアイ（900円／月）、夕刊フジ（900円／月）、SANKEI EXPRESS（900円／月）も閲覧可能。

新聞媒体接触状況

新聞の閲読状況

新聞（朝刊）を毎日読む人は、全体で約6割です。

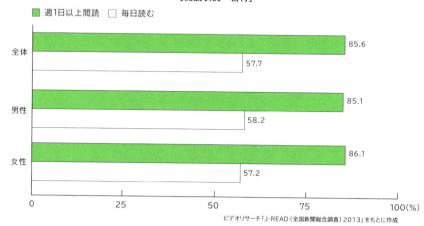

新聞の回読人数

新聞は世帯内で複数の人に読まれることが多く、2人以上が8割以上となっています。推定読者数は販売部数×回読人数で算出することができます。世帯内で回読されることにより、部数以上の読者を持っているといえます。

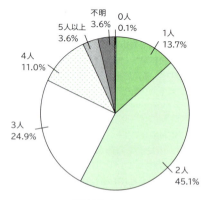

（注）中央紙・ブロック紙・地方紙の朝刊の回読人数
ビデオリサーチ「J-READ（全国新聞総合調査）2013」をもとに作成

新聞媒体接触状況

平均閲読時間

新聞の平均閲読時間は、朝・夕刊ともに平日より週末の方が長くなっています。

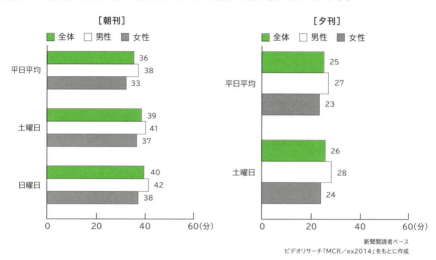

曜日別平均閲読率・精読率

曜日別の平均閲読率・精読率は、朝刊は日曜日が最も高く、夕刊は月曜日が最も高くなっています。

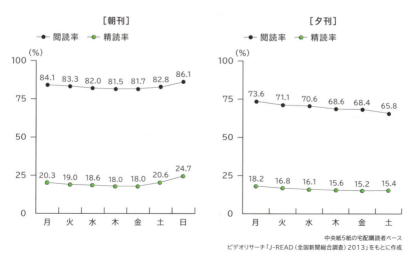

中央紙5紙の宅配購読者ベース
ビデオリサーチ「J-READ（全国新聞総合調査）2013」をもとに作成

新聞媒体接触状況

閲読時間帯

朝刊は、土・日より平日の方が早い時間帯に読まれています。朝刊は夜も読まれていて、特に平日にその傾向が出ています。

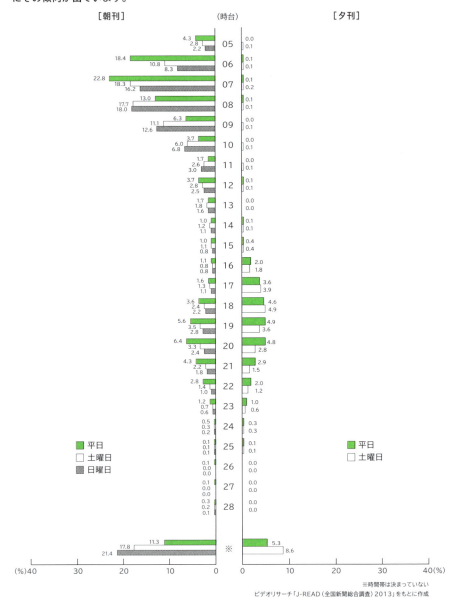

※時間帯は決まっていない
ビデオリサーチ「J-READ（全国新聞総合調査）2013」をもとに作成

新聞媒体接触状況

新聞記事嗜好 上位30位

男性は政治や経済、スポーツ、女性は料理、健康など生活回りの記事をよく読んでいます。

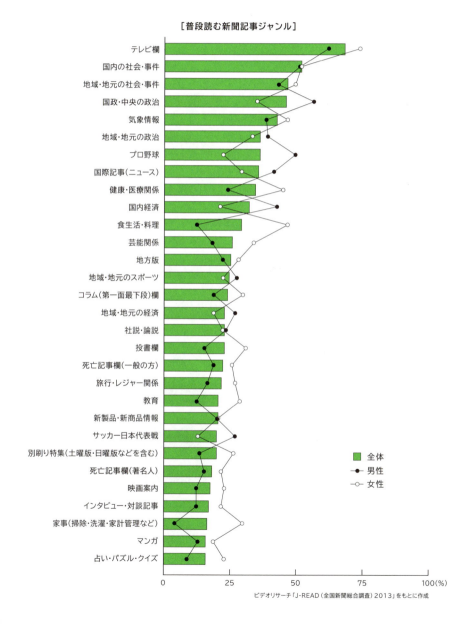

[普段読む新聞記事ジャンル]

凡例: ■ 全体　●― 男性　○― 女性

ビデオリサーチ「J-READ（全国新聞総合調査）2013」をもとに作成

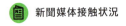

閲読状況 朝刊

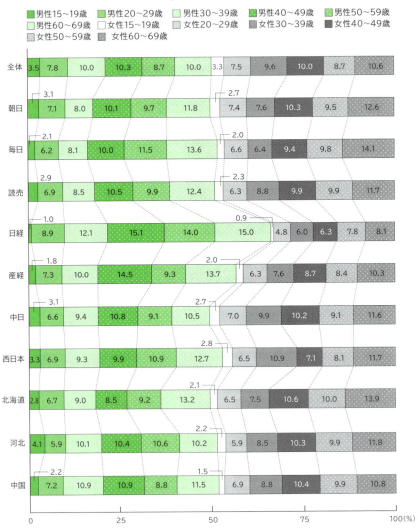

新聞媒体接触状況

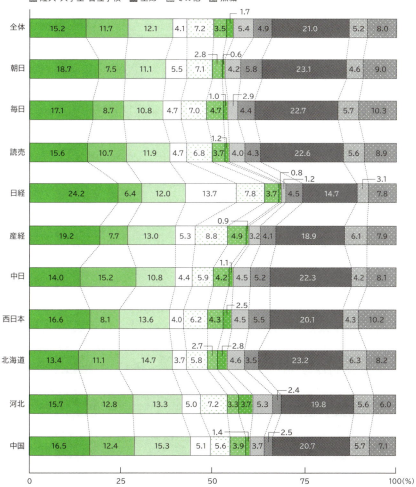

[職業別構成比]

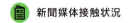
新聞媒体接触状況

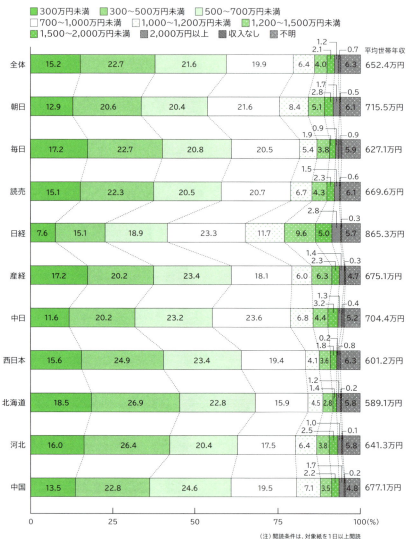

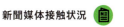

新聞媒体接触状況

[最終学歴別構成比]

■ 中学校　■ 高等学校・高等専修学校　■ 短大・高等専門学校・専門学校　□ 大学・大学院　■ 在学中　■ 不明

	中学校	高等学校・高等専修学校	短大・高等専門学校・専門学校	大学・大学院	在学中	不明
全体	3.6	33.7	21.8	29.5	10.3	1.1
朝日	2.1	23.2	22.0	41.5	10.1	1.1
毎日	2.6	30.5	21.4	37.0	7.3	1.1
読売	3.5	34.8	21.8	30.1	8.4	1.4
日経	1.3	19.2	14.8	58.1	5.7	0.9
産経	3.5	28.2	20.2	40.1	7.2	0.8
中日	4.9	35.3	21.6	27.8	9.6	0.9
西日本	2.8	33.3	19.2	34.0	10.0	0.8
北海道	3.2	46.5	21.1	19.4	8.0	1.7
河北	2.5	43.5	19.2	25.7	7.8	1.3
中国	1.1	32.9	24.7	34.1	6.2	0.9

[併読状況]

単位：%

	全体	朝日	毎日	読売	日経	産経	中日	西日本	北海道	河北	中国
推定閲読人口(千人)	89029.1	16957.8	5479.7	19114.7	6941.1	3303.6	6050.2	1577.3	2463.5	1092.7	1429.4
朝　日　新　聞	19.0	100.0	18.0	8.1	24.3	14.2	5.4	10.9	4.3	6.4	8.3
毎　日　新　聞	6.2	5.8	100.0	4.7	9.1	9.9	2.1	5.8	1.1	1.3	3.2
読　売　新　聞	21.5	9.2	16.5	100.0	20.9	18.3	3.0	7.5	3.3	4.0	7.9
日本経済新聞	7.8	10.0	11.6	7.6	100.0	14.8	5.6	8.1	3.8	4.5	8.8
産　経　新　聞	3.7	2.8	6.0	3.2	7.1	100.0	0.6	0.8	0.0	0.3	1.1
中　日　新　聞	6.8	1.9	2.3	0.9	4.9	1.1	100.0	0.0	0.0	0.0	0.0
西日本新聞	1.8	1.0	1.7	0.6	1.9	0.4	0.0	100.0	0.0	0.0	0.0
北海道新聞	2.8	0.6	0.5	0.4	1.4	0.0	0.0	0.0	100.0	0.0	0.0
河　北　新　報	1.2	0.4	0.3	0.2	0.7	0.1	0.0	0.0	0.0	100.0	0.0
中　国　新　聞	1.6	0.7	0.8	0.6	1.8	0.5	0.0	0.0	0.0	0.0	100.0

上記の表の見方
例えば、表頭の左から2番目の朝日新聞を縦に見ていくと、朝日新聞朝刊読者の5.8%が毎日新聞を、9.2%が読売新聞を併読していることがわかります。

(注)閲読条件は、対象紙を1日以上閲読
(注)全体は、調査対象の推定人口の構成比です。
ビデオリサーチ「J-READ（全国新聞総合調査）2013」をもとに作成

MEDIA GUIDE 2015　135

新聞媒体接触状況

都道府県別閲読率 朝刊

単位：%

	朝日新聞	毎日新聞	読売新聞	日本経済新聞	産経新聞	北海道新聞	中日新聞	西日本新聞
北海道	8.2	2.4	10.8	3.1	0.1	65.3	—	—
青森県	5.1	1.6	8.3	2.7	0.8	—	—	—
岩手県	11.5	2.6	14.5	4.1	0.6	—	—	—
宮城県	12.1	2.3	10.0	3.8	0.4	—	—	—
秋田県	10.0	1.9	9.5	3.1	1.2	—	—	—
山形県	16.5	4.2	22.0	4.1	1.2	—	—	—
福島県	10.0	3.9	10.2	5.0	0.3	—	—	—
茨城県	23.8	5.3	40.7	5.8	3.7	—	2.3（東京）	—
栃木県	11.2	3.5	28.0	6.2	2.5	—	0.5（東京）	—
群馬県	12.6	5.1	39.9	6.4	2.5	—	1.7（東京）	—
埼玉県	27.8	8.2	42.8	8.9	4.1	—	2.1（東京）	—
千葉県	27.6	6.0	39.9	10.7	6.0	—	2.1（東京）	—
東京都	30.1	5.3	30.1	13.6	5.2	—	5.4（東京）	—
神奈川県	28.3	5.1	34.0	13.1	3.8	—	2.8（東京）	—
新潟県	9.3	3.2	16.0	4.1	1.0	—	—	—
富山県	2.0	1.2	24.2	6.9	0.8	—	2.5（北陸中日）	—
石川県	3.3	0.6	8.2	5.3	1.2	—	30.0（北陸中日）	—
福井県	4.8	2.4	6.0	4.7	0.6	—	3.4（中日）	—
山梨県	12.2	2.8	14.0	4.4	1.9	—	—	—
長野県	9.1	1.1	9.0	5.0	1.4	—	4.3（中日）	—
岐阜県	9.0	2.1	4.5	5.2	0.5	—	65.7（中日）	—
静岡県	7.6	4.2	5.7	6.9	1.9	—	11.3（中日、東京）	—
愛知県	12.0	2.0	4.0	5.7	0.4	—	72.8（中日）	—
三重県	19.7	6.9	7.3	4.5	1.3	—	58.3（中日）	—
滋賀県	23.6	11.2	20.8	8.5	6.6	—	18.2（中日）	—
京都府	21.0	8.7	22.9	6.9	2.1	—	—	—
大阪府	29.0	14.1	25.5	9.4	15.9	—	—	—
兵庫県	24.8	9.2	21.0	10.2	5.4	—	—	—
奈良県	25.5	25.7	26.9	10.6	16.0	—	—	—
和歌山県	27.2	20.6	28.8	6.2	11.3	—	—	—
鳥取県	7.4	4.3	11.8	4.3	0.4	—	—	—
島根県	9.8	3.4	13.4	3.7	1.0	—	—	—
岡山県	11.6	4.3	12.0	5.1	1.6	—	—	—
広島県	14.5	3.0	12.2	7.9	1.9	—	—	—
山口県	28.8	15.5	35.4	5.9	1.3	—	—	—
徳島県	7.0	1.0	2.9	5.7	0.8	—	—	—
香川県	20.3	5.9	13.1	4.8	2.4	—	—	—
愛媛県	14.7	3.7	15.8	4.2	1.1	—	—	—
高知県	5.1	1.6	4.1	2.6	0.2	—	—	—
福岡県	17.9	13.6	20.0	7.7	0.6	—	—	35.0
佐賀県	7.6	4.5	10.7	3.6	1.2	—	—	18.8
長崎県	13.9	6.8	12.4	3.1	1.0	—	—	15.3
熊本県	8.1	2.7	8.5	4.1	1.1	—	—	3.5
大分県	14.1	6.6	13.9	4.7	0.6	—	—	4.5
宮崎県	13.4	7.1	9.8	5.1	1.0	—	—	0.8
鹿児島県	4.9	1.2	4.2	4.5	0.6	—	—	0.4
沖縄県	1.0	0.6	1.2	3.4	0.4	—	—	—

新聞媒体接触状況

単位：%

都道府県	紙名1	%	紙名2	%	紙名3	%
北海道	釧路新聞	1.7	室蘭民報	1.1	函館新聞	1.0
青森県	東奥日報	59.3	デーリー東北	23.9	陸奥新報	5.6
岩手県	岩手日報	61.1	岩手日日	8.7	河北新報	1.2
宮城県	河北新報	66.6				
秋田県	秋田魁新報	72.1	北羽新報	6.4	河北新報	0.2
山形県	山形新聞	62.7	河北新報	0.2	米澤新聞	0.2
福島県	福島民報	45.1	福島民友	31.9	河北新報	0.1
茨城県	茨城新聞	19.5	下野新聞	0.5		
栃木県	下野新聞	53.5				
群馬県	上毛新聞	43.0				
埼玉県	埼玉新聞	3.2				
千葉県	千葉日報	4.0				
東京都						
神奈川県	神奈川新聞	6.8				
新潟県	新潟日報	67.3	三条新聞	5.3	上越タイムス	2.6
富山県	北日本新聞	65.8	北國・富山新聞(富山)	13.8		
石川県	北國・富山新聞(北國)	69.8	北日本新聞	0.4		
福井県	福井新聞	78.9	日刊県民福井	13.2		
山梨県	山梨日日新聞	71.1				
長野県	信濃毎日新聞	70.1	市民タイムス	9.6	長野日報	4.9
岐阜県	岐阜新聞	23.3	中部経済新聞	0.4		
静岡県	静岡新聞	57.7	伊豆新聞※	3.6		
愛知県	東愛知新聞	1.0	中部経済新聞	0.1		
三重県	伊勢新聞	3.8	中部経済新聞	0.3		
滋賀県	京都新聞	17.0				
京都府	京都新聞	40.7				
大阪府	大阪日日新聞	0.4				
兵庫県	神戸新聞	27.1	日本海新聞	0.8		
奈良県	奈良新聞	6.3				
和歌山県						
鳥取県	日本海新聞	79.3	山陰中央新報	3.1		
島根県	山陰中央新報	74.3	中国新聞	3.1	島根日日新聞	1.5
岡山県	山陽新聞	64.1	中国新聞	0.8		
広島県	中国新聞	65.9	山陽新聞	0.5		
山口県	中国新聞	11.9	山口新聞	8.0		
徳島県	徳島新聞	84.5				
香川県	四国新聞	63.6				
愛媛県	愛媛新聞	58.5				
高知県	高知新聞	87.0				
福岡県						
佐賀県	佐賀新聞	59.4				
長崎県	長崎新聞	47.2				
熊本県	熊本日日新聞	67.9				
大分県	大分合同新聞	57.1				
宮崎県	宮崎日日新聞	59.3				
鹿児島県	南日本新聞	73.5	南海日日新聞	3.2		
沖縄県	沖縄タイムス	49.0	琉球新報	47.8	八重山毎日新聞	4.0

※伊豆新聞…伊豆新聞、伊豆日日新聞、熱海新聞
(注) 地方紙は各都道府県上位3位までを掲載
(注) 都道府県ごとに対象紙は異なります。
ビデオリサーチ「J-READ（全国新聞総合調査）2013」をもとに作成

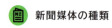
新聞媒体の種類

新聞は通常、配布エリア、発行形態、紙面内容、紙面の大きさなどを基準として、分類されます。

配布エリアによる分類

中央紙	全国にまたがって発行されている新聞。具体的には朝日新聞・毎日新聞・読売新聞・日本経済新聞・産経新聞の5紙を指し、全国紙とも称されます。首都圏からの情報発信の比率が高いのが特徴です。
ブロック紙	広範な地域、または複数の都道府県にまたがって発行されている新聞。北海道新聞、中日新聞（東京新聞・北陸中日新聞を含む）、西日本新聞の3紙をブロック紙といいます。
地方紙	ローカル紙ともいわれ、一般的には配布エリアが特定の地域に限定されます。部数的にはブロック紙に及びませんが、中にはブロック紙に比肩する大部数紙もあります。地域内の普及率は圧倒的な高さを持つことが多く、地域に大きな影響力を持っています。配布エリアにより県紙、郷土紙に分類することもあります。

発行形態による分類

朝夕刊セット紙	朝刊と夕刊を発行している新聞
朝刊（単独）紙	朝刊のみを発行している新聞
夕刊（単独）紙	夕刊のみを発行している新聞 （日刊ゲンダイ、夕刊フジ、東京スポーツなど）

発行頻度による分類

日刊紙	基本的に毎日発行される新聞。一般紙、夕刊紙、スポーツ紙、産業紙など。
週刊紙・月刊紙	専門紙、業界紙、フリーペーパーなどで週1回、月1回など、特定日に発行される新聞。

新聞媒体の種類

紙面内容による分類

一般紙	国内外のニュース全般の報道、解説、評論などが掲載されており、広く一般家庭を中心に普及し、読まれている新聞。	
スポーツ紙	スポーツを中心に、芸能、娯楽、レジャーなどの記事で構成されている新聞。	
夕刊紙	大都市圏のビジネスマンをターゲットとした政治、経済、スポーツ、芸能など、幅広いジャンルにわたる情報紙。駅売り、コンビニエンスストアで販売され、即売比率はほぼ100%です。	
専門・業界紙	幅広い業界・ジャンルの経済専門紙と、細分化された特定の産業分野における専門的な記事を掲載する業界紙があります。	
英字紙	国内で英語で発行されている新聞で、日刊紙、週刊紙があります。	
機関紙	政党や団体などが一定の目的で発行している新聞で、聖教新聞、赤旗などがこれに相当します。	
学生児童紙	朝日小学生新聞などの小学生向け、読売中高生新聞などの中高生向けの新聞で児童と親が対象読者です。	
官公報	官報、経済産業公報など中央省庁からの発行に加え、地方自治体でも発行しています。	

紙面の大きさによる分類

ブランケット判	一般紙、スポーツ紙など、ほぼA2サイズの紙面で発行される新聞。12段、15段など新聞社によって段数が異なります。
タブロイド判	ブランケット判の半分の大きさで発行されている新聞。即売の夕刊紙やフリーペーパーの多くがこのサイズです。

購読料による分類

有代(料)紙	購読に際して、一定の料金を必要とするもの。
フリーペーパー	ターゲットや地域を絞り、生活情報や地域情報などを提供するコミュニティ紙。週刊による発行が多く、地域、職域などの単位で無料配布されます。

新聞 Newspaper

都道府県別世帯普及率 朝刊

都道府県別世帯普及率上位3紙 朝刊

❶～❸はそれぞれ1～3位を、数値は普及率(%)を表します。

北海道／東北地方

都道府県	❶	❷	❸
北海道	❶北海道新聞 39.7	❷読売新聞 7.8	❸朝日新聞 5.0
青森県	❶東奥日報 42.4	❷デーリー東北 16.9	❸読売新聞 4.4
岩手県	❶岩手日報 39.9	❷岩手日日新聞* 10.8	❸読売新聞 9.2
宮城県	❶河北新報 46.3	❷朝日新聞 7.3	❸読売新聞 6.9
秋田県	❶秋田魁新報 55.0	❷朝日新聞 7.4	❸読売新聞 7.3
山形県	❶山形新聞 49.7	❷読売新聞 15.9	❸朝日新聞 14.5
福島県	❶福島民報 33.6	❷福島民友 24.3	❸朝日新聞 7.7

中部地方

都道府県	❶	❷	❸
新潟県	❶新潟日報 53.1	❷読売新聞 12.0	❸朝日新聞 7.6
富山県	❶北日本新聞 59.2	❷読売新聞 19.8	❸北國(富山)新聞 10.8
石川県	❶北國(富山)新聞 65.5	❷北陸中日新聞 19.0	❸読売新聞 4.2
福井県	❶福井新聞 72.4	❷日刊県民福井* 14.1	❸読売新聞 4.2
山梨県	❶山梨日日新聞 58.7	❷読売新聞 11.5	❸朝日新聞 9.1
長野県	❶信濃毎日新聞 56.3	❷市民タイムス* 8.0	❸読売新聞 7.3
岐阜県	❶中日新聞 48.3	❷岐阜新聞 22.3	❸朝日新聞 7.1
静岡県	❶静岡新聞 43.3	❷中日新聞 8.9	❸読売新聞 6.8
愛知県	❶中日新聞 52.8	❷朝日新聞 7.7	❸日本経済新聞 4.4

中国地方

都道府県	❶	❷	❸
鳥取県	❶日本海新聞 69.4	❷読売新聞 10.8	❸朝日新聞 6.5
島根県	❶山陰中央新報 60.0	❷読売新聞 12.3	❸島根日日新聞* 10.1
岡山県	❶山陽新聞 50.3	❷読売新聞 9.6	❸朝日新聞 9.0
広島県	❶中国新聞 44.8	❷読売新聞 10.2	❸朝日新聞 9.1
山口県	❶読売新聞 27.4	❷朝日新聞 22.0	❸毎日新聞 19.8

都道府県別世帯普及率　朝刊

新聞　Newspaper

関東地方

茨城県	❶読売新聞 35.7	❷朝日新聞 16.6	❸毎日新聞 10.5
栃木県	❶下野新聞 39.7	❷読売新聞 23.7	❸朝日新聞 10.1
群馬県	❶上毛新聞 37.5	❷読売新聞 29.9	❸朝日新聞 12.1
埼玉県	❶読売新聞 33.7	❷朝日新聞 19.5	❸毎日新聞 8.3
千葉県	❶読売新聞 31.8	❷朝日新聞 19.7	❸毎日新聞 6.8
東京都	❶読売新聞 19.4	❷朝日新聞 16.9	❸日本経済新聞 8.9
神奈川県	❶読売新聞 25.4	❷朝日新聞 22.9	❸日本経済新聞 6.8

近畿地方

三重県	❶中日新聞 40.7	❷朝日新聞 14.8	❸伊勢新聞* 13.0
滋賀県	❶読売新聞 24.7	❷朝日新聞 19.6	❸京都新聞 14.1
京都府	❶京都新聞 34.4	❷読売新聞 16.1	❸朝日新聞 14.9
大阪府	❶読売新聞 21.0	❷朝日新聞 17.6	❸毎日新聞 13.4
兵庫県	❶神戸新聞 22.3	❷読売新聞 21.3	❸朝日新聞 18.8
奈良県	❶毎日新聞 25.6	❷朝日新聞 23.7	❸読売新聞 21.9
和歌山県	❶読売新聞 26.5	❷朝日新聞 20.9	❸毎日新聞 17.0

四国地方

徳島県	❶徳島新聞 73.4	❷朝日新聞 4.0	❸日本経済新聞 3.7
香川県	❶四国新聞 47.6	❷読売新聞 12.3	❸朝日新聞 12.2
愛媛県	❶愛媛新聞 40.5	❷読売新聞 11.5	❸朝日新聞 10.7
高知県	❶高知新聞 53.9	❷読売新聞 2.9	❸朝日新聞 2.4

九州/沖縄地方

福岡県	❶西日本新聞 24.8	❷読売新聞 16.7	❸毎日新聞 13.2
佐賀県	❶佐賀新聞 43.1	❷西日本新聞 15.0	❸読売新聞 8.8
長崎県	❶長崎新聞 28.9	❷西日本新聞 10.3	❸読売新聞 10.1
熊本県	❶熊本日日新聞 41.3	❷読売新聞 7.1	❸朝日新聞 4.8
大分県	❶大分合同新聞 40.3	❷読売新聞 11.1	❸朝日新聞 9.0
宮崎県	❶宮崎日日新聞 41.1	❷朝日新聞 7.0	❸読売新聞 6.3
鹿児島県	❶南日本新聞 40.9	❷読売新聞 3.8	❸南海日日新聞* 3.0
沖縄県	❶琉球新報* 27.2	❷沖縄タイムス* 26.7	❸日本経済新聞 1.0

部数（無印）：日本ABC協会「新聞発行社レポート2014年1～6月」をもとに作成
部数（＊印）：自社公称部数
世帯数　　　：住民基本台帳（2014年1月1日現在）

都道府県別世帯普及率上位3紙 夕刊

❶～❸はそれぞれ1～3位を、数値は普及率(%)を表します。

北海道／東北地方

都道府県	❶	❷	❸
北海道	❶北海道新聞 17.9	❷十勝毎日新聞 3.2	❸苫小牧民報* 2.2
青森県	❶東奥日報 41.7		
岩手県			
宮城県	❶河北新報 6.5		
秋田県			
山形県	❶荘内日報* 4.6		
福島県	❶夕刊いわき民報* 1.5		

中部地方

都道府県	❶	❷	❸
新潟県	❶新潟日報 4.7		
富山県	❶読売新聞 0.7		
石川県	❶北國(富山)新聞 13.0	❷北陸中日新聞 1.8	❸読売新聞 0.2
福井県			
山梨県	❶朝日新聞 0.4	❷読売新聞 0.2	❸日本経済新聞 0.2
長野県	❶信濃毎日新聞 5.0		
岐阜県	❶中日新聞 3.9	❷岐阜新聞 2.9	❸朝日新聞 1.6
静岡県	❶静岡新聞 43.3	❷朝日新聞 2.7	❸中日新聞 1.8
愛知県	❶中日新聞 10.5	❷日本経済新聞 3.1	❸朝日新聞 2.3

中国地方

都道府県	❶	❷	❸
鳥取県			
島根県			
岡山県	❶山陽新聞 5.5		
広島県	❶中国新聞 2.3		
山口県	❶宇部日報* 7.4	❷読売新聞 0.9	❸毎日新聞 0.6

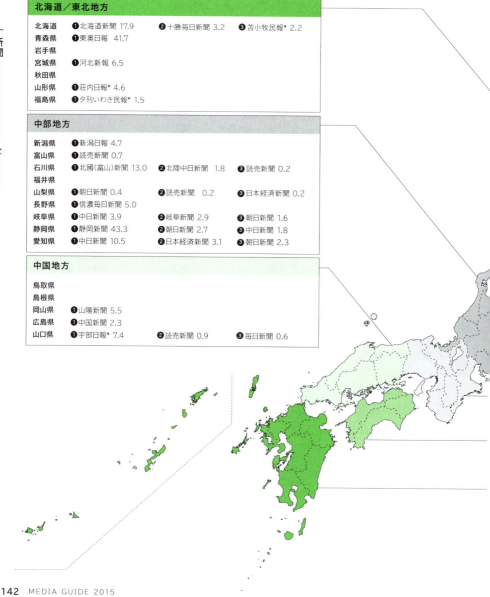

都道府県別世帯普及率　夕刊

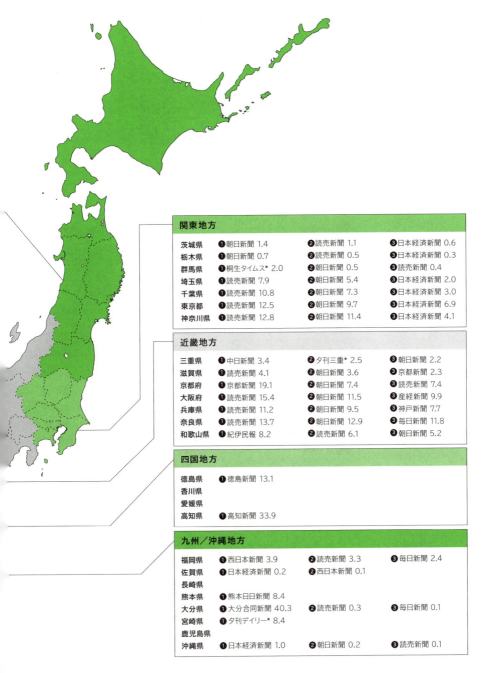

関東地方

茨城県	❶朝日新聞 1.4	❷読売新聞 1.1	❸日本経済新聞 0.6
栃木県	❶朝日新聞 0.7	❷読売新聞 0.5	❸日本経済新聞 0.3
群馬県	❶桐生タイムス* 2.0	❷朝日新聞 0.5	❸読売新聞 0.4
埼玉県	❶読売新聞 7.9	❷朝日新聞 5.4	❸日本経済新聞 2.0
千葉県	❶読売新聞 10.8	❷朝日新聞 7.3	❸日本経済新聞 3.0
東京都	❶読売新聞 12.5	❷朝日新聞 9.7	❸日本経済新聞 6.9
神奈川県	❶読売新聞 12.8	❷朝日新聞 11.4	❸日本経済新聞 4.1

近畿地方

三重県	❶中日新聞 3.4	❷夕刊三重* 2.5	❸朝日新聞 2.2
滋賀県	❶読売新聞 4.1	❷朝日新聞 3.6	❸京都新聞 2.3
京都府	❶京都新聞 19.1	❷朝日新聞 7.4	❸読売新聞 7.4
大阪府	❶読売新聞 15.4	❷朝日新聞 11.5	❸産経新聞 9.9
兵庫県	❶読売新聞 11.2	❷朝日新聞 9.5	❸神戸新聞 7.7
奈良県	❶読売新聞 13.7	❷朝日新聞 12.9	❸毎日新聞 11.8
和歌山県	❶紀伊民報 8.2	❷読売新聞 6.1	❸朝日新聞 5.2

四国地方

徳島県	❶徳島新聞 13.1
香川県	
愛媛県	
高知県	❶高知新聞 33.9

九州／沖縄地方

福岡県	❶西日本新聞 3.9	❷読売新聞 3.3	❸毎日新聞 2.4
佐賀県	❶日本経済新聞 0.2	❷西日本新聞 0.1	
長崎県			
熊本県	❶熊本日日新聞 8.4		
大分県	❶大分合同新聞 40.3	❷読売新聞 0.3	❸毎日新聞 0.1
宮崎県	❶夕刊デイリー* 8.4		
鹿児島県			
沖縄県	❶日本経済新聞 1.0	❷朝日新聞 0.2	❸読売新聞 0.1

新聞　Newspaper

主要新聞部数一覧 中央紙／ブロック紙／地方紙

[中央紙]

新聞名	本・支社	朝刊部数	夕刊部数
朝日新聞	北海道	136,130	34,693
	東京	4,145,869	1,551,701
	名古屋	387,248	100,298
	大阪	2,118,420	914,907
	西部	645,910	58,456
	計	7,433,577	2,660,055
毎日新聞	北海道	46,877	―
	東京	1,307,727	300,336
	中部	140,029	32,192
	大阪	1,274,533	581,148
	西部	557,813	60,084
	計	3,326,979	973,760
読売新聞	北海道	216,913	45,044
	東京	5,837,994	1,953,668
	北陸	100,114	3,855
	中部	163,639	―
	大阪	2,406,353	1,126,010
	西部	836,490	84,930
	計	9,561,503	3,213,507
日本経済新聞	北海道	47,356	―
	東京	1,652,490	818,484
	名古屋	190,459	115,700
	大阪	701,965	403,212
	西部	177,462	50,554
	計	2,769,732	1,387,950
産経新聞	東京	712,892	―
	大阪	897,930	520,716
	計	1,610,822	520,716

[ブロック紙]

新聞名	本・支社	朝刊部数	夕刊部数
北海道新聞		1,083,708	488,100
中日新聞	東京新聞	522,073	200,491
	北陸中日新聞	96,796	8,650
	中日新聞	2,566,310	411,739
	計	3,185,179	620,880
西日本新聞		721,311	90,521

新聞部数

[地方紙]

新聞名			朝刊部数	夕刊部数	新聞名			朝刊部数	夕刊部数
釧路新聞	(北海道)	*	56,694	—	日刊県民福井	(福井)	*	40,230	—
室蘭民報	(北海道)	*	63,000	52,000	中部経済新聞	(愛知)	*	90,000	—
苫小牧民報	(北海道)	*	—	60,300	東愛知新聞	(愛知)	*	48,200	—
十勝毎日新聞	(北海道)		—	86,913	岐阜新聞	(岐阜)		177,141	23,029
函館新聞	(北海道)	*	18,000	—	伊勢新聞	(三重)	*	100,180	—
東奥日報	(青森)		248,164	244,027	夕刊三重	(三重)	*	—	19,500
デーリー東北	(青森)		103,160	—	京都新聞	(京都)		483,040	237,731
陸奥新報	(青森)	*	51,600	—	大阪日日新聞	(大阪)		7,466	—
秋田魁新報	(秋田)		234,500	—	神戸新聞	(兵庫)		550,049	189,237
北羽新報	(秋田)	*	26,036	—	奈良新聞	(奈良)	*	113,116	—
岩手日報	(岩手)		207,361	—	奈良日日新聞	(奈良)	*	50,119	—
岩手日日新聞	(岩手)	*	55,600	—	紀伊民報	(和歌山)		—	36,369
河北新報	(宮城)		450,212	62,472	日刊熊野新聞	(和歌山)	*	—	12,000
山形新聞	(山形)		202,624	—	山陽新聞	(岡山)		419,894	45,087
荘内日報	(山形)	*	—	18,700	中国新聞	(広島)		630,466	30,626
米澤新聞	(山形)	*	16,800	—	日本海新聞	(鳥取)		168,326	—
福島民報	(福島)		257,422	—	山陰中央新報	(島根)		181,119	—
福島民友	(福島)		185,922	—	島根日日新聞	(島根)	*	28,715	—
夕刊いわき民報	(福島)	*	—	11,500	山口新聞	(山口)		88,120	—
茨城新聞	(茨城)		123,544	—	宇部日報	(山口)	*	—	48,750
常陽新聞	(茨城)	*	82,500	—	徳島新聞	(徳島)		242,656	43,457
下野新聞	(栃木)		316,584	—	四国新聞	(香川)		203,413	—
上毛新聞	(群馬)		303,698	—	愛媛新聞	(愛媛)		261,912	—
桐生タイムス	(群馬)	*	—	16,000	高知新聞	(高知)		191,010	119,926
埼玉新聞	(埼玉)	*	122,355	—	佐賀新聞	(佐賀)		138,598	—
千葉日報	(千葉)		123,000	—	長崎新聞	(長崎)		181,430	—
神奈川新聞	(神奈川)		203,966	—	熊本日日新聞	(熊本)		312,939	64,222
静岡新聞	(静岡)		658,741	658,697	大分合同新聞	(大分)		211,928	211,860
山梨日日新聞	(山梨)		205,850	—	宮崎日日新聞	(宮崎)		212,093	—
信濃毎日新聞	(長野)		477,162	42,209	夕刊デイリー	(宮崎)	*	—	43,100
長野日報	(長野)	*	54,100	—	南日本新聞	(鹿児島)		328,767	—
南信州新聞	(長野)	*	24,000	—	南海日日新聞	(鹿児島)	*	23,725	—
市民タイムス	(長野)	*	67,677	—	沖縄タイムス	(沖縄)	*	160,625	—
新潟日報	(新潟)		468,596	41,534	琉球新報	(沖縄)	*	163,475	—
北日本新聞	(富山)		240,851	—	八重山毎日新聞	(沖縄)	*	16,000	—
北國(富山)新聞	(石川)		350,126	60,859	宮古毎日新聞	(沖縄)	*	15,400	—
福井新聞	(福井)		206,651	—					

(注)地方紙の( )内は本社所在地
部数(無印):ABC公査部数　日本ABC協会「新聞発行社レポート2014年1月~6月」より
部数(*印):自社公称部数
[—]:該当する部数のないもの
「新聞販売部数検索」をもとに作成

新聞部数

主要新聞部数一覧 スポーツ紙／専門紙／夕刊紙／英字紙／その他

[スポーツ紙]

新聞名	本・支社		朝夕刊部数
日刊スポーツ	東京	*	801,966
	大阪	*	462,128
	名古屋	*	74,973
	西部	*	178,232
	北海道	*	104,234
	計		1,621,533
スポーツニッポン	東京	*	854,809
	大阪	*	570,818
	西部	*	285,283
	計		1,710,910
スポーツ報知	東京	*	781,357
	大阪	*	445,415
	中部	*	59,275
	北海道	*	21,061
	西部	*	119,609
	計		1,426,717
サンケイスポーツ	東京	*	758,141
	大阪	*	513,874
	計		1,272,015
デイリースポーツ	東京	*	280,848
	大阪	*	394,939
	計		675,787
中日スポーツ	東京中日スポーツ	*	150,300
	中日スポーツ	*	450,853
	計		601,153
東京スポーツ	東京スポーツ	*	811,320
	大阪スポーツ	*	339,890
	中京スポーツ	*	193,980
	九州スポーツ	*	345,810
	計		1,691,000
西日本スポーツ		*	105,632
道新スポーツ			48,443

[専門紙・その他]

新聞名		朝夕刊部数
日刊工業新聞	*	422,607
フジサンケイ ビジネスアイ	*	153,000
日経ヴェリタス	*	60,000
ニッキン		84,905
日本農業新聞		348,709
電波新聞	*	295,000
日本海事新聞	*	55,000
日刊水産経済新聞	*	49,000
納税通信	*	47,500
税理士新聞		28,700
聖教新聞	*	5,500,000
朝日小学生新聞		105,131
朝日中学生ウイークリー		51,860
読売KoDoMo新聞		214,641
毎日小学生新聞	*	99,000

[夕刊紙]

新聞名	本・支社		夕刊部数
夕刊フジ	東京	*	1,058,000
	大阪	*	501,000
	計		1,559,000
日刊ゲンダイ	東京	*	1,177,000
	名古屋	*	162,500
	大阪	*	342,000
	北海道	*	78,500
	計		1,760,000

[英字紙]

新聞名		朝刊部数
The Japan Times		27,735
The Japan News		24,681
Mainichi Weekly	*	48,000

部数（無印）：ABC公査部数　日本ABC協会「新聞発行社レポート2014年1月～6月」より
部数（*印）：自社公称部数
「新聞販売部数検索」をもとに作成

● ABC公査部数と自社公称部数

新聞の媒体力を示す主な指標は部数と普及率です。部数には、日本ABC協会が調査したABC公査部数と、新聞社が独自に発表する自社公称部数があります。

● 発行部数と販売部数

発行部数には、販売部数と掲載見本紙などの非販売部数が含まれますが、非販売部数は微少であるため、日本ABC協会の発行社レポートでは販売部数だけを対象に公査しています。販売部数には駅売店やスタンドでの即売部数と郵送によるものも含まれます。

新聞の版建て／配布エリア／広告審査

版建て

新聞紙面のノンブル※には面（ページ）を表す数字と並んで14版、4版などの記載があります。これは配布区域の遠近によって異なる紙面の印刷・発行区分を示すもので、1面に掲載されているものが全体を表しています。これを版建てと呼んでいます。この表記は、記事・紙面レイアウトの新鮮度も表しており、例えば1面が14版の表示であるのに中面に12版の表示がある場合、中面は12版から変更されていないことを表しています。朝刊の株式市況など記事内容に変更がないものは同じ表記のまま初版から最終版まで通して掲載されます。逆に1面・社会面・国際面・スポーツ面など、状況が変化するものは常に最新情報に差し替えられるため、版ごとに記事内容・紙面レイアウトが異なり、表記も新しくなります。

※紙面の最上部、社罫の外側に記載されている新聞社名・日付・曜日・面数・名称（記事内容）・第3種郵便物認可番号（1面には通算発行号数）の総称。

面建てと広告建て段数

新聞社では各曜日、朝夕刊ごとにあらかじめ基本となる総ページ数と面の編集内容を決めており、これを面建てといいます。これをもとに各面での広告段数（建て段数）が設定されていますが、ニュース報道面では記事量の都合で弾力的に運用されることがあります。

配布エリア

朝刊と夕刊を発行している新聞社の配布エリアは、下記のように分類されます。

● セット版エリア

朝刊と夕刊が配布されている地域。

● 統合版エリア

朝刊のみを配布している地域（輸送上の問題で夕刊の配布ができないため、前日の夕刊の記事を含めて編集された朝刊が配布されます）。

新聞広告掲載基準と広告審査

新聞広告が及ぼす社会的影響を考え、不当な広告を排除して読者の利益を守り、新聞広告の信用を維持、高揚するため、日本新聞協会は1958年に新聞広告倫理綱領を制定しました。1976年には新聞広告掲載基準を設け、これをもとに新聞各社では広告掲載基準を作成し、運用しています。新聞広告の掲載にあたっては各新聞社とも広告局内に審査セクションを設けていますが、内容によっては第三者機関である広告審査協会に調査や審査を委託することになります。広告審査協会では、広告主とその広告内容が、法令や自主規制などの要件を満たしているかを確認し、必要であれば関係する行政機関に照会して法令などへの適否の判断を得た上で問題の有無を見極め、審査報告書を作成して媒体社に提出します。広告主の業態（許認可、届出、資格者などの有無・充足など）や広告の内容・表示についての必要要件を満たさない場合は、掲載には問題があると報告されることも少なくありません。この審査報告書は広告審査協会の独自見解にとどまりますが、媒体側は掲載可否の判断材料の1つとして重視しています。どのような場合でも、広告の掲載可否は媒体社の判断・責任において決定され、広告審査協会がその判断に干渉することはありません。

新聞媒体特性

地域に強く、信頼できる情報が評価されています

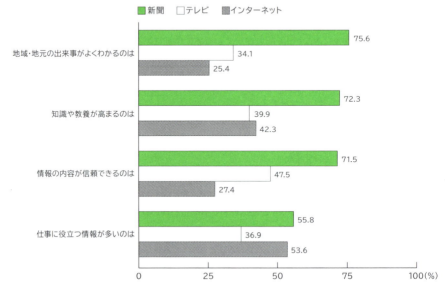

情報をきちんと確認できるメディアです

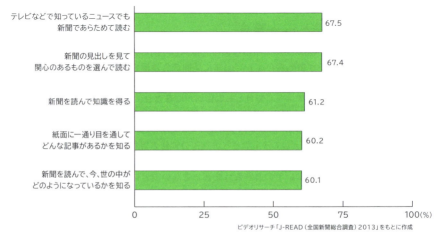

政治経済や社会問題に関心の高い新聞読者

新聞購読者は非購読者に比べて国内外の政治や選挙、経済、福祉問題に関心が高い知識層が多いといえます。

[日常生活に関する意識]

■ 新聞を購読(月ぎめ宅配)している　□ 新聞を購読(月ぎめ宅配)していない

項目	購読している	購読していない
支持する政党がある	25.3	17.7
国政選挙(衆院選、参院選)では必ず投票する	72.6	60.0
政治問題に関心がある	73.1	68.4
日本の財政赤字に関心がある	75.3	70.7
国の政治・行政・外交に関心がある	72.5	67.4
地域・地元の政治・行政に関心がある	72.5	63.2
日本の社会福祉に関心がある	74.9	68.8

ビデオリサーチ「J-READ(全国新聞総合調査)2013」をもとに作成

子どもの教育に関心の高い新聞読者

新聞購読者は非購読者に比べて子どもの教育への関心が高いといえます。

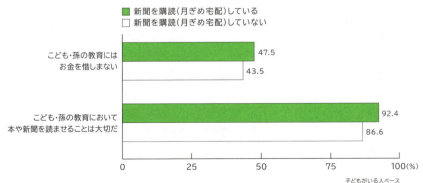

[日常生活に関する意識]

■ 新聞を購読(月ぎめ宅配)している
□ 新聞を購読(月ぎめ宅配)していない

項目	購読している	購読していない
こども・孫の教育にはお金を惜しまない	47.5	43.5
こども・孫の教育において本や新聞を読ませることは大切だ	92.4	86.6

子どもがいる人ベース
ビデオリサーチ「J-READ(全国新聞総合調査)2013」をもとに作成

新聞媒体特性

ブロック紙・地方紙は地域に大きな影響力があります

中央紙は全国に広く影響力を持っていますが、ブロック紙・地方紙は各県において普及率が高く、地域に大きな影響力を持っています。

[全国の新聞普及率]

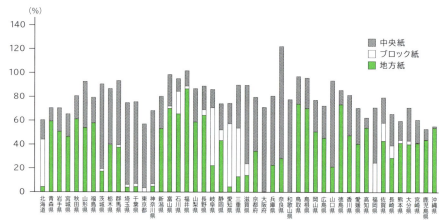

日本ABC協会「新聞発行社レポート2014年1月〜6月」、自社公称部数をもとに作成

新聞は長期にわたって読者と関係を築くメディアです

[新聞購読継続期間]

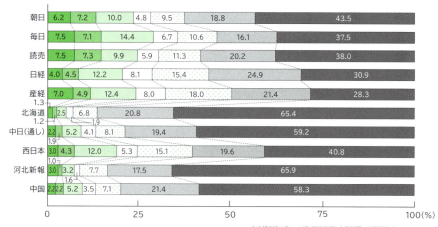

中央紙5紙、ブロック紙、河北新報、中国新聞の宅配購読者ベース
ビデオリサーチ「J-READ（全国新聞総合調査）2013」をもとに作成

新聞媒体特性

新聞は地域情報の源泉です

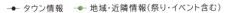

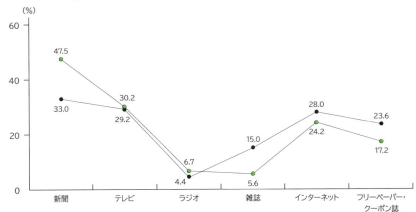

[媒体別情報入手経路]

- タウン情報
- 地域・近隣情報（祭り・イベント含む）

	新聞	テレビ	ラジオ	雑誌	インターネット	フリーペーパー・クーポン誌
タウン情報	33.0	29.2	4.4	15.0	28.0	23.6
地域・近隣情報	47.5	30.2	6.7	5.6	24.2	17.2

(注) インターネットは、PC・タブレット端末・携帯・PHS・スマートフォンの合計
ビデオリサーチ「J-READ（全国新聞総合調査）2013」をもとに作成

地元情報はブロック紙・地方紙から入手します

[普段読む記事ジャンル]

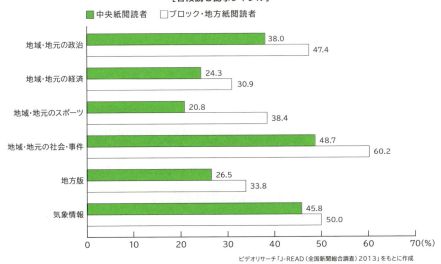

	中央紙閲読者	ブロック・地方紙閲読者
地域・地元の政治	38.0	47.4
地域・地元の経済	24.3	30.9
地域・地元のスポーツ	20.8	38.4
地域・地元の社会・事件	48.7	60.2
地方版	26.5	33.8
気象情報	45.8	50.0

ビデオリサーチ「J-READ（全国新聞総合調査）2013」をもとに作成

新聞広告特性

性別・年齢を問わず、一斉に伝えます

新聞は、性・年齢を問わず非常に幅広い層への到達が期待できることから、企業や商品・サービスのブランディングに適しており、また新会社の設立や社名変更の告知など、社会に対して一斉に周知を図る際のメディアとしても適しているといえます。

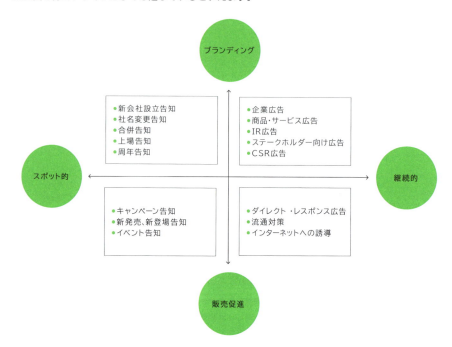

読者は新聞広告をきちんと見ています

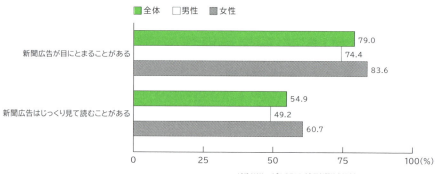

ビデオリサーチ「J-READ（全国新聞総合調査）2013」をもとに作成

新聞広告特性

新商品・サービスの認知や内容理解に適しています

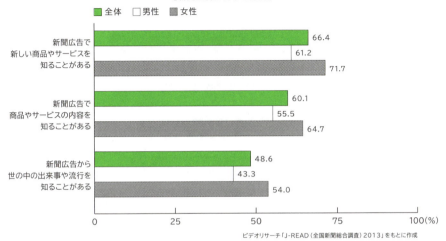

[新聞広告に対する意識]

凡例：全体／男性／女性

新聞広告で新しい商品やサービスを知ることがある
- 全体：66.4
- 男性：61.2
- 女性：71.7

新聞広告で商品やサービスの内容を知ることがある
- 全体：60.1
- 男性：55.5
- 女性：64.7

新聞広告から世の中の出来事や流行を知ることがある
- 全体：48.6
- 男性：43.3
- 女性：54.0

ビデオリサーチ「J-READ（全国新聞総合調査）2013」をもとに作成

読者の興味を喚起し、実動させます

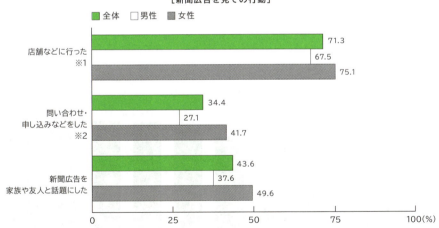

[新聞広告を見ての行動]

凡例：全体／男性／女性

店舗などに行った ※1
- 全体：71.3
- 男性：67.5
- 女性：75.1

問い合わせ・申し込みなどをした ※2
- 全体：34.4
- 男性：27.1
- 女性：41.7

新聞広告を家族や友人と話題にした
- 全体：43.6
- 男性：37.6
- 女性：49.6

※1 「店舗などに行った」に含まれる行動
地元の催し・イベントに行った／映画に行った／レジャー施設に行った／百貨店・デパートに買い物に行った／高級ブランドショップに買い物に行った／スーパー・小売店・専門店に買い物に行った／複合施設・アウトレットモールに行った／飲食店に行った／本・雑誌を買いに行った／病院・医療施設に行った／医薬品を買いに行った／車のディーラー・販売店に行った／不動産の物件を見に行った／住宅展示場に行った／新聞社が行う催しに行った

※2 「問い合わせ・申し込みなどをした」に含まれる行動
懸賞やクイズなどに応募した／商品やサービスについて問い合わせや資料請求をした／料金サービスの加入（変更）をした／旅行の申し込みをした／保険・金融商品の問い合わせをした／人材募集の問い合わせや応募をした／通信販売・通信教育の申し込みをした

ビデオリサーチ「J-READ（全国新聞総合調査）2013」をもとに作成

新聞広告特性

色の再現性が高い最大サイズのメディアです

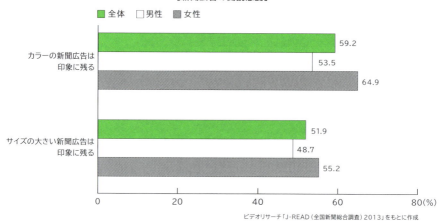

［新聞広告の閲読態度］

ビデオリサーチ「J-READ（全国新聞総合調査）2013」をもとに作成

カラー広告の出稿状況

［新聞広告全体に占めるカラー広告の割合］

エム・アール・エス広告調査「広告出稿統計」をもとに作成

新聞広告の種類

新聞広告は、掲載場所、色などで分類することができ、分類区分は広告料金とも連動しています。

掲載場所による分類

記事下広告	記事の下に掲載される最も一般的な新聞広告の形態。段単位でスペースが表されます。全面広告、見開き二連版、縦15段1／3、逆L型なども記事下広告に含まれます。
雑報広告	記事面の中に掲載されます。広告が入る場所によって基本的には題字下（横）、突出し、記事中、記事挟みの4種類があり、それぞれサイズがほぼ一定です。これに対して、大型突出しなど規格外のものを一括して特殊雑報と呼びます。

［掲載場所による新聞広告の区分例（15段組の場合）］

新聞広告の種類

広告内容による分類

営業広告	新聞広告の主流で告知・販促のための商品広告や、企業イメージを伝える企業広告があります。
臨時もの広告	死亡広告（通称：黒枠）や災害時のお見舞い御礼広告、各種のお詫び広告など、臨時に出される広告のことです。
法定公告	決算公告、株式譲渡停止公告など、商法の規定に基づくもので「公告」と記します。
選挙広告	政党広告と候補者個人広告の2種類があり、いずれも公職選挙法でスペースや掲載回数などが規定されています。
人事募集広告	数種類の規格サイズの枠ものと1段以上の段単位で掲載される求人のための広告があります。
案内広告	新聞社で組まれ（社組み）、案内欄と呼ばれる場所にまとめて掲載される行単位の広告。不動産、求人、学校、映画・演劇などさまざまなジャンルがあります。

色による分類

モノクロ広告	墨だけで刷られる広告
カラー広告	単色（＋1色）広告と多色広告があり、単色（＋1色）広告は「墨＋1色」の2色で刷られます。多色広告は「墨＋2色以上」で刷られる広告をいいますが、一般的には4色刷り（フルカラー）を意味します。 （注）雑誌広告の「1色刷り」と異なるため注意が必要です。

広告タイプによる分類

純広告	広告主が制作し（広告会社による制作も含む）、一見して広告とわかる体裁を持つ、一般的な広告
記事体広告	パブリシティ、編集タイアップなどの記事風に組んだ広告

新聞広告の料金

新聞広告料金の種類と区分

新聞広告の料金体系は、他メディアと比べてやや複雑です。このような料金体系は掲載エリア・スペースなどさまざまな選択ができる新聞広告の多様性を表しているといえます。

● 掲載料金（スペース料金）

区分	適用の内容	料金設定の基準
一般記事下	記事の下（全面広告含む）に掲載される一般的な広告	1段あたり
雑報	掲載面、種別、スペースごとに個別設定	1枠・1回あたり
臨時もの（基本料金）	各種臨時もののほか、1段未満の記事下広告に適用	1cm×1段あたり
法定公告	法定公告料金を設定している社と臨時もの料金を適用する社があります。	1cm×1段あたり
人事募集	①スペースごとに人事募集、規格料金を設定する場合 ②臨時ものとして扱う場合	①1枠・1回あたり ②1cm×1段あたり
案内広告（行もの）	最低行数設定あり。朝夕刊併載を前提とした料金設定の社もあります。	1行あたり
地方版	地方版ごとに設定され、記事下と雑報があります。	一般記事下・雑報と同様

● 付加料金

種類	適用の内容	料金設定の基準
色刷り料	「単色（+1色）料金」と「多色料金」の2種類が基本。特殊インク（蛍光色・金・銀）や特練りインクの場合は割り増し加算。一定期間における色刷り出稿回数に応じて割引料金を設定している社もあります。	段数により区分設定
指定料	特定の掲載日・面を指定して掲載する場合の付加料金	定率または1段あたり定額
切替料	版・地域ごとに原稿を切り替えて掲載する場合に付加されます（例えば原稿が3種類の場合の切り替え回数は2回）。ただし、異なる本支社に異なる原稿を掲載する場合には必要ありません。	切り替え1回あたり定額
二連版料	左右のページがつながった原稿を掲載する場合に適用	定額または定率
変型スペース料	特殊な形の広告を掲載する場合に適用	定額または定率
スプリットラン料	スプリットラン広告実施時に適用	定額または定率

新聞広告の料金体系（記事下）

● 逓減料率体系（スライド制）

一定期間における出稿段数が多いほど、単価が割安に設定される料金体系。6ヶ月の合計段数を基準とする場合が多いです。雑報においても、一定期間内に一定の回数を超えた場合に、割引を適用している新聞社もあります。

● フラット料金体系

一定期間内の出稿量の多少にかかわらず、同一の単価が適用される料金体系です（静岡新聞、京都新聞など）。

新聞広告手法

即時性を活用した緊急告知活動・情報開示広告

謹告・公告	完売御礼、日時・場所などの変更、商法に基づく各種の法定公告、特許侵害への警告、製品やサービスにかかわる欠陥対応告知、不祥事での陳謝などがあります。
ご不幸広告	いわゆる「黒枠」と称される新聞広告で、逝去の事実、葬儀に関する事項を告知する「葬儀広告」と事後に掲載する「会葬御礼広告」があります。
災害お見舞い広告	水害や地震などの災害発生時、被災地にお見舞いのメッセージを届ける広告。新聞社主導の連合広告と広告主単独広告とがあり、企業姿勢を示すとともに、緊急時連絡先などの企業告知をすばやく確実に伝えることができます。
財務広告	企業が株主に対して財務諸表を開示し報告するディスクロージャー広告は、新聞の公示性ならではのもの。上場企業の定款で定められた決算広告に限らず、企業姿勢を公開することは市場価値を高めることにもつながります。
即時広告	電子送稿を活用し、毎日発行される新聞の即時性を生かした広告。電子送稿によって、通常掲載日数日前に入稿すべき原稿が、企業イベントや契約タレントの活躍の翌日などに、ニュース画像とともに広告展開ができるようになりました。

エリア戦略手法

地方版地区版	中央紙、ブロック紙、一部の地方紙では「都内版」や「○○県版」などの地方版（面）があります。都内や県内を細分化した「地区版」を設定していることもあります。これらの版を使って、それぞれのエリアに即した広告が掲載できます。
センター版	新聞の真ん中、センター部に2ないし4ページの広告特集を本紙と同時印刷して折り込み配布するもの。ノンブルには本紙と区別するためにA、B、C、Dの面記号が付けられますが、本紙と同じ用紙を使えばほとんど見分けがつきません。
地域広告版	2ないし4ページの別刷り広告特集で、簡単にいえば新聞社のノンブル、題字を付けたチラシのようなもの。新聞販売店単位でチラシと一緒に折り込み配布するため、最も細分化できます。また、題字があることで広告主や広告内容への信頼性を付与できます。

新聞広告手法

印刷媒体特性や編集・事業機能を活用した手法

タイアップ広告	同一テーマに基づいて同業種あるいは異業種（メーカーと流通など）の複数の広告主が展開する広告。
クーポン広告	割引券や見本請求券などを広告の中に刷り込んだ広告手法で、レスポンス効果が期待できます。
比較広告	価格や機能など競合製品との差を数値で提示し、自社製品の優位性を読者に比較させ、認識させる広告。公正を満たさないと、景表法でいう不当表示になる恐れがあります。
記事体広告	編集記事風に制作して読者にじっくり読ませる手法。新聞社の制作機能を活用することが多く、編集記事と差別化するために「広告」「PRのページ」などのクレジットを入れます。
意見広告	団体や地方自治体などが自己の意見や主張を広く知らせるための新聞広告。読者から意見を募るなどのリアクションを求めることもあります。「意見広告」の表記が必要な場合があります。
事業連動広告	新聞社が実施主体となって運営する事業と連動した立体的な広告展開。事業への集客、開催告知からの採録、事業報告など内容は多岐にわたります。

印刷技術などによる手法

四連版大型広告	別刷り形式での観音開き四連版というワイド紙面。表裏8ページや三連版片観音サイズも可能です。四連版は幅160cm、縦横比約 1：3の世界を実現できます。
FMスクリーン印刷	色の濃淡を従来の新聞印刷で行われていた網点の大きさを変える方法ではなく、網点の密度で表現するのがFMスクリーニング技術。色や階調の再現性に優れています。
スプリットラン	版胴に同一の面の刷版を2枚巻きつけるという輪転機の構造を利用して、2種類の広告原稿を交互に印刷する手法。同一地域に2種類の広告を均等でランダムに配布します。元来は、広告原稿を変えることによる読者の反応比較といった広告の効果測定の手法ですが、販売拠点など掲出する物件が極めて多い場合に、均等に分散して掲載するときなどにも応用されます。

新聞広告効果

平均面別接触率と平均広告接触率

新聞広告共通調査プラットフォーム「J-MONITOR」では、平均広告接触率と平均面別接触率を公開しています。

新聞広告効果

広告浸透効果

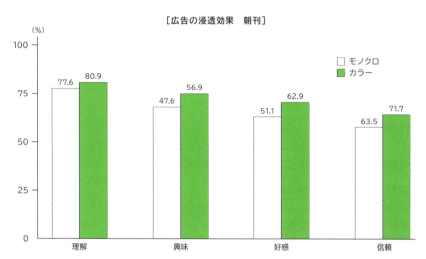

広告商品の購入意向

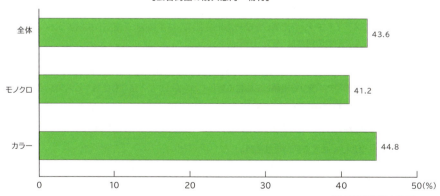

新聞広告効果

新聞広告効果指標

ビデオリサーチのACR／exやJ-READは新聞メディアの効果を測るためにさまざまな項目を調査しています。その調査データの分析システムでは、下記のように効果指標を定義しています。

● 閲読者／平均閲読率／閲読者率

閲読者　　：当該ビークル（朝・夕刊別）を「読んだ」と答えた人。
平均閲読率：当該ビークル（朝・夕刊別）の閲読率（中央紙の場合、0/7から7/7まで）の平均値。
閲読者率　：ターゲットの中で閲読者が含まれる割合。

● 精読者／平均精読率

精読者　　：当該ビークル（朝・夕刊別）を「ほとんど全ページ読んだ」と答えた人。
平均精読率：当該ビークル（朝・夕刊別）の精読率（中央紙の場合、0/7から7/7まで）の平均値。

● CPM（Cost Per Mill）

CPM（円）＝（広告料金÷ターゲットにおける閲読者数）×1,000人。
ターゲット1,000人あたりの到達コスト（到達はターゲット平均閲読率をベースに算出）。

● 広告接触率

当該ビークル購読者で、特定の広告を「確かに見た＋見たような気がする」と答えた人の割合。
（確かに見た＋見たような気がする）÷購読者（調査対象者）×100%

● 広告注目率

当該ビークル閲読者で、特定の広告を「確かに見た」と答えた人の割合。
確かに見た÷閲読者×100%

● ビークルリーチ

ターゲットのうち、メディアプランで出稿したビークルに対して、いずれかに1回でも接触する人の割合。
2回以上接触する人の割合の場合は、有効リーチ。

● アドリーチ

ターゲットのうち、メディアプランで出稿した広告に対して、いずれかに1回でも接触する人の割合。
広告注目率に基づいて推定します。

● フリークエンシー

ターゲットがビークルに接触する平均接触回数。

新聞媒体の調査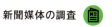

J-READ（全国新聞総合調査）

J-READ（全国新聞総合調査）は、新聞をはじめとするメディア接触や生活意識、消費行動などが把握できます。全国47都道府県で調査されているため、エリアマーケティングデータとしても有効です。調査の概要は下記の通りです。

調査エリア	全国47都道府県の各全域
調査対象	満15〜69歳　男女個人
目標有効標本数	全国　計28,800人
標本抽出法	RDD（ランダム・デジット・ダイヤリング）
調査方法	郵送・自記入式調査
調査時期	年1回（10月）
調査期間	特定1週間
調査機関	ビデオリサーチ

J-MONITOR

J-MONITORとは、ビデオリサーチが参加新聞社の読者モニターパネルを定められた共通の手続きと手順に則って構築し、同一の調査システム上で紙面調査を行い、データを提供する新聞広告の共通調査プラットフォームのことです。新聞広告データの業界標準化・第三者化を目的として、2011年4月に運用がスタートしました。新聞広告出稿前のプラニングデータとして面別接触率と広告接触率を提供し、出稿後の広告効果検証データとして広告の評価、購入意向などを検証する広告効果検証調査を実施することができます。広告効果検証調査には、質問があらかじめ固定されている定型調査と、自由に設問を設定できるカスタム調査の2種類があります。読者モニターパネルはビデオリサーチのJ-READ（全国新聞総合調査）の調査対象者の属性に従って割り付けしています。データはJ-MONITORのホームページ（http://www.j-monitor.net/）から閲覧できます。

	首都圏	近畿圏	中京圏	北海道	宮城県	静岡県	広島県	福岡県
朝日新聞	●	●	○	○				○
産経新聞	●	○						
日本経済新聞	●							
毎日新聞	●	●						○
読売新聞	●	●	○	○				○
北海道新聞				●				
河北新報					○			
東京新聞	◎							
静岡新聞						○		
中日新聞			◎					
京都新聞		○						
神戸新聞		○						
中国新聞							○	
西日本新聞								○
サンケイスポーツ	○							
スポーツ報知	○							
ニッカンスポーツ	○							

○広告効果検証調査実施エリア
◎広告効果検証調査＋広告接触率調査実施エリア
●広告効果検証調査＋広告接触率調査＋面別接触率調査実施エリア

（注）首都圏は東京・神奈川・埼玉・千葉、近畿圏は大阪・京都・兵庫・滋賀・奈良・和歌山、中京圏は愛知・岐阜・三重
（注）神戸新聞は兵庫のみ、京都新聞は京都・滋賀のみ
2015年2月現在

新聞広告出稿状況

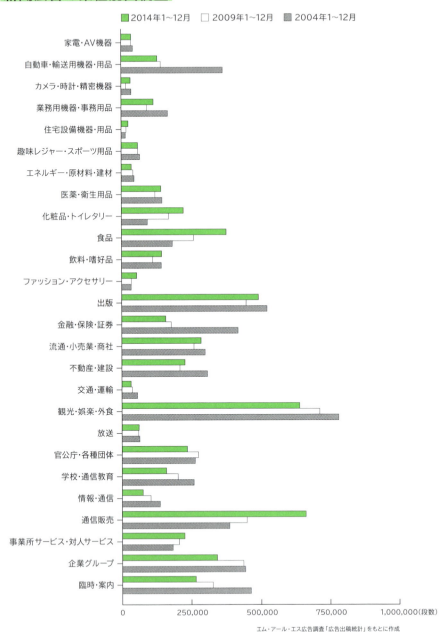

新聞広告出稿状況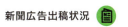

新聞広告主ランキング　上位30社

順位	広告主	2014年1～12月（段数）
1	阪急交通社	65,651
2	サントリーホールディングス	49,440
3	オークローンマーケティング	45,439
4	興和新薬	44,528
5	マイケア	35,819
6	日本経済新聞社	34,758
7	山田養蜂場	33,084
8	ジェイティービー	32,606
9	ライフサポート	30,789
10	クラブツーリズム	30,721
11	ユーコー	30,429
12	学文社	29,333
13	講談社	26,779
14	ACジャパン	26,723
15	日本新聞協会	26,121
16	トヨタディーラー	25,499
17	ユーキャン	23,526
18	河野メリクロン	21,097
19	ピュール	20,900
20	サンスター	20,835
21	47CLUB	19,501
22	野草酵素	18,950
23	大正製薬	18,938
24	小学館	18,926
25	トヨタ自動車	18,018
26	朝日新聞社	17,509
27	はぴねすくらぶ	17,201
28	富山常備薬グループ	17,095
29	ピーアップル	17,058
30	再春館製薬所	17,023

エム・アール・エス広告調査「広告出稿統計」をもとに作成

新聞　Newspaper

フリーペーパーの概要

フリーペーパーの定義

フリーペーパーとは「特定の読者を狙い、無料で配布するか到達させる定期発行の地域生活情報紙誌で、イベント、タウン、ショップ、求人求職、住宅・不動産、グルメ・飲食店、ショッピング、演劇、エステ・美容、レジャー・旅行、各種教室など多岐にわたる生活情報を記事と広告で伝える」と日本生活情報紙協会（Japan Free Newspapers Association　略称：　JAFNA［ジャフナ］）が定義しています。主な収入は広告収入で、制作費や配布費用などは広告収入でまかなわれています。1998年4月に設立された日本生活情報紙協会は、日本で初めてフリーペーパーの有力各社が組織した協会です。

フリーペーパーの種類

コミュニティペーパー	地域生活情報紙。フリーペーパーの中でも最も数が多く、新聞社系が発行しているものが多いですが、独立系もあります。日本生活情報紙協会会員の多くがこれにあたります。「サンケイリビング（サンケイリビング新聞社）」、「東京新聞ショッパー（東京新聞ショッパー社）」など。
ターゲットメディア	フリーペーパーはもともとターゲットメディアですが、OL、幼稚園児とその母親など、ターゲットを細かく絞り込んだものです。「シティリビング（サンケイリビング新聞社）」「あんふぁん（サンケイリビング新聞社）」、「R25（リクルート）」など。
ニュースペーパー	地域のニュースを掲載しているフリーペーパー。「経済の伝書鳩（伝書鳩）」、「TOKYO HEADLINE（ヘッドライン）」など。
タウンペーパー・タウンマガジン	商店街単位や複数エリアをカバーするフリーペーパー。「月刊日本橋（月刊日本橋）」など。
広告紙誌	編集記事がほとんどない広告（クーポンを含む）だけのフリーペーパーで、形態はマガジンタイプが多く見られます。「ぱど（ぱど）」、「Hot Pepper（リクルート）」など。
広報・PR紙誌 ・通販などのカタログ ・会員紙誌	フリーペーパーとは本来異なるものですが、複数の広告を掲載するオープン型の広告媒体をこれに分類します。「ハマジン（横浜市／サンケイリビング新聞社）」など。
新タイプ	従来のフリーペーパーの枠を超えたフリーペーパー。文庫版PR誌「ゲドを読む（岩波書店／スタジオジブリ）」や「美少女図鑑（テクスファームほか）」など。

日本生活情報紙協会「ホームページ資料」をもとに作成

フリーペーパーの概要

フリーペーパー・フリーマガジンの発行状況

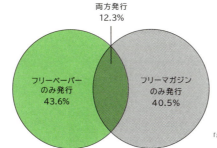

両方発行 12.3%
フリーペーパーのみ発行 43.6%
フリーマガジンのみ発行 40.5%

日本生活情報紙協会「ホームページ資料（2013年フリーペーパー・フリーマガジン広告費調査）」をもとに作成

フリーペーパーの発行部数

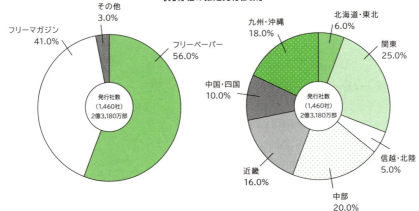

[発行社の推定発行部数]

その他 3.0%
フリーマガジン 41.0%
フリーペーパー 56.0%
発行社数（1,460社）2億3,180万部

九州・沖縄 18.0%
北海道・東北 6.0%
関東 25.0%
中国・四国 10.0%
近畿 16.0%
中部 20.0%
信越・北陸 5.0%
発行社数（1,460社）2億3,180万部

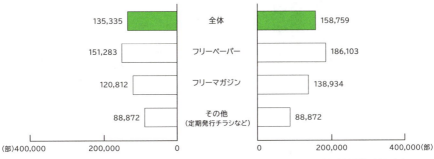

[1紙誌あたりの平均発行部数] ／ [1社あたりの平均発行部数]

	全体	フリーペーパー	フリーマガジン	その他（定期発行チラシなど）
1紙誌あたり	135,335	151,283	120,812	88,872
1社あたり	158,759	186,103	138,934	88,872

日本生活情報紙協会「ホームページ資料（2013年フリーペーパー・フリーマガジン広告費調査）」をもとに作成

新聞・フリーペーパー　Newspaper

フリーペーパー接触状況

フリーペーパーの発行頻度

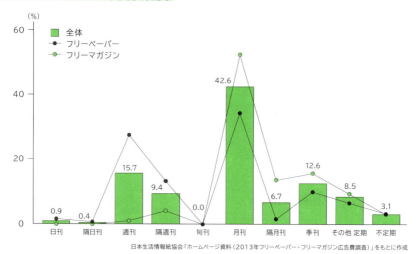

日本生活情報紙協会「ホームページ資料（2013年フリーペーパー・フリーマガジン広告費調査）」をもとに作成

フリーペーパーの配布方法

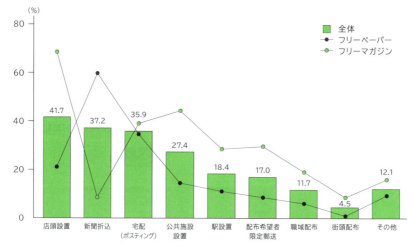

日本生活情報紙協会「ホームページ資料（2013年フリーペーパー・フリーマガジン広告費調査）」をもとに作成

フリーペーパー接触状況

都道府県別閲読状況

[フリーペーパーを読んだ（都道府県別）]

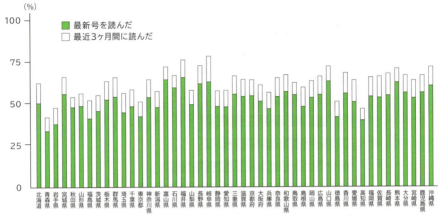

ビデオリサーチ「J-READ（全国新聞総合調査）2013」をもとに作成

フリーペーパーの閲読状況

[男女別閲読状況]

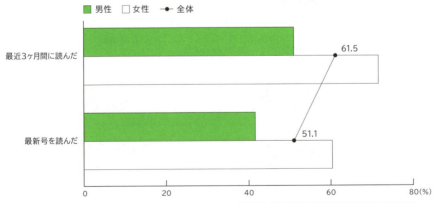

ビデオリサーチ「J-READ（全国新聞総合調査）2013」をもとに作成

フリーペーパー接触状況

女性では6割以上、男性も4割以上が接触しています

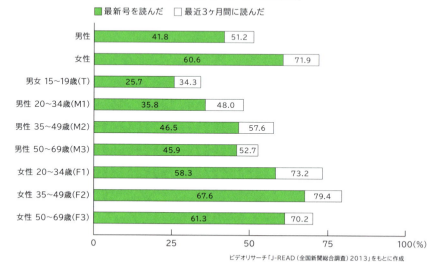

フリーペーパーの保存期間

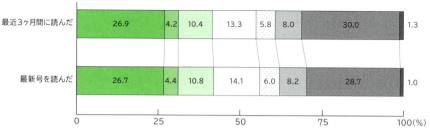

フリーペーパー媒体特性

フリーペーパーはアクションを誘引できます

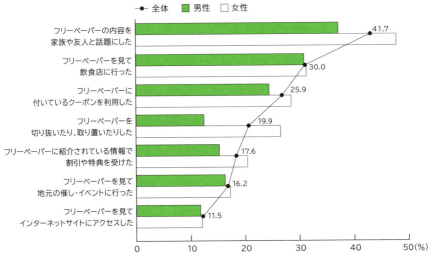

[フリーペーパーを見ての行動]

- フリーペーパーの内容を家族や友人と話題にした: 41.7
- フリーペーパーを見て飲食店に行った: 30.0
- フリーペーパーに付いているクーポンを利用した: 25.9
- フリーペーパーを切り抜いたり、取り置いたりした: 19.9
- フリーペーパーに紹介されている情報で割引や特典を受けた: 17.6
- フリーペーパーを見て地元の催し・イベントに行った: 16.2
- フリーペーパーを見てインターネットサイトにアクセスした: 11.5

フリーペーパー閲読者（最近3ヶ月間に読んだ）ベース
ビデオリサーチ「J-READ（全国新聞総合調査）2013」をもとに作成

フリーペーパーは身近な生活情報源です

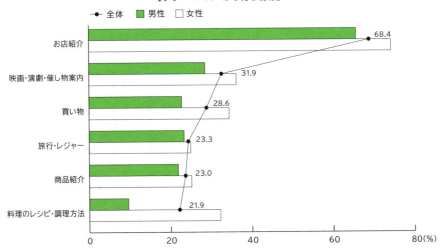

[フリーペーパーから得る情報]

- お店紹介: 68.4
- 映画・演劇・催し物案内: 31.9
- 買い物: 28.6
- 旅行・レジャー: 23.3
- 商品紹介: 23.0
- 料理のレシピ・調理方法: 21.9

フリーペーパー閲読者（最近3ヶ月間に読んだ）ベース
ビデオリサーチ「J-READ（全国新聞総合調査）2013」をもとに作成

新聞・フリーペーパー Newspaper

主要フリーペーパー・フリーマガジン

新聞・フリーペーパー / Newspaper

系列	媒体名	配布地域	発行部数	発行日	発行社・系列
あんふぁん	北海道	北海道 ほか	45,991	月刊・中旬	道新サービスセンター
	東北	青森・岩手・宮城・秋田・山形・福島・新潟 ほか	64,067		仙台リビング新聞社
	首都圏（4版）	東京・神奈川・千葉・埼玉 ほか	344,770		サンケイリビング新聞社
	東海	愛知・三重・岐阜 ほか	76,217		名古屋リビング新聞社
	関西	大阪・滋賀・京都・兵庫・奈良・和歌山 ほか	135,155		サンケイリビング新聞社
	九州	福岡・佐賀	38,864		西日本リビング新聞社
			705,064		
サンケイリビング	リビング仙台	宮城（仙台市・多賀城市・富谷町）	201,506	週刊・土曜日（リビング仙台は月3回刊・土曜日、リビング平塚・大磯・二宮は月2回刊・第2・4土曜日、リビング姫路は月3回刊・土曜日、リビング加古川は月2回刊・土曜日、リビング国分・隼人は月2回刊・第2・4土曜日）	仙台リビング新聞社
	リビング福島　リビング郡山	福島（福島市・郡山市 ほか）	133,413		福島リビング新聞社
	リビングとちぎ	栃木（宇都宮市・鹿沼市 ほか）	133,000		栃木リビング新聞社
	サンケイリビング首都圏（14版）	東京・千葉・埼玉・神奈川・茨城	2,222,168		サンケイリビング新聞社
	リビング湘南	神奈川（藤沢市・茅ヶ崎市・鎌倉市）	152,674		湘南リビング新聞社
	リビング平塚・大磯・二宮	神奈川（平塚市・大磯町・二宮町）	52,361		湘南リビング新聞社
	リビング静岡	静岡（静岡市・藤枝市・焼津市）	142,340		静岡リビング新聞社
	リビング名古屋（4版）	愛知（名古屋市・春日井市 ほか）	446,287		名古屋リビング新聞社
	リビング滋賀	滋賀（大津市・草津市 ほか）	143,200		滋賀リビング新聞社
	リビング京都（3版）	京都（京都市・宇治市 ほか）	493,285		京都リビング新聞社
	サンケイリビング大阪・兵庫（11版）	大阪・京都・兵庫	1,468,591		サンケイリビング新聞社
	リビング姫路	兵庫（姫路市・太子町）	151,300		播磨リビング新聞社
	リビング加古川	兵庫（加古川市・高砂市・播磨町）	83,620		播磨リビング新聞社
	リビング和歌山	和歌山（和歌山市・海南市・岩出市）	150,055		和歌山リビング新聞社
	リビングおかやま　リビングくらしき	岡山（岡山市・赤磐市・倉敷市）	185,080		岡山リビング新聞社
	リビングひろしま	広島（広島市・廿日市市・安芸郡）	200,878		広島リビング新聞社
	リビングふくやま	広島（福山市）・岡山（笠岡市）	74,750		福山リビング新聞社
	リビングたかまつ	香川（高松市・木田郡 ほか）	140,706		高松リビング新聞社
	リビングまつやま	愛媛（松山市・伊予市 ほか）	185,036		えひめリビング新聞社
	リビング福岡（2版）　リビング北九州	福岡（福岡市・北九州市 ほか）	586,667		西日本リビング新聞社
	リビング熊本	熊本（熊本市・合志市 ほか）	274,254		熊本リビング新聞社
	リビングかごしま　リビング国分・隼人	鹿児島（鹿児島市・霧島市 ほか）	307,344		南日本リビング新聞社
			7,928,515		
シティリビング	さっぽろシティライフ	北海道（札幌市・札幌市外 ほか）	57,764	週刊・金曜日（さっぽろシティライフは月刊・金曜日、仙台は月刊・第4金曜日、京都は月2回刊・金曜日、福岡は月3回刊・金曜日）	道新サービスセンター
	仙台	宮城（仙台市 ほか）・山形（山形市 ほか）	41,980		仙台リビング新聞社
	東京	東京（千代田区・中央区 ほか）	178,037		サンケイリビング新聞社
	横浜	神奈川（横浜市・川崎市 ほか）	51,776		サンケイリビング新聞社
	名古屋	愛知（名古屋市・豊橋市 ほか）	68,291		名古屋リビング新聞社
	京都	京都（京都市・長岡京市 ほか）	36,090		京都リビング新聞社
	大阪・神戸	大阪（大阪市 ほか）・兵庫（神戸市 ほか）	116,744		サンケイリビング新聞社
	福岡	福岡（福岡市 ほか）	76,011		西日本リビング新聞社
			626,693		
	ちいき新聞（54版）	千葉22市町、埼玉7市町	1,983,097	週刊・金曜日	地域新聞社
	ontona	北海道（札幌市・小樽市・江別市・千歳市・恵庭市・北広島市 ほか）	226,294	週刊・水曜日	道新サービスセンター
	中日ショッパー（浜松中東遠版、静岡版）	静岡県西・中・東部3大拠点都市圏	304,284	週刊・金曜日	中日ショッパー
	朝日ファミリー（阪神版、北摂版）	阪神間と大阪北部	306,676	月2回刊・木・金曜日	アサヒ・ファミリー・ニュース社
	読売ファミリー（6版）	大阪・和歌山・奈良・三重・京都・滋賀・兵庫	1,697,908	週刊・水曜日	読売情報開発大阪
	ウィークリーえひめリック	愛媛（松山市・伊予市・東温市・松前町・砥部町）	209,272	週刊・木曜日	愛媛新聞社

発行部数：日本ABC協会「フリーペーパーレポート2014年1〜6月」をもとに作成

5章－雑誌
Magazine

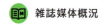
雑誌媒体概況

出版社の規模

日本の出版社は、3,817社あり、資本金、従業者数、年間売上高などからみて、中小企業の占める割合が高いことがわかります。

○資本金：資本金5,000万円以下の出版社は、3,252社で全体の85.2%を占めます。

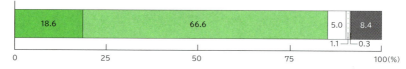

○従業者：従業者100人以下の出版社は、3,723社で全体の97.5%を占めます。

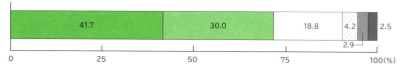

○年間売上高：年間売上高10億円未満の出版社は、3,549社で全体の93.0%を占めます。

経済産業省「平成25年特定サービス産業実態調査（平成25年7月1日実施）」をもとに作成

主要出版社グループ

出版業界は、比較的、同族会社やオーナー会社が多いです。また、複数の会社でグループを形成している企業体が多いことも特徴です。

出版社の業態と収入源

出版社には、主に、書籍を主体とする出版社（新潮社、文藝春秋など）や、雑誌発行を主体とする出版社（講談社、小学館、集英社など）があります。また、人材総合サービス事業や情報サービス事業を展開するリクルートホールディングス、教育・語学・生活・介護といった事業を多角的に展開するベネッセホールディングスなど、出版事業だけでなく、さまざまな業態を持った出版社もあります。
出版社の収入は、主に、書籍（単行本）の販売収入、雑誌の販売収入、広告収入、その他の収入から構成されています。近年、その他の収入を拡大するために、出版社がインターネット事業やコンテンツ事業を始めるなど、新たな戦略に出ており、出版社の業態や戦略によって、収入源やその構成比は、さまざまです。

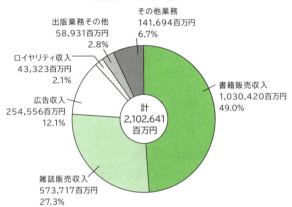

［出版社の収入源（内訳）］

計 2,102,641百万円

- 書籍販売収入 1,030,420百万円 49.0%
- 雑誌販売収入 573,717百万円 27.3%
- 広告収入 254,556百万円 12.1%
- ロイヤリティ収入 43,323百万円 2.1%
- 出版業務その他 58,931百万円 2.8%
- その他業務 141,694百万円 6.7%

経済産業省「平成25年特定サービス産業実態調査（平成25年7月1日実施）」をもとに作成

○広告需要の中心は女性月刊誌

雑誌広告出稿量（ページ）の中で、女性向け月刊誌の占める割合が最も高く、広告需要における重要なジャンルです。

［2013年雑誌ジャンル別出稿量（ページ）］

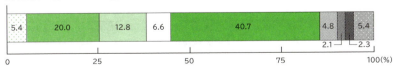

凡例：一般週刊誌／総合月刊誌／娯楽誌／女性週刊誌／婦人月刊誌／経済誌／パソコン誌／自動車誌／その他

一般週刊誌 5.4／総合月刊誌 20.0／娯楽誌 12.8／女性週刊誌 6.6／婦人月刊誌 40.7／経済誌 4.8／パソコン誌 2.1／自動車誌 2.3／その他 5.4

エム・アール・エス広告調査「広告出稿統計」をもとに作成

雑誌媒体概況

書籍・雑誌の販売金額の推移

取次ルートを経由した2013年の雑誌全体の販売金額は約8,972億円(内訳は月刊誌7,124億円、週刊誌1,848億円)、前年比は月刊誌3.4％減、週刊誌8.1％減となっています。

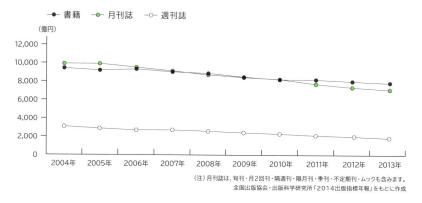

(注)月刊誌は、旬刊・月2回刊・隔週刊・隔月刊・季刊・不定期刊・ムックも含みます。
全国出版協会・出版科学研究所「2014出版指標年報」をもとに作成

雑誌発行部数と発行銘柄数の推移

2013年の雑誌全体の発行部数は27億9,516万冊(月刊誌19億6,848万冊、週刊誌8億2,668万冊)、発行銘柄数は3,244点(月刊誌3,154点、週刊誌90点)です。発行銘柄数は多く、ビークルの多種多様化の傾向は変わりません。

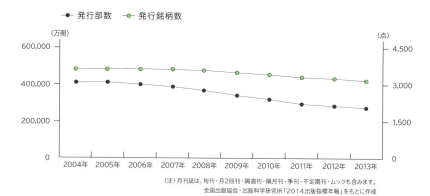

(注)月刊誌は、旬刊・月2回刊・隔週刊・隔月刊・季刊・不定期刊・ムックも含みます。
全国出版協会・出版科学研究所「2014出版指標年報」をもとに作成

雑誌媒体概況

雑誌配本率

全国配本の雑誌が多いですが、大都市圏を含む地区の比率が高く、都市型のメディアです。

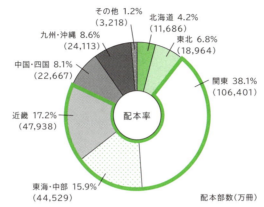

(注)月刊誌は、旬刊・月2回刊・隔週刊・隔月刊・季刊・不定期刊・ムックも含みます。
全国出版協会・出版科学研究所出版月報増刊「雑誌の都道府県別配送量2014」より

雑誌の付録点数

2001年付録基準の緩和により、2002年から始まった付録ブームですが、現在は定着しています。

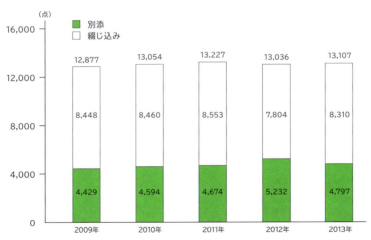

全国出版協会・出版科学研究所「2014出版指標年報」をもとに作成

雑誌媒体概況

創刊誌・休刊誌年次別点数

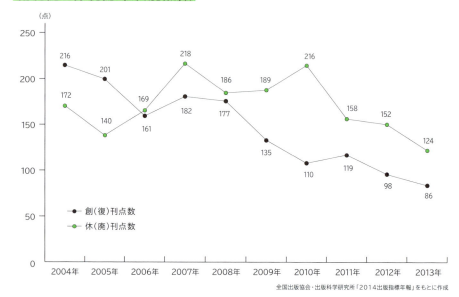

創(復)刊点数: 2004年 216, 2005年 201, 2006年 161, 2007年 182, 2008年 177, 2009年 135, 2010年 110, 2011年 119, 2012年 98, 2013年 86

休(廃)刊点数: 2004年 172, 2005年 140, 2006年 169, 2007年 218, 2008年 186, 2009年 189, 2010年 216, 2011年 158, 2012年 152, 2013年 124

全国出版協会・出版科学研究所「2014出版指標年報」をもとに作成

西暦年	2010年	2011年	2012年	2013年	2014年
主な創刊誌	men's FUDGE すてきにハンドメイド きれいの魔法 Plus eco Nicky MEN'S Precious GAKUMANplus Pop Sister EDGE STYLE にほん日和 リンネル GLOW GINGER.L	月刊コミック@バンチ Sakura 男子食堂 Lips コロコロイチバン KATY グランドジャンプ ウレぴあ こどもMOE	PRESIDENT PLUS Athlete Safari 食べようび 月刊別冊 少年チャンピオン Richesse marie claire style vikka SAMURAI SOCCER KING and GIRL VOLT 姉ageha	Hanako ママ マンガPRESIDENT Hanako FOR MEN DRESS レクリエ LARME Harper's BAZAAR GOLD ROLa	Gina 大人のおしゃれ手帖 オトナミューズ MADURO la farfa MyAge etRouge CHANTO Forbes JAPAN Boon
主な休刊誌	sabra ビジネスアスキー プラチナサライ NAVI ハイファッション OZ Wedding 科学／学習 Sportiva nadesico スコラ KANSAI1週間 TOKYO1週間 ぴあ中部版 ぴあ関西版 コミックバンチ	妊すぐ コレカラ たまひよこっこクラブ ハナチュー ぴあ PCfan PopSister GAKUMANplus PS	あるじゃん 「旬」がまるごと旅 ラブベリー 小学三年生 小学四年生 REAL DESIGN 暮らしと健康 CIRCUS プラスワンリビング PHP ほんとうの時代 Life+ 男子食堂	漫画サンデー きれいの魔法 アスキーPC COOL TRANS Grazia GLAMOROUS ARENA37℃ Best Gear おはよう奥さん PATi・PATi 日経WinPC men's egg 日経ヘルス プルミエ MISS plus	TV Taro EDGE STYLE JILLE I LOVE mama Figue Lips 食べようび すてきな奥さん VALUES egg BLENDA aene HUgE

電子雑誌の概況

ここ数年で、電子雑誌の発行誌数や部数が激増するなど、デジタル化が進んでいます。

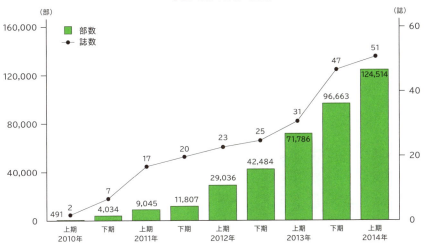

[電子雑誌の誌数・部数]

(注) 各配信会社のデジタル版がABCに参加した年度で集計しています。
日本ABC協会「雑誌レポート講座」資料より

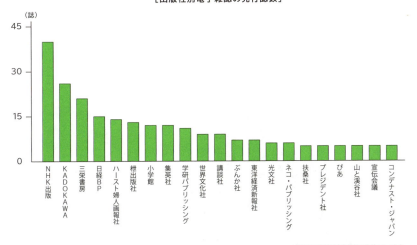

[出版社別電子雑誌の発行誌数]

(注) 日本雑誌協会加盟社で集計しています。
日本雑誌協会・日本雑誌広告協会・日本ABC協会「雑誌ジャンルおよびカテゴリー区分一覧2014年8月」をもとに作成

雑誌媒体概況

電子雑誌の閲読状況

電子雑誌の最近6ヶ月の閲読状況は、全体で1.8％です。男性40代が、全体の中で最も高いことがわかります。

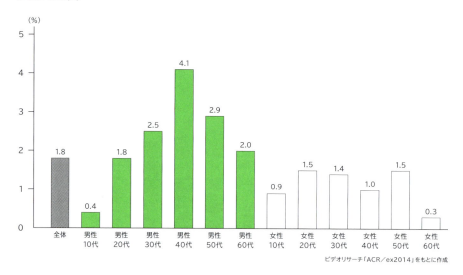

ビデオリサーチ「ACR／ex2014」をもとに作成

電子雑誌の閲読意向

電子雑誌を今後利用したい人は、全体で7.3％です。男性40代が、全体の中で最も高いことがわかります。

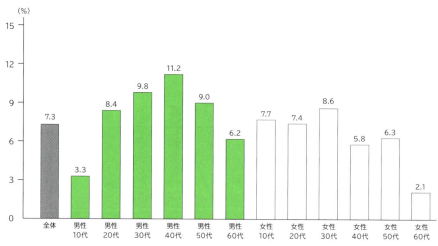

ビデオリサーチ「ACR／ex2014」をもとに作成

雑誌媒体接触状況

雑誌の閲読状況

約5割の人が「雑誌閲読者」です。

[男性12〜69歳]

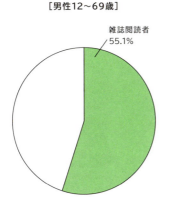

雑誌閲読者
55.1%

[女性12〜69歳]

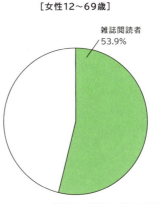

雑誌閲読者
53.9%

ビデオリサーチ「ACR／ex2014」をもとに作成

雑誌の閲読頻度

約7割の人が、雑誌を月に1日以上読んでいます。男女別にみると、男性は「週に1〜5日」読む人が多いのに対し、女性は「月に1〜3日」読む人が多いことがわかります。

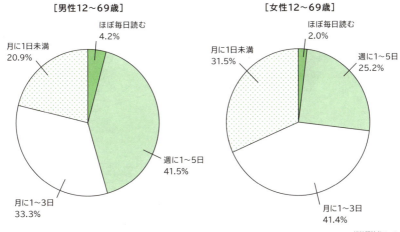

[男性12〜69歳]
- ほぼ毎日読む 4.2%
- 月に1日未満 20.9%
- 週に1〜5日 41.5%
- 月に1〜3日 33.3%

[女性12〜69歳]
- ほぼ毎日読む 2.0%
- 月に1日未満 31.5%
- 週に1〜5日 25.2%
- 月に1〜3日 41.4%

雑誌閲読者ベース
ビデオリサーチ「ACR／ex2014」をもとに作成

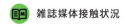

雑誌の購読状況

雑誌閲読者の中で、約6割の人が「雑誌購読者」です。

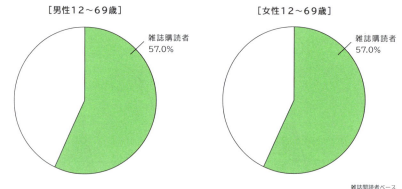

雑誌の購入金額

雑誌購読者の中で、1ヶ月あたりの平均購入金額は、男性1,048円、女性769円です。男性は約6割強の人が1,000円未満であるものの、1,000円以上購入する人が約3割強いるのに対し、女性は約8割の人が1,000円未満であり、男性の方が購入金額が高いことがわかります。

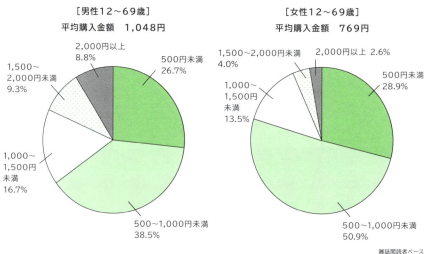

雑誌媒体接触状況

雑誌の購入場所

雑誌を購入する場所は、全般的に「書店」が最も多く、次いで「コンビニエンスストア」です。男女や年齢、雑誌の種類によって、傾向が異なることがわかります。

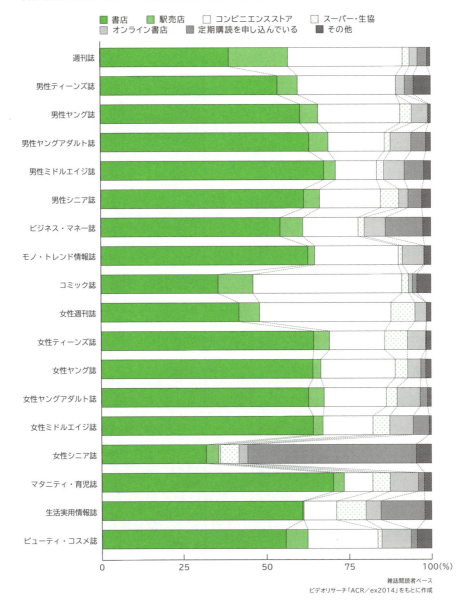

雑誌閲読者ベース
ビデオリサーチ「ACR/ex2014」をもとに作成

雑誌媒体接触状況

雑誌閲読状況

雑誌はターゲットがセグメントされているメディアなので、ターゲット（性、年齢など）によって読んでいる雑誌が異なります。

［男性閲読率ランキング］ベスト5

【男性　20～29歳】

順位	ビークル	ターゲット平均閲読率（％）
1	週刊少年ジャンプ	32.4
2	週刊少年マガジン	16.7
3	週刊少年サンデー	9.1
4	週刊ヤングジャンプ	8.6
5	ジャンプSQ.	6.7

【男性　30～39歳】

順位	ビークル	ターゲット平均閲読率（％）
1	週刊少年ジャンプ	22.8
2	週刊少年マガジン	16.5
3	週刊ヤングジャンプ	10.9
4	WEEKLYヤングマガジン	8.4
5	週刊少年サンデー	6.1

【男性　40～49歳】

順位	ビークル	ターゲット平均閲読率（％）
1	週刊少年ジャンプ	10.8
2	週刊少年マガジン	8.8
3	WEEKLYヤングマガジン	6.4
4	週刊ヤングジャンプ	5.8
5	月刊少年マガジン	5.7

【男性　50～69歳】

順位	ビークル	ターゲット平均閲読率（％）
1	週刊現代	8.9
2	週刊文春	8.8
3	週刊ポスト	8.5
4	週刊新潮	7.0
5	ビッグコミックオリジナル	6.9

［女性閲読率ランキング］ベスト5

【女性　20～29歳】

順位	ビークル	ターゲット平均閲読率（％）
1	ViVi	7.9
2	Sweet	4.8
3	JJ	4.7
4	MORE	4.6
5	non・no	4.2

【女性　30～39歳】

順位	ビークル	ターゲット平均閲読率（％）
1	VERY	6.6
2	Mart	5.6
3	CLASSY.	4.5
4	サンキュ!	4.3
5	オレンジページ	4.2

【女性　40～49歳】

順位	ビークル	ターゲット平均閲読率（％）
1	STORY	6.6
2	VERY	6.0
3	女性自身	5.6
4	オレンジページ	5.5
5	女性セブン	5.0

【女性　50～69歳】

順位	ビークル	ターゲット平均閲読率（％）
1	女性自身	9.2
2	家庭画報	7.9
3	女性セブン	7.4
4	きょうの料理	7.4
5	オレンジページ	6.6
5	週刊女性	6.6

ビデオリサーチ「ACR／ex2014」をもとに作成

雑誌媒体接触状況

雑誌エクステンション分布図

エクステンションとは、読者の年齢やライフスタイル、趣味・嗜好の違いや変化に合わせて新雑誌を創刊し、読者を確保し続ける、出版社の戦略を表しています。

● 主要4社ファッション誌のエクステンション

読者の年齢やライフスタイルにより雑誌の差別化をはかり、年齢を重ねても次の雑誌で読者を囲い込む戦略をとっています。

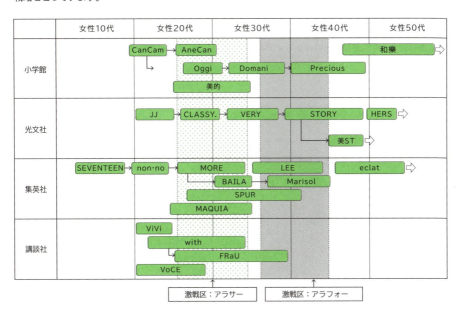

● 宝島社ファッション誌のエクステンション

読者の年齢には関係なく、趣味・嗜好や雑誌のテイストの違いで差別化をはかり、読者を囲い込む戦略をとっています。

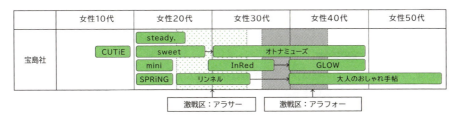

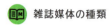 雑誌媒体の種類

刊行形態による分類

雑誌は、月刊誌、週刊誌、月2回刊誌、隔週刊誌などの刊行形態によって分類することができます。

判型による分類

判型とは、用紙の標準規格寸法による雑誌の型のことであり、A全判、B全判をそれぞれの基準として、多くの種類があります。原稿サイズは同一判型であっても、雑誌によって多少サイズが異なる場合もあります。右記では、代表的なサイズを取り上げています。

判 型	サイズ(mm)
A5判	210×148
B5判	257×182
AB判	260×210
A4変型判	284×210
IG判	297×235

(注) A4変型判には、上記以外のサイズもあります。

綴じによる分類

雑誌の製本形式には、中綴じ、無線綴じなどがあり、ページ数、コスト、製本強度などによって使い分けられています。

種 類	特 徴
中綴じ	最も単純な製本形式で安価
	50ページ以上の厚さになると、表紙に近いページと中心のページの幅が変わってくる
	開きやすい
無線綴じ	折り丁の背を切断(ガリ入れ)し接着剤で固めるため、ガリ代として3～4mmが必要
	アート紙・コート紙は、接着性が劣るため接着強度に注意が必要

ジャンルによる分類

雑誌は、ターゲットや内容の傾向が似通った雑誌を、雑誌ジャンルによって分類することができます。雑誌ジャンルには、日本雑誌協会、日本雑誌広告協会、日本ABC協会の3協会で統一した「雑誌ジャンル区分」があります。

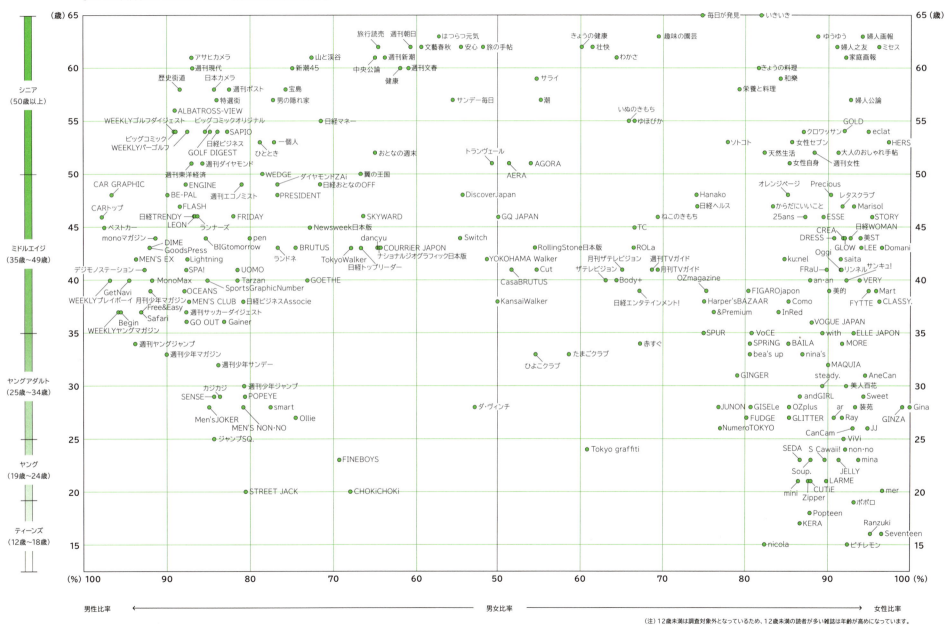

雑誌部数

雑誌を量の観点から評価するための、代表的な指標として部数があります。
発行部数の透明性を求める動きが活発化する中で、現在、雑誌の部数表記には以下の4つの種類があります。

信用度：高い ↑

● ABC公査部数
公的機関である日本ABC協会が調査した返品差し引き後の販売部数のことをいいます。上期下期で年に2回、印刷版、デジタル版の部数が公表されます。また、「JABC-DB」のホームページから、部数データをダウンロードすることもできます。

● 印刷証明付き部数
日本雑誌協会が印刷工業会の協力を得て、1年間に発売された雑誌1号あたりの「平均印刷部数」を調査しています。日本雑誌協会は年1回、各雑誌の印刷証明付きの平均印刷部数を「JMPAマガジンデータ」において、公表しています。また、日本雑誌協会のホームページで、印刷証明付き部数を年4回公表しています。

● 平均発行部数
雑誌社が日本雑誌協会に申告している部数のことをいいます。「JMPAマガジンデータ」において、印刷証明付き部数を公表していない雑誌の部数のことをいいます。

● 自己申告部数＝公称部数
上記のいずれにも属さないビークルにおいて、雑誌社が公表する発行部数のことをいいます。

信用度：低い

雑誌ジャンル別主要ビークル

男性誌

単位:万部(1,000未満四捨五入)

雑誌名		部数	雑誌名		部数	雑誌名		部数
●総合月刊誌			SWITCH		10.0	特選街	印	6.3
月刊WEDGE	印	13.1	●男性ミドルエイジ誌			monoマガジン		7.0
潮	印	22.3	OCEANS	ABC	6.8	●スポーツ誌		
新潮45		2.6	SOTOKOTO		10.0	ALBATROSS-VIEW		20.0
文藝春秋	ABC	27.7	Goethe		7.0	月刊ゴルフダイジェスト	印	17.4
●週刊誌			おとなの週末	ABC	4.3	週刊ゴルフダイジェスト		16.7
AERA	ABC	6.8	GQ JAPAN		4.1	GOLF TODAY		20.0
週刊朝日	ABC	11.1	男の隠れ家		15.0	Waggle	平	12.0
週刊現代	ABC	35.3	UOMO	ABC	3.4	Weekly Pargolf	平	15.0
週刊プレイボーイ	ABC	11.8	LEON	ABC	5.4	●自動車・オートバイ誌		
週刊ポスト	ABC	27.9	ENGINE	印	2.8	ベストカー		26.7
週刊新潮	ABC	32.9	MEN'S Ex		3.4	CARトップ	ABC	8.6
週刊アサヒ芸能	ABC	9.8	SENSE		7.0	CAR and DRIVER	平	16.0
ニューズウィーク日本版	ABC	4.0	日経おとなのOFF	ABC	4.4	月刊自家用車		30.0
SPA!	ABC	6.6	Safari	印	19.1	CG/CARGRAPHIC		7.0
週刊大衆	ABC	12.8	一個人	平	13.0	ホリデーオート		15.0
週刊文春	ABC	45.0	●男性シニア誌			モーターマガジン		6.0
サンデー毎日	ABC	6.1	自遊人		16.5	ドライバー		17.5
FRIDAY	ABC	15.5	サライ	ABC	9.3	ル・ボラン	平	15.0
FLASH	ABC	9.6	MADURO	平	8.5	●パソコン・コンピュータ誌		
●男性ティーンズ誌			●ビジネス・マネー誌			週刊アスキー	ABC	6.4
OLLIE		20.0	COURRiER Japon	ABC	4.6	日経パソコン	ABC	7.7
●男性ヤング誌			BIG tomorrow	ABC	4.8	日経PC21		10.4
MEN'S NON・NO	ABC	8.4	週刊ダイヤモンド		8.5	MacFan		2.9
Rolling Stone 日本版		6.0	ダイヤモンド ハーバード・ビジネス・レビュー	印	2.1	●少年向けコミック誌		
smart	ABC	10.3				週刊少年チャンピオン	平	50.0
FINEBOYS	印	9.7	宝島		8.0	週刊少年マガジン	印	126.1
street Jack	平	13.0	週刊東洋経済	ABC	6.0	最強ジャンプ		17.0
Men's JOKER	印	14.7	日経情報ストラテジー		0.9	ジャンプスクエア		29.1
POPEYE	印	9.9	日経トップリーダー		4.7	週刊少年ジャンプ		270.1
BOMB	印	3.8	日経ビジネス		20.4	月刊コロコロコミック		76.8
Tokyo graffiti		7.0	日経ビジネス アソシエ		4.5	週刊少年サンデー	印	45.6
●男性ヤングアダルト誌			PRESIDENT	ABC	18.0	●男性向けコミック誌		
Gainer	ABC	4.3	Forbes JAPAN		8.0	アフタヌーン	印	8.5
MEN'S CLUB	印	6.0	エコノミスト	平	8.0	イブニング		12.0
Fine	平	8.8	ダイヤモンド ZAi	平	18.0	モーニング		28.1
Lightning	印	10.9	日経マネー		10.9	ヤングマガジン		53.7
Pen	印	7.3	●モノ・トレンド情報誌			週刊ヤングジャンプ		59.7
Number	ABC	10.4	デジモノステーション	ABC	3.8	ビッグコミック	印	33.6
Casa BRUTUS	ABC	4.0	GetNavi	ABC	5.7	ビッグコミックオリジナル		61.1
Tarzan	ABC	9.2	DIME	ABC	5.7	ビッグコミックスピリッツ		18.8
BRUTUS	ABC	5.2	Begin	ABC	6.8	ビッグコミックスペリオール	印	12.1
SAPIO		6.7	MonoMax	ABC	9.8			
CUT		7.0	Goods Press	ABC	3.6			
Free&Easy		10.0	日経TRENDY		11.9			

ABC:ABC公査部数(日本ABC協会「雑誌発行社レポート2014年1~6月」)
印:印刷証明付き部数(日本雑誌協会「マガジンデータ2015」)
平:平均発行部数(日本雑誌協会「マガジンデータ2015」)
無印:公称部数

(注)ジャンル区分、雑誌名の表記は2014年8月現在で3協会に確認した情報に基づいています。また、いずれの協会にも未加入の雑誌については、独自判断で分類し、誌名を斜体文字で表記しています。

雑誌ジャンル別主要ビークル

女性誌

単位：万部（1,000未満四捨五入）

雑誌名		部数	雑誌名		部数	雑誌名		部数
●女性週刊誌			GINGER		17.0	Baby-mo	印	6.4
女性自身	ABC	21.6	CLASSY.	ABC	16.6	たまごクラブ	印	9.2
週刊女性	ABC	12.6	BAILA	ABC	12.8	ひよこクラブ	印	16.1
女性セブン	ABC	22.0	AneCan	ABC	9.5	げんき	ABC	4.3
●女性ティーンズ誌			Oggi	ABC	10.7	edu	印	2.3
ニコ★プチ	ABC	7.4	Domani	ABC	6.3	kodomoe	平	8.0
ピチレモン	ABC	6.3	GISELe	印	9.0	●生活実用情報誌		
ニコラ	ABC	15.4	sweet	ABC	23.7	家の光	ABC	54.7
Popteen	ABC	10.1	GLITTER		14.5	Mart	ABC	9.3
SEVENTEEN	ABC	17.6	FRaU	ABC	4.1	CHANTO	平	15.0
CUTiE		17.0	ROLa	平	4.0	Como	ABC	2.0
Myojo	印	21.3	日経WOMAN	ABC	9.9	ESSE	ABC	28.3
●女性ヤング誌			CREA	印	7.1	サンキュ!	ABC	23.4
ViVi	ABC	18.4	an・an	印	19.2	きょうの料理	印	36.0
JJ	ABC	6.7	&Premium	印	9.6	きょうの料理ビギナーズ	印	12.7
Ray	ABC	6.8	●女性ミドルエイジ誌			オレンジページ	ABC	23.7
CanCam	ABC	9.3	VERY	ABC	22.2	レタスクラブ	ABC	16.4
ELLE girl		10.0	LEE	ABC	14.3	栗原はるみ haru_mi	ABC	16.8
Soup.		20.0	SAKURA	印	9.2	すてきにハンドメイド	印	15.0
non・no	ABC	20.5	saita		11.8	●ビューティ・コスメ誌		
S Cawaii!	ABC	4.0	InRed	ABC	22.5	VoCE	ABC	3.8
mina	ABC	7.5	オトナミューズ		12.5	美ST	ABC	5.2
Zipper		5.5	リンネル	ABC	16.9	MAQUIA	ABC	5.0
SPRiNG		8.5	DRESS		10.0	美的	ABC	7.5
mini	ABC	12.6	STORY	ABC	17.2	bea's up		6.4
SEDA	印	8.0	Marisol	ABC	7.1	etRouge		7.0
ポポロ		30.0	Precious		7.9	Body+		7.0
JUNON	ABC	2.1	GOLD	印	4.9	からだにいいこと	平	10.0
●女性ヤングアダルト誌			GLOW	ABC	14.8	●ナチュラルライフ誌		
with	ABC	15.7	HERS	ABC	4.9	天然生活	ABC	4.6
MORE	ABC	20.4	eclat	ABC	5.0	ku:nel	ABC	3.9
steady.	ABC	9.1	pumpkin	印	18.1	●エリア情報誌		
ar	ABC	7.9	和樂	印	4.2	OZ magazine	印	9.0
25ans	印	7.8	家庭画報	ABC	9.6	Hanako	印	8.6
FUDGE	印	11.2	大人のおしゃれ手帖	ABC	11.6	●ブライダル情報誌		
SPUR	ABC	3.9	婦人画報	印	8.8	MISSウエディング		7.0
装苑		3.9	ミセス	印	6.7	25ansウエディング		7.0
GINZA		7.0	クロワッサン	ABC	12.1	ELLE mariage		7.0
VOGUE JAPAN		6.2	婦人公論	ABC	10.6	●旅行・レジャー誌		
ELLE	印	9.8	●女性シニア誌			CREA TRAVELLER	印	3.4
Harper's BAZAAR		7.0	いきいき		20.4	●少女向けコミック誌		
フィガロジャポン	印	7.7	毎日が発見	ABC	8.9	なかよし	印	13.8
Numero TOKYO	平	5.0	ゆうゆう	ABC	5.9	りぼん	印	20.3
and GIRL	ABC	9.4	●マタニティ・育児誌			ちゃお	印	54.3
美人百花	ABC	8.2	Pre-mo	印	5.3			

ABC：ABC公査部数（日本ABC協会「雑誌発行社レポート2014年1～6月」）
印　：印刷証明付き部数（日本雑誌協会「マガジンデータ2015」）
平　：平均発行部数（日本雑誌協会「マガジンデータ2015」）
無印：公称部数

（注）ジャンル区分、雑誌名の表記は2014年8月現在で3協会に確認した情報に基づいています。
また、いずれの協会にも未加入の雑誌については、独自判断で分類し、誌名を斜体文字で表記しています。

MEDIA GUIDE 2015

雑誌ジャンル別主要ビークル

男女誌

単位：万部（1,000未満四捨五入）

雑誌名		部数	雑誌名		部数	雑誌名		部数
●ファミリー・子育て誌			●旅行・レジャー誌			●建築・住宅誌		
AERA with kids		5.0	randonnee	平	7.0	チルチンびと		3.1
プレジデント Family	平	7.5	旅の手帖		15.0	住まいの設計	平	5.0
●車内・機内・会員誌			旅行読売		19.0			
てんとう虫		50.0	●スポーツ誌			●業界・技術専門誌		
IMPRESSION GOLD		37.0	ランナーズ		27.0	日経アーキテクチュア	ABC	3.2
翼の王国		未公表	週刊サッカーダイジェスト		25.0	日経エコロジー	ABC	0.9
VISA		100.0	SOCCER MAGAZINE ZONE		25.0	日経コンピュータ	ABC	3.2
THE GOLD		110.0	週刊ベースボール		28.0	日経ヘルスケア	ABC	1.8
SIGNATURE		49.5	テニスマガジン		18.0	日経レストラン	ABC	1.3
Nile's Nile		3.0	●文芸・歴史誌			●その他趣味・専門誌		
Agora	ABC	78.1	野性時代	平	1.5	BE-PAL	ABC	6.5
skyward		未公表	群像	印	0.7	山と渓谷	平	18.0
トランヴェール		65.0	小説現代		1.8	クロノス日本版		4.0
DEPARTURES日本版		7.1	小説宝石		0.9	時計Begin		10.0
●エリア情報誌			小説新潮		1.6	世界の腕時計		4.0
東京カレンダー		5.5	オール讀物		5.3	TIME SCENE		4.0
関西ウォーカー	ABC	4.8	歴史街道		7.0	ディズニーファン	ABC	9.3
東海ウォーカー	ABC	3.8	●健康誌			ねーねー	印	4.1
東京ウォーカー	ABC	2.5	きょうの健康		13.7	いぬのきもち	ABC	11.6
福岡ウォーカー	ABC	2.7	からだの本	ABC	4.0	ねこのきもち	ABC	9.2
北海道ウォーカー	印	4.2	フィッテ		6.4	アサヒカメラ	ABC	2.1
横浜ウォーカー	ABC	4.2	健康		4.1	CAPA	印	4.0
散歩の達人	平	8.0	日経ヘルス	ABC	7.7	デジキャパ！	平	5.0
●テレビ情報誌			安心	印	6.1	日経サイエンス	ABC	2.0
TV LIFE	印	24.5	壮快		8.8	ナショナルジオグラフィック日本版	ABC	6.6
月刊ザテレビジョン	ABC	33.5	ゆほびか		7.4			
ザテレビジョン	ABC	17.3	●エンターテインメント情報誌			趣味の園芸	印	15.8
月刊TVnavi		55.0	オリ☆スタ		34.0	園芸ガイド		5.2
TV Station	印	14.1	エンタミクス	平	12.0	芸術新潮		3.3
TVガイド	印	33.1	日経エンタテインメント！	ABC	7.2	●子供誌		
月刊TVガイド	印	33.6	WHAT's IN?	平	5.0	NHKのおかあさんといっしょ	印	6.1
TVBros.		15.1	CD&DLでーた		10.0	おともだち	ABC	10.4
B.L.T.		9.2	DVD&ブルーレイでーた	平	15.0	たのしい幼稚園	ABC	11.2
月刊スカパー！		15.1	SCREEN		3.6	ベビーブック	ABC	12.4
TVぴあ		12.3	声優グランプリ	印	2.2	めばえ	ABC	13.6
●食・グルメ情報誌			●ゲーム・アニメ情報誌			幼稚園	ABC	7.4
食楽	平	10.0	アニメディア		5.4	月刊ジュニアエラ		6.0
ELLE a table		6.0	週刊ファミ通	平	50.0	小学一年生	印	13.1
dancyu	印	11.9	電撃PlayStation		10.1	小学二年生		6.7
●フリーマガジン			ニュータイプ		7.2			
metropolitana		20.0	Vジャンプ		25.3			
metro min.	ABC	10.7	Animage		5.7			
R25		25.0						

ABC：ABC公査部数（日本ABC協会「雑誌発行社レポート2014年1〜6月」）
印　：印刷証明付き部数（日本雑誌協会「マガジンデータ2015」）
平　：平均発行部数（日本雑誌協会「マガジンデータ2015」）
無印：公称部数

（注）ジャンル区分、雑誌名の表記は2014年8月現在で3協会に確認した情報に基づいています。
また、いずれの協会にも未加入の雑誌については、独自判断で分類し、誌名を斜体文字で表記しています。

雑誌媒体特性

● ターゲットセグメントメディア

ターゲットの性・年齢・未既婚・家族構成などの属性に加えて、個人の趣味・嗜好・テイストや興味・関心領域に応じて読まれている、ターゲットセグメントメディアです。ライフスタイルや興味・関心領域に応じ、雑誌の種類が豊富です。

● ロイヤリティの高いメディア

個人の興味・関心により、「お金を払って買う」メディアです。つまり、雑誌は他メディアと比べて、読者が能動的に購読するメディアであり、読者にとってロイヤリティが高いメディアといえます。また、読者にとって、「非常に好き」な、「毎号読みたい」メディアであり、雑誌と読者との間には、しっかりとした"絆（きずな）"があることがわかります。

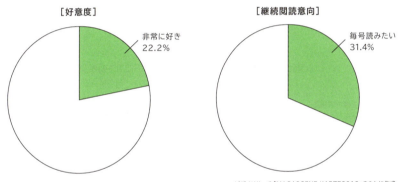

ビデオリサーチ「MAGASCENE KARTE2013」をもとに作成

● 理解促進型メディア

内容を詳しく伝えることができる、理解促進型メディアです。

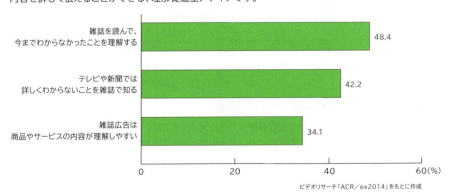

ビデオリサーチ「ACR／ex2014」をもとに作成

雑誌媒体特性

● 信頼されるメディア

雑誌自体が「ブランド」であり、読者からの信頼もあつく、絆のあるメディアです。記事はもちろん、編集タイアップのコンテンツ力への信頼感が非常に高いメディアです。

● 行動喚起メディア

雑誌に紹介されることで『お墨つき』がもらえ、行動を後押しするきっかけとなるメディアです。

・情報欲求

興味を喚起し、もっと知りたいといった情報検索行動を起こす"きっかけ"になっています。

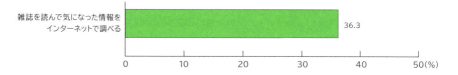

・口コミ

雑誌に掲載されている情報を話題にすることから、周りの人への口コミ効果が高いメディアといえます。

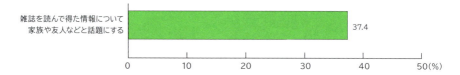

● 反復効果が期待できます

雑誌は保存性に富んでいるので、繰り返し読まれる傾向があり、反復効果が高いといえます。

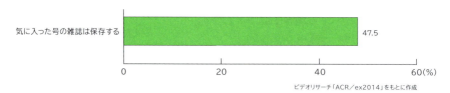

ビデオリサーチ「ACR/ex2014」をもとに作成

話題・コンテンツ創出メディアです

雑誌は、常に時代の最先端をいき、流行を創ってきたメディアです。
雑誌発信により、流行語、さまざまなトレンド、ヒット商品を生み出していますし、新しいライフスタイルのあり方も提案しています。また、雑誌が育ててきたモデルが、女優・モデル・タレントとして人気を生み、活躍していることからもわかります。

雑誌媒体特性

● 雑誌発の流行語・造語

流行語・造語	意味	発信元
Hanako族	Hanakoをバイブルとし、その情報を生活に取り入れる女性たちのこと。	Hanako
ちょいモテオヤジ	女性から好感を得ることを目的としてオシャレに気を遣う中年男性のこと。	LEON
アラサー	Around30の略で、30歳前後の人々のこと。	GISELe
美ジョガー	美×ジョギングをもじった造語で、おしゃれなウェアを着てスタイリッシュに走る女性の意味。	FRaU
草食男子	心が優しく、男らしさに縛られておらず、恋愛にガツガツせず、傷ついたり傷つけたりすることが苦手な男子のこと。	日経ビジネス non・no
美魔女	才色兼備の35歳以上の女性のこと。「輝いた容姿」「経験を積み重ねて磨かれた内面の美しさ」「いつまでも美を追求し続ける好奇心と向上心」「美しさが自己満足にならない社交性」という条件を備えたエイジレスビューティーな大人の女性のこと。	美ST
イケダン	イケてるダンナの略で、「仕事をバリバリこなしながらも家族を大切にする」「奥さんを手助けすることに躊躇しない」「外見もイケてる」「ファッションも手を抜かない」という条件を備えた夫のこと。	VERY
終活	「人生の終わりのための活動」の略で、人間が人生の最期を迎えるにあたって行うべきことを総括した意味。	週刊朝日

ソリューションメディアです

雑誌は、出版社の持つプロパティ（資産）を活用し、さまざまな広告主のソリューション（課題解決）に対応できます。

- ●雑誌ブランドやロゴを使用
→カタログ・小冊子・POPの制作、コラボレーション商品の開発
- ●コミックのキャラクターを活用
→広告制作、商品パッケージ・販売促進物制作
- ●読者コミュニティを活用
→サンプリング、口コミ、読者アンケートからコンテンツづくり、商品開発
- ●編集力を活用
→1冊まるごとカスタム出版、広告主Webサイトのコンテンツ制作
- ●書店、自社店舗、幼稚園・学校、独自ルートなどのタッチポイントを活用
→サンプリングやプレイスメント

など、多岐にわたっています。

雑誌媒体特性

情報源として評価されています

● 情報内容の評価

雑誌は、日常生活において、大事な情報源になってます。

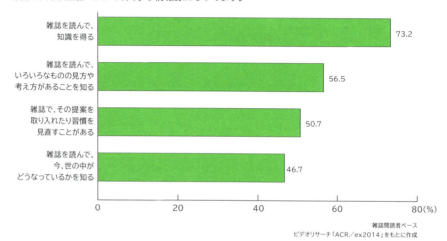

雑誌閲読者ベース
ビデオリサーチ「ACR／ex2014」をもとに作成

● 他メディアとの評価比較

ファッション、化粧品に関する情報を雑誌から入手するという人の割合が高く、情報源として評価されています。

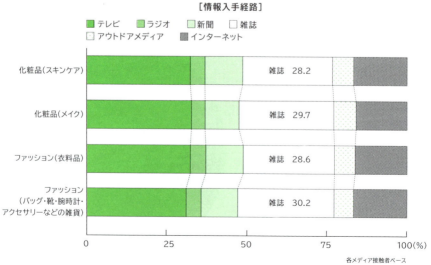

各メディア接触者ベース
ビデオリサーチ「ACR／ex2014」をもとに作成

購買行動にもつながります

読者は、雑誌をきっかけとして、さまざまな商品を購入した経験があります。つまり、雑誌は実際の購買行動につながるといえます。また、特定の商品カテゴリーにおいて、購入経験率の高いビークルほど、その雑誌をきっかけとして購入に至る割合が高いといえます。

[高級ブランドのファッション（衣料品）の購入経験]

順位	ビークル名
1	MEN'S EX
2	LEON
3	UOMO
4	25ans
5	MEN'S CLUB

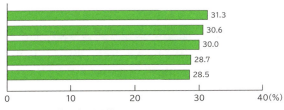

- MEN'S EX: 31.3
- LEON: 30.6
- UOMO: 30.0
- 25ans: 28.7
- MEN'S CLUB: 28.5

[食品・飲料の購入経験]

順位	ビークル名
1	きょうの料理
2	オレンジページ
3	栄養と料理
4	dancyu
5	きょうの料理ビギナーズ

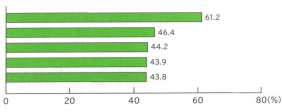

- きょうの料理: 61.2
- オレンジページ: 46.4
- 栄養と料理: 44.2
- dancyu: 43.9
- きょうの料理ビギナーズ: 43.8

[スキンケア化粧品の購入経験]

順位	ビークル名
1	VoCE
2	美的
3	MAQUIA
4	bea's up
5	美ST

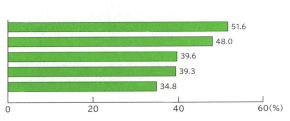

- VoCE: 51.6
- 美的: 48.0
- MAQUIA: 39.6
- bea's up: 39.3
- 美ST: 34.8

[台所用品・収納などの生活雑貨の購入経験]

順位	ビークル名
1	ESSE
2	サンキュ!
3	クロワッサン
4	Mart
5	ELLE a table

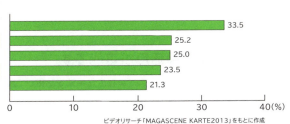

- ESSE: 33.5
- サンキュ!: 25.2
- クロワッサン: 25.0
- Mart: 23.5
- ELLE a table: 21.3

ビデオリサーチ「MAGASCENE KARTE2013」をもとに作成

雑誌広告特性

雑誌のテイストを利用したイメージ形成が可能です

雑誌の持つイメージはビークルにより異なりますが、ビークルのイメージが、広告として掲載された商品やサービスのイメージに転化されやすいといえます。なぜならば、雑誌は、読者にとって親近感があり、説得力・理解獲得力にも優れていて、雑誌の中で紹介された商品やサービスは、読者に強力に訴えかけるからです。

編集と広告の連動がとりやすいメディアです

雑誌の編集者は、その雑誌の読者のことを一番知っています。また、雑誌には独自の編集スタイルがあります。読者は、その記事に興味や関心があるだけではなく、ページレイアウト、モデル、センスなどの編集スタイルも含めて雑誌を選んでいます。編集者と広告主が協働して広告ページをつくることにより、より読者にアピールする広告制作が可能となります。これを「編集タイアップ」といいます。雑誌では、編集タイアップが日常的に行われており、年々増加傾向にあります。なお、編集タイアップは、誌面のページ制作だけではなく、イベント連動やウェブなどの他メディア連動にも及んでいます。

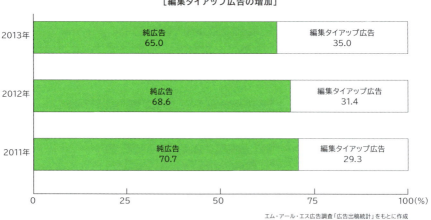

［編集タイアップ広告の増加］

	純広告	編集タイアップ広告
2013年	65.0	35.0
2012年	68.6	31.4
2011年	70.7	29.3

エム・アール・エス広告調査「広告出稿統計」をもとに作成

多様な広告手法の活用が可能です

雑誌は、広告目的に合わせてさまざまな広告手法を活用して展開することができます。ブックインブック、サンプリング広告などの特殊仕組み広告や変形スペース広告、イベント連動、Web連動、店頭連動などの広告手法があり、柔軟性が高いことが雑誌広告の特徴であり、強みの1つです。

雑誌広告特性

理解・興味喚起・比較検討でパワーを発揮します

雑誌広告は、商品の認知から購入検討に至るまでの過程で、さまざまな役割を果たします。

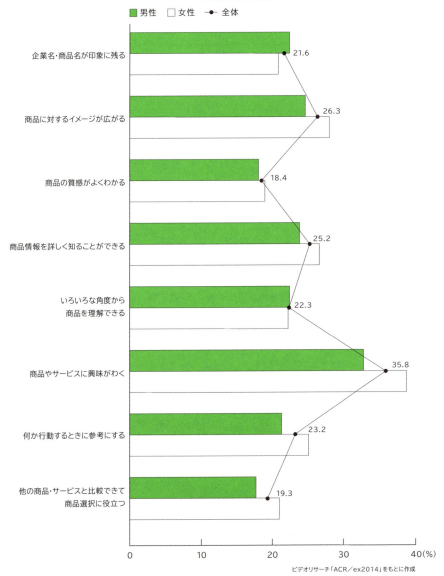

[雑誌広告の特性]

- 企業名・商品名が印象に残る: 21.6
- 商品に対するイメージが広がる: 26.3
- 商品の質感がよくわかる: 18.4
- 商品情報を詳しく知ることができる: 25.2
- いろいろな角度から商品を理解できる: 22.3
- 商品やサービスに興味がわく: 35.8
- 何か行動するときに参考にする: 23.2
- 他の商品・サービスと比較できて商品選択に役立つ: 19.3

ビデオリサーチ「ACR／ex2014」をもとに作成

 雑誌広告の種類

掲載位置による分類

掲載位置により、特殊面広告と中面広告に大きく分類できます。特殊面広告は、雑誌ごとに掲載位置、スペースが固定されていますが、中面広告は、掲載位置やスペースが固定されておらず、任意で出稿することができます。ただし、広告料金は、特殊面広告の方が中面広告よりも、おおむね割高になっています。

特殊面広告	表4	裏表紙のことで、読者の視覚に訴えやすい広告スペースのため、需要が多く、一般的にスペースが容易には取れません。
	表2	雑誌の表紙をめくった次のページで巻頭に位置するため、比較的需要の多い広告スペースです。1ページと見開きがあります。
	表3	表四の裏に位置し、料金的には中面と同様に扱われることが多い広告スペースです。1ページと見開きがあります。
	目次対向	目次の対向面を広告スペースに使用したものです。
	センター見開き	中綴じの雑誌の中央のページを見開いた広告スペースです。開きやすく、注目されやすいため、需要が多いスペースです。
中面広告		特殊面広告以外の、雑誌の中にある広告スペースすべてを指します。1ページ、2ページ、小枠などがあります。

印刷形式による分類

雑誌広告の印刷形式には、活版、オフセット、グラビアがあります。

色による分類

カラー広告とモノクロ広告に分類できます。
カラー広告とは、通常4色のことを指し、4C[※]といいます。
モノクロ広告とは、墨だけのことを指し、1C[※]といいます。

※4Cは、シアン（青）、イエロー（黄）、マゼンタ（赤）、ブラック（黒）で構成されます。また、1Cには、活版も含みます。

雑誌広告の種類

スペースによる分類

広告スペースの基本単位は1ページで、1Pと表します。一般的なスペースとしては、4C1P、4C2P、1C1Pなどがあります。そのほか、1Pより小さいスペースのことを小枠といい、1／3P、1／5P、2／5Pなど、雑誌ごとに設定することができます。

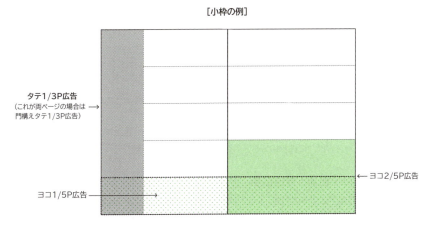

[小枠の例]

タテ1/3P広告
（これが両ページの場合は門構えタテ1/3P広告）

ヨコ2/5P広告

ヨコ1/5P広告

(注)小枠は、雑誌によって、また段組みによっても寸法が変化します。
また、このほかにも変形スペースは多数あります。

広告タイプによる分類

純広告と編集タイアップ広告に分類できます。

● 純広告

広告主が制作し（広告会社による制作も含む）、広告主が伝えたいメッセージを訴求した広告です。同じ表現を複数の雑誌で展開することができます。最も一般的にみられる広告で、「純広」とも呼ばれます。また、純広告に含まれるもので、雑誌の記事のような体裁をとっているものを、特に「記事風広告」と呼んでいます。あたかも記事と思わせる原稿によって、読者の注目を集め、読ませることが期待できます。出版社の事前チェックが必要になるケースが多いため、注意が必要です。

● 編集タイアップ広告

読者の特性を一番よく知っている出版社と広告主が協働して制作する広告です。出版社の持つさまざまなノウハウを生かしながら、雑誌独自の編集スタイルに合わせて制作するので、読者に対して商品・サービスのイメージや情報などを、より自然にかつ強くアピールすることができます。一般的には2ページ以上の広告出稿が必要となり、スペース料金以外に制作費がかかります。

雑誌広告手法

雑誌広告は、目的に合わせてさまざまな手法で展開することができます。広告手法は、技術の進歩、規制緩和などにより日々増えています。

● マルチ広告
3ページ以上のスペースで展開する広告です。多くのページを割くことにより、読者の注目を引き、さまざまなメッセージを訴求できます。純広告、編集タイアップ広告ともに頻繁に利用されています。

● 小スペース広告、変形スペース広告
1ページ以下の小さな広告スペースを活用して、目立たせたり、読者に印象づけるための広告です。門構え広告（見開きの両側に3分の1ページ程度の広告スペースを設けたもの）、片ページ連続広告（右ページまたは左ページに小スペース広告を連続して設けたもの）が代表的です。目次下・横の小スペース広告など、既存の広告スペースのほかに独自にスペースを開発することもあります。

● MOOK（ムック）・別冊・付録広告
単独あるいは複数の広告主による広告を、ムック（単行本装丁の雑誌）、別冊（定期刊行雑誌の別冊・増刊として発売するもの）、付録（雑誌本誌に添付するもの）などの形式で展開する手法です。編集とタイアップして、企業・商品の情報や啓蒙したいテーマなどで、1冊まるごとカスタム出版することもできます。

● 特殊仕組み広告
雑誌の広告料金表にはない、オーダーメイドの雑誌広告です。印刷加工・製本加工技術などを用いた広告の仕組みの総称です。特殊仕組み広告は、広告会社の企画力や印刷会社の技術力が集結し、出版社の協力のもと、実現します。特殊仕組みには、特殊印刷加工による、艶出し／香り付きなどや、特殊製本加工による、綴じ込み小冊子（Book in Book）／観音折り／ポップアップ／サンプル・DVDなどの貼り込みなどがあります。また、特殊仕組みは加工工程が多く、手作業の割合も高いため、通常より時間と料金[※]がかかります。

※特殊仕組み広告の料金は、広告掲載料金のほかに、制作費（特殊印刷費、加工料など）がかかります。

● 他メディア連動企画、イベント連動企画、店頭連動企画
1誌だけではなく、他の雑誌と連動した串刺し企画や、新聞・テレビ・ラジオ・アウトドアメディア・インターネットといった他メディアと連動して立体的に展開する広告企画があります。また、イベント、サンプリング、店頭連動など、メディア以外のプロモーション展開も可能です。

雑誌広告効果

雑誌広告効果

広告注目率をはじめ、心理変容、レスポンス行動など、雑誌の広告効果を測定するために、日本雑誌協会、日本雑誌広告協会は、広告会社とビデオリサーチの協力のもと、2013年から「M-VALUE」調査を実施しています。個別ケース（広告素材）の効果を把握することはもちろん、業種別、商品別、ビークルジャンル別、掲載位置別、広告タイプ別（純広告、記事広告・タイアップ広告）、ユニット別、表現別など、さまざまな角度から効果の傾向を分析することができます。

[主要な広告効果指標]

広告注目率は全体ベースにて、興味関心度、広告商品理解度、広告商品信頼度、購入・利用意向度、行動リーチなどの指標は広告注目者ベースにて算出しています。

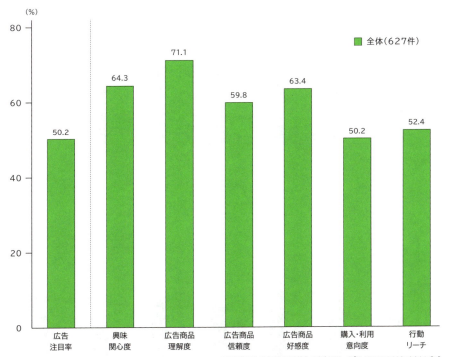

日本雑誌協会／日本雑誌広告協会／ビデオリサーチ「M-VALUE2013」をもとに作成

雑誌広告効果

さまざまな効果指標において、ユニット、広告タイプ（純広告、記事広告・タイアップ広告）による効果を比較分析することができます。

広告注目率は全体ベースにて、興味関心度、広告商品理解度、広告商品信頼度、購入・利用意向度、行動リーチなどの指標は広告注目者ベースにて算出しています。

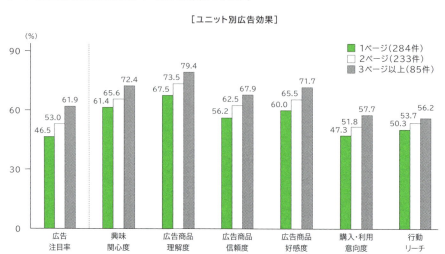

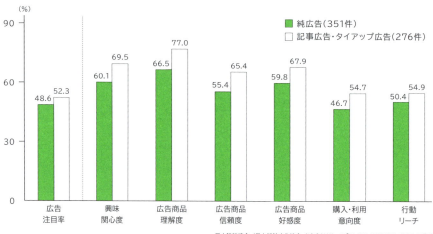

日本雑誌協会／日本雑誌広告協会／ビデオリサーチ「M-VALUE2013」をもとに作成

雑誌広告効果

純広告と編集タイアップ広告の評価

純広告は、広告主が伝えたい商品のメッセージやブランドの認知を獲得するのに有効です。一方、編集タイアップ広告は、雑誌や読者のテイストに合わせた広告により、より自然に読者にアピールすることができ、その結果、商品についてよく理解させる、編集による「オススメ」感から商品を選択・検討させるのに有効です。

※広告主の使用目的や、広告表現内容によって、役割は異なってきます。

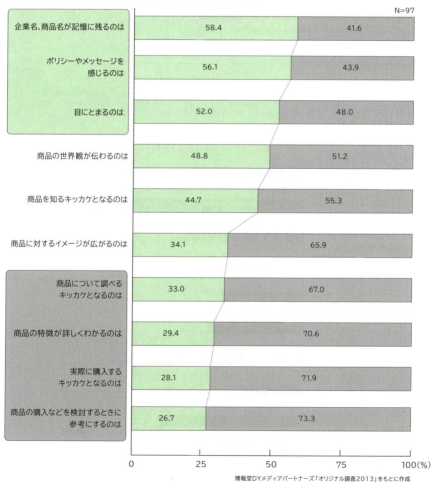

[純広告と編集タイアップ広告の相対評価]
□ 純広告　■ 編集タイアップ広告
N=97

項目	純広告	編集タイアップ広告
企業名、商品名が記憶に残るのは	58.4	41.6
ポリシーやメッセージを感じるのは	56.1	43.9
目にとまるのは	52.0	48.0
商品の世界観が伝わるのは	48.8	51.2
商品を知るキッカケとなるのは	44.7	55.3
商品に対するイメージが広がるのは	34.1	65.9
商品について調べるキッカケとなるのは	33.0	67.0
商品の特徴が詳しくわかるのは	29.4	70.6
実際に購入するキッカケとなるのは	28.1	71.9
商品の購入などを検討するときに参考にするのは	26.7	73.3

博報堂DYメディアパートナーズ「オリジナル調査2013」をもとに作成

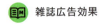

雑誌広告効果

行動実態

約6割の人が、雑誌広告を見て、何かしらの行動を行っています。具体的な行動としては、「商品やサービスについてネットで調べた」が最も高く、また、「実際に購入（利用）した」割合が高いことがわかります。

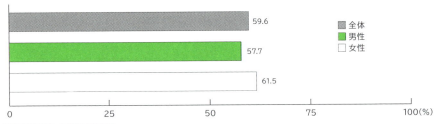

[雑誌広告を見て行った行動（最近1年間）]

- 全体: 59.6
- 男性: 57.7
- 女性: 61.5

※雑誌広告を見て行った行動に含まれるもの
商品やサービスについて家族や友人と話題にした／ネットで調べた／広告に掲載されているQRコードからサイトにアクセスした／企業やブランドのSNS上の公式アカウントにアクセスした／電話で問い合わせた／問い合わせや資料請求をした／懸賞付きアンケートに応募した／SNS・ブログに書き込みをした／SNS上でソーシャルボタン（いいね！等）を押した／実店舗に見に行った／営業マンに来てもらった／実際に購入した／この中にはない行動

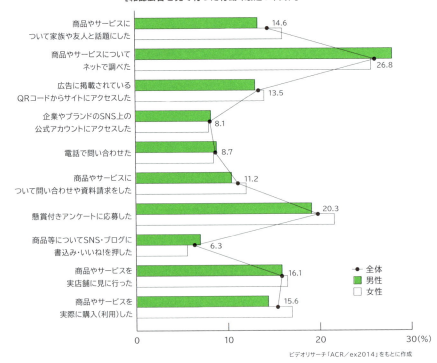

[雑誌広告を見て行った行動（最近1年間）]

行動	全体(%)
商品やサービスについて家族や友人と話題にした	14.6
商品やサービスについてネットで調べた	26.8
広告に掲載されているQRコードからサイトにアクセスした	13.5
企業やブランドのSNS上の公式アカウントにアクセスした	8.1
電話で問い合わせた	8.7
商品やサービスについて問い合わせや資料請求をした	11.2
懸賞付きアンケートに応募した	20.3
商品等についてSNS・ブログに書込み・いいね！を押した	6.3
商品やサービスを実店舗に見に行った	16.1
商品やサービスを実際に購入（利用）した	15.6

ビデオリサーチ「ACR／ex2014」をもとに作成

雑誌広告効果

雑誌効果指標

ビデオリサーチのACR／exでは、雑誌2号分の表紙写真と主な記事内容を提示した上で、雑誌メディアの効果を測るさまざまな項目を調査しています。その調査データの分析システムでは、下記のように効果指標を定義しています。

● 平均閲読率／閲読者率

閲読者　　：2号のうち、いずれかもしくは両方「読んだ」と答えた人。
平均閲読率：閲読率（0号／2号、1号／2号、2号／2号）の平均値。
閲読者率　：ターゲットの中で、閲読者（1号以上読んだ人）が含まれる割合。

● 平均精読率

精読者　　：2号のうち、いずれかもしくは両方「ほとんど全ページ読んだ」と答えた人。
平均精読率：精読率（0号／2号、1号／2号、2号／2号）の平均値。

● 平均購読率

購読者　　：2号のうち、いずれかもしくは両方「買って読んだ」と答えた人。
平均購読率：購読率（0号／2号、1号／2号、2号／2号）の平均値。

	雑誌A		雑誌B	
	1号目	2号目	1号目	2号目
個人1	●	●		
個人2			●	●
個人3	●			
個人4			●	●
個人5			●	●
個人6			●	●
個人7			●	
個人8				
個人9			●	●
個人10	●			
閲読率	70%		50%	
平均閲読率	40%		45%	

● 回読人数

1冊の雑誌が何人に読まれているかを表す人数のことです。回読人数＝閲読者／購読者。

● CPM（Cost Per Mill）

ターゲット1,000人に到達するために必要な広告料金のことです。
CPM＝（広告料金／ターゲットにおける閲読者数）×1,000人。

[ビークルAのCPM計算例]

ビークル	平均閲読率（%）	エリア内ターゲット人口（千人）	広告料金（千円）	全国配本部数	指定地区推定配本部数
A	11.6	5,696.6	1,900	335,482	173,043

$$\text{CPM} = \frac{\text{4C1P料金} \times \text{地域比率（※）}}{\text{ターゲット人口} \times \text{閲読率}} \times 1{,}000 = \frac{1{,}900{,}000 \times \frac{173{,}043}{335{,}482}}{5{,}696{,}600 \times 0.116} \times 1{,}000 = 1{,}483 \text{（円）}$$

※地域比率＝ 指定地区推定配本部数 ／ 全国配本部数

● 広告注目率

ビークル閲読者の中で、特定の広告を「確かに見た」と答えた人の割合。

● ビークルリーチ

メディアプランで出稿したビークルに対して、いずれかに1回でも接触する人の割合。2回以上接触する人の割合の場合は、有効リーチ。

● アドリーチ

メディアプランで出稿した広告に対して、いずれかに1回でも接触する人の割合。広告注目率に基づいて推定します。

● フリークエンシー

ビークルに接触する平均接触回数。

雑誌広告出稿状況

雑誌広告の業種別出稿量

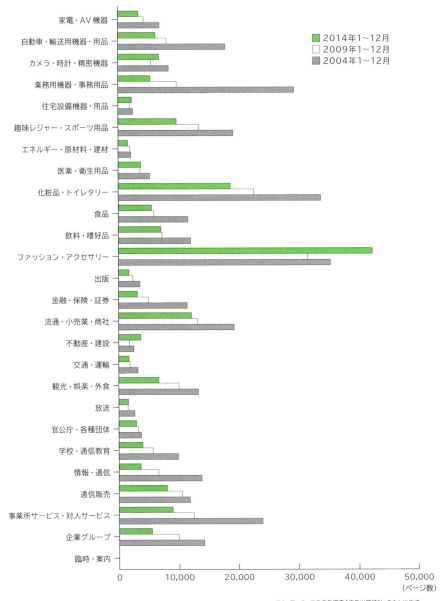

エム・アール・エス広告調査「広告出稿統計」をもとに作成

雑誌広告主ランキング 上位30社

順位	広告主	2014年1～12月（ページ数）
1	シャネル	1,754
2	パナソニック	1,447
3	ユーキャン	1,353
4	資生堂	1,217
5	花王	1,167
6	三陽商会	1,025
7	日本たばこ産業	874
8	フィリップ モリス	856
9	トヨタ自動車	806
10	プロクター・アンド・ギャンブル・ジャパン	791
11	リシュモン ジャパン	765
12	サンエー・インターナショナル	762
13	ルイ・ヴィトン ジャパン	742
14	コーセー	716
15	ディーゼルジャパン	709
16	サントリーホールディングス	698
17	キャロウェイゴルフ	676
18	サマンサタバサジャパンリミテッド	665
19	パルファン・クリスチャン・ディオール	631
20	アクシネット ジャパン インク	620
21	マッシュスタイルラボ	571
22	スウォッチ グループ ジャパン	548
23	マークスタイラー	534
24	東宝	521
25	ジョルジオ アルマーニ ジャパン	517
26	ディーエムジェイ	513
27	大正製薬	510
28	大都	503
29	サザビーリーグ	483
30	ワールド	476

エム・アール・エス広告調査「広告出稿統計」をもとに作成

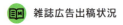
雑誌広告出稿状況

雑誌別ランキング 上位30誌

[上位ランキング]

順位	ビークル	刊行形態	2014年(ページ数)
1	VERY	月刊	2,586
2	日経ビジネス	週刊	2,387
3	週刊実話	週刊	2,371
4	sweet	月刊	2,026
5	週刊ゴルフダイジェスト	週刊	1,993
6	週刊女性	週刊	1,810
7	BAILA	月刊	1,740
8	女性自身	週刊	1,678
9	CLASSY.	月刊	1,674
10	月刊ハウジング	月刊	1,613
10	オレンジページ	月2回刊	1,613
12	LEON	月刊	1,577
13	週刊新潮	週刊	1,576
14	週刊文春	週刊	1,521
15	STORY	月刊	1,516
16	25ans	月刊	1,490
17	週刊大衆	週刊	1,457
18	週刊ダイヤモンド	週刊	1,455
19	pen	月2回刊	1,441
20	Weekly Pargolf	週刊	1,433
21	InRed	月刊	1,378
22	ELLE JAPON	月刊	1,376
23	女性セブン	週刊	1,370
24	プレシャス	月刊	1,368
25	Lightning	月刊	1,364
26	Oggi	月刊	1,357
27	SPuR	月刊	1,325
28	ひよこクラブ	月刊	1,289
29	たまごクラブ	月刊	1,278
30	週刊東洋経済	週刊	1,249

エム・アール・エス広告調査「広告出稿統計」をもとに作成

[伸び率ランキング]

順位	ビークル	2014年(ページ数)	2013年(ページ数)	前年増分(ページ数)
1	CLASSY.	1,674	1,358	316
2	VERY	2,586	2,279	307
3	Fine	530	339	191
4	OCEANS	1,175	996	179
5	GRIND	757	590	167
6	リンネル	745	592	153
7	婦人公論	833	692	141
8	Marisol	650	511	139
9	and GIRL	805	673	132
10	GLITTER	509	399	110
10	PEAKS	488	378	110
12	LEON	1,577	1,468	109
13	UOMO	607	511	96
14	ミセス	666	572	94
15	プレシャス	1,368	1,279	89
16	ar	571	485	86
17	美的	1,216	1,132	84
17	いきいき	215	132	84
19	men's FUDGE	465	384	81
20	AERA	1,033	952	80
21	BAILA	1,740	1,672	68
21	eclat	382	314	68
23	GQJapan	540	481	59
24	日経メディカル	668	609	58
25	ゆうゆう	306	251	55
26	ENGINE	519	465	54
27	一個人	311	266	45
27	週刊文春	1,521	1,476	45
29	FIGARO japon	1,045	1,001	44
29	GLOW	760	716	44

(注) 2013年の期中及び2014年から集計対象誌になったビークルは除きます。
エム・アール・エス広告調査「広告出稿統計」をもとに作成

6章 – インターネット
Internet

インターネット媒体概況

インターネット利用状況

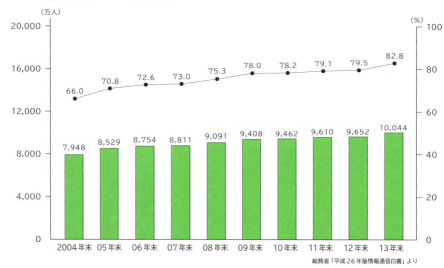

[インターネット利用者数および人口普及率の推移]

総務省「平成26年版情報通信白書」より

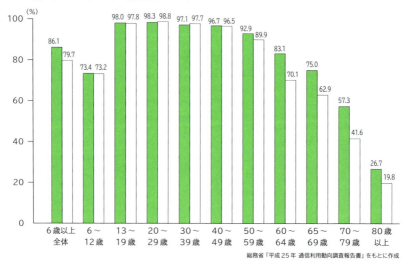

[男女別年齢階層別インターネット利用率]

総務省「平成25年 通信利用動向調査報告書」をもとに作成

インターネット媒体概況

[端末別・年齢階層別インターネット利用率]

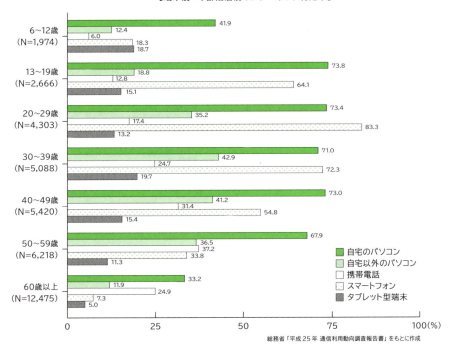

出典:総務省「平成25年 通信利用動向調査報告書」をもとに作成

[家庭内外でインターネット接続に用いる主な端末]

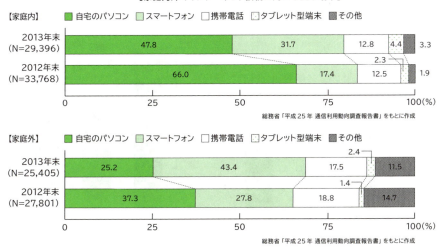

出典:総務省「平成25年 通信利用動向調査報告書」をもとに作成

インターネット媒体概況

携帯電話の普及状況

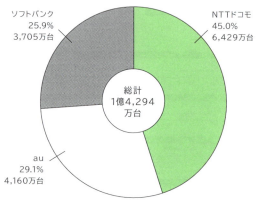

スマートフォンの普及状況

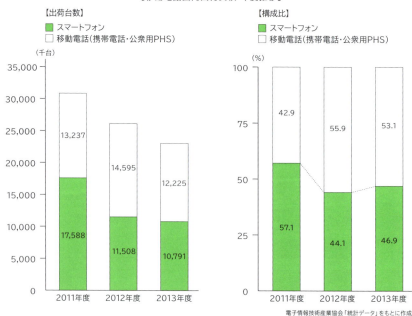

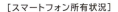

スマートフォン・タブレット端末の所有状況

[スマートフォン所有状況]

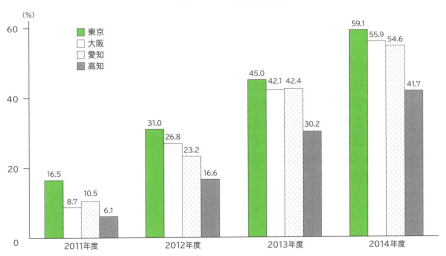

[タブレット端末所有状況]

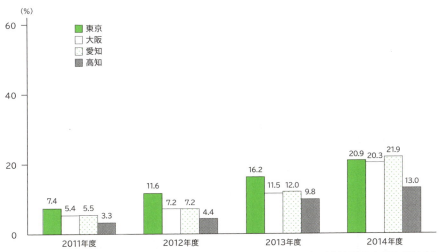

博報堂DYメディアパートナーズ「メディア定点調査2011～2014」をもとに作成

インターネット媒体概況

性・年代別スマートフォンの所有状況

スマートフォンの所有率は全体で約6割です。性・年代別で見ると、男性では20代が最も高く、女性では10代が最も高くなっており、9割前後が所有しています。

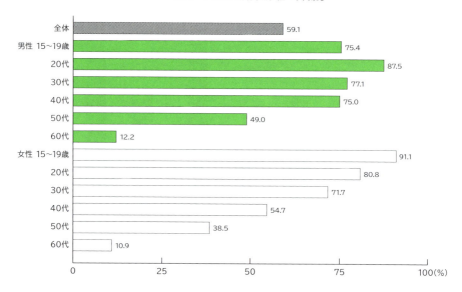

[スマートフォン所有状況 性・年代別]

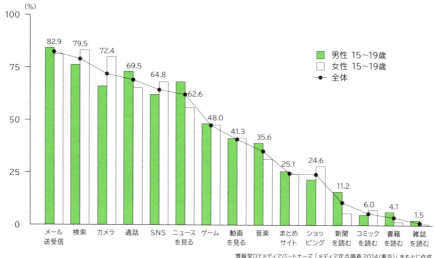

[スマートフォン利用機能]

博報堂DYメディアパートナーズ「メディア定点調査2014(東京)」をもとに作成

性・年代別タブレット端末の所有状況

タブレット端末の保有率は全体で約2割。性・年代別で見ると、男性の保有が高くなっており、最も高い40代男性は約4割が所有しています。

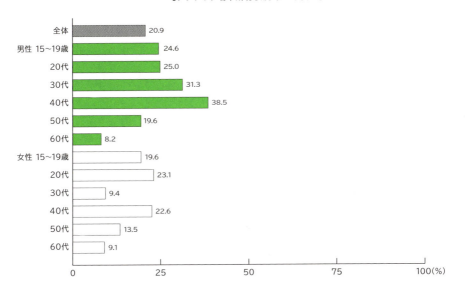

[タブレット端末所有状況 性・年代別]

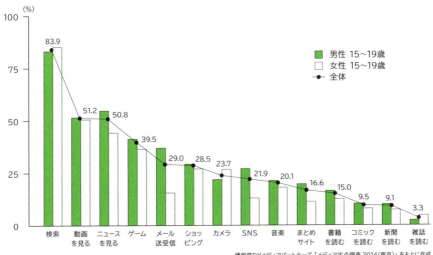

[タブレット端末利用機能]

博報堂DYメディアパートナーズ「メディア定点調査2014(東京)」をもとに作成

インターネット媒体概況

ソーシャルメディア

ソーシャルメディアとはWebサイト上で、ユーザーが情報発信や情報交換できるメディアの総称です。マスメディアが発信する情報のように、ユーザーが発信する情報が広く伝わり、新たなコミュニケーションやつながりが生みだされる可能性があります。SNS、動画共有サイトや商品比較サイトなどさまざまなソーシャルメディアがありますが、中でも、ユーザー同士が交流できるコミュニティ型の会員制サービスであるSNSは生活者の意識やつながりなどが把握しやすいのが特徴です。ソーシャルメディア上の生活者の声を収集して、企業や商品・サービスに対する評判やニーズなどを分析・測定するソーシャルリスニングや生活者との直接的なコミュニケーションなど広告コミュニケーションにおいて注目されています。

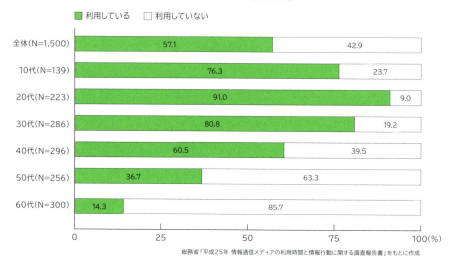

[ソーシャルメディアの利用状況]

総務省「平成25年 情報通信メディアの利用時間と情報行動に関する調査報告書」をもとに作成

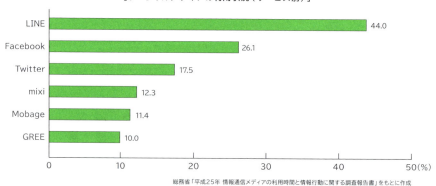

[ソーシャルメディアの利用状況（サービス別）]

総務省「平成25年 情報通信メディアの利用時間と情報行動に関する調査報告書」をもとに作成

インターネット媒体概況

[ソーシャルメディアの利用割合]

	LINE	Facebook	Twitter	mixi	Mobage	GREE
全体	44.0%	26.1%	17.5%	12.3%	11.4%	10.0%
10代	70.5%	22.3%	39.6%	8.6%	14.4%	14.4%
20代	80.3%	57.0%	47.1%	34.1%	22.9%	16.6%
30代	65.4%	42.0%	13.3%	19.2%	16.4%	16.4%
40代	42.6%	20.3%	12.5%	9.8%	13.9%	11.8%
50代	22.3%	15.2%	7.0%	3.9%	2.7%	3.5%
60代	4.3%	5.0%	3.0%	1.0%	1.7%	0.7%

総務省「平成25年 情報通信メディアの利用時間と情報行動に関する調査報告書」をもとに作成

[ソーシャルメディア利用者の年代別構成比]

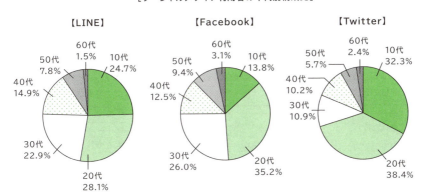

総務省「平成25年 情報通信メディアの利用時間と情報行動に関する調査報告書」をもとに作成

[ソーシャルメディアの利用機器]

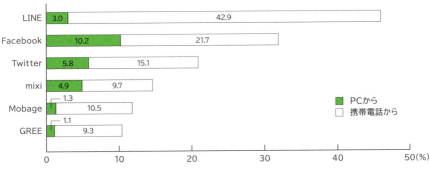

総務省「平成25年 情報通信メディアの利用時間と情報行動に関する調査報告書」をもとに作成

インターネット媒体概況

キュレーションメディア

キュレーションとはインターネット上の情報を収集してまとめたり、分類することによって、情報に新しい価値をもたせて共有することをいいます。インターネット上にある膨大な情報量が独自の視点で整理、分類されているため、欲しい情報をわかりやすく、すぐに得ることができる点が生活者に支持され、2014年に急成長しました。新聞社や出版社などコンテンツを持つ一次情報メディアの情報を独自の視点で収集して分類、流通させる二次情報メディアがキュレーションメディアです。代表的なキュレーションサイトには、「Gunosy」、「Antenna」、「SmartNews」、「NewsPicks」、「NAVERまとめ」、「Togetter」などがあります。

● Gunosy
情報キュレーションサービスで、2011年にサービスが開始されました。Webとスマートデバイス向けのアプリがあります。ネット上に存在するさまざまな情報を独自のアルゴリズムで収集しており、ユーザーがブックマークしている記事やSNS上の行動から、ユーザーの興味を解析し、ユーザーの好みに合った記事を配信することができます。2015年2月、ダウンロード数は600万を突破しました(Gunosyホームページより)。

● Antenna
キュレーションマガジンサービスで、記事配信元のメディアと契約し、グルメ、旅行、IT、家電、インテリア、ファッション、アート、美容、旅行、ビジネス、ニュースなど多岐にわたる情報を配信しています。デザインの美しさが特徴です。ユーザーは男女比率が半々となっています(2014年11月Antenna媒体資料より)。

● SmartNews
さまざまなメディアの経済、国際、エンターテインメントなどの情報を分類し、リアルタイムで提供するスマートフォン向けニュースアプリで、2014年2月、ダウンロード数は約300万となりました。Twitterへの投稿(ツイート)を独自に解析することで、話題性の高い記事を自動的に選別する仕組みとなっています。これにより、話題のニュースを効率的に読むことが可能です。配信時間を決めることができ、好きな分野の記事が閲覧できます。

● NewsPicks
経済情報に特化したニュースキュレーションサービスで、国内外のメディアの記事を閲覧することが可能です。記事に対して、ユーザーがコメントを投稿することができ、誰もがキュレーターになれることが特徴です。記事を閲覧できるだけではなく、専門家や友人をフォローすることで、ニュースに対するさまざまな見方や意見を知ることができます。

● NAVERまとめ
ユーザー参加型のキュレーションサービスで、2009年にサービスが開始されました。ユーザーが独自の視点で収集した情報を整理・分類し、まとめたものを掲載しています。まとめページを編集したユーザーにアクセス数に応じて、報酬が発生する仕組みとなっています。

● Togetter
ユーザーがTwitterのツイートをまとめることができるユーザー参加型のキュレーションサービスです。話題のツイートを1つにまとめた方が読みやすいといったことから利用されるようになりました。ユーザーがタイトルやコメントをつけてまとめることができます。

インターネット広告概況

動画広告（ビデオアド）

動画広告（ビデオアド）はインターネット上で映像と音声を用いて効果的にメッセージを伝えることができる広告手法です。これまで主にビデオコンテンツ自体が主体となったものを動画広告（ビデオアド）と呼んでいましたが、インストリーム広告と呼ばれる動画コンテンツの前後や途中で挿入される動画広告が急速な伸びを見せています。インストリーム広告には、動画コンテンツの前に挿入されるプレロール型動画広告、バナー広告スペースに流れるインバナー型動画広告、ニュースなどの記事コンテンツの中に設置されるインリード動画広告などがあります。インターネット広告はこれまで、クリック数や会員登録や資料請求といったコンバージョン数などが効果指標として重視されてきましたが、動画広告（ビデオアド）は企業や商品ブランドの認知やイメージといったブランディング効果を上げるために実施されることが多く、テレビCMに近い手法といえます。動画広告（ビデオアド）にテレビCM素材が使われることも多く、テレビスポットと同時に出稿するケースも増えています。それにより、テレビだけではリーチできない層へのリーチ拡大と複合接触による認知効果が期待できます。

● 主な動画広告メニュー

- プレロール型動画広告
  動画コンテンツの前に挿入される動画広告

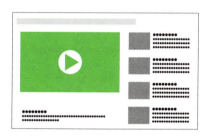

- インバナー型動画広告
  バナー広告のスペースの流れる動画広告

- インリード動画広告
  記事コンテンツの中に設置される動画広告

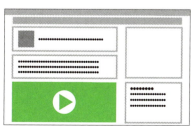

インターネット広告概況

ネイティブ広告

ネイティブ広告とは、デザイン、内容、フォーマットが媒体社が編集する記事・コンテンツの形式や提供するサービスの機能と同様で、それらと一体化しており、ユーザーの情報利用を妨げない広告をいいます。ペイドメディアの手法で、ユーザーに対して自然な形でメッセージを届けることができます。ネイティブ広告にはさまざまな種類がありますが、中でも、Facebookのニュースフィードなどに表示されるインフィード型広告が増加すると予想されています。ネイティブ広告は種類を問わず、広告であることが明示されていることが重要であり、ユーザーが広告であることを認識できることが原則となっています。ネイティブ広告に関しては、インターネット広告推進協議会が2014年7月にネイティブアド研究会を発足し、8月から活動を開始しました。同研究会では、ネイティブ広告の正しい理解促進と健全な市場の育成を目指し、2015年3月、ネイティブ広告の定義を提示するとともに、信頼性確立のためのガイドラインを策定しました。

● トリプルメディア

トリプルメディアは、ペイドメディア（Paid Media）、オウンドメディア（Owned Media）、アーンドメディア（Earned Media）の3つに大別されます。Webの広告プランニングにおいて、これらのメディアをどのように組み合わせるかということが効果や効率を考える上で重要です。

・ペイドメディア（Paid Media）
企業が費用を支払って広告を出稿する従来型のメディアのこと。テレビ、ラジオ、新聞、雑誌などのマスメディアや、Webでは、広告枠のある動画広告、バナー広告、リスティング広告などがあります。

・オウンドメディア（Owned Media）
企業が所有する自社サイト、ソーシャルメディアやコンテンツ上の自社ページなどを指します。企業が生活者と直接コミュニケーションできるメディアです。

・アーンドメディア（Earned Media）
企業が自社のブランドや商品・サービスに対して、生活者から信用や評価を得るためのメディアのこと。ブログやSNSといったソーシャルメディアなど、生活者の情報の拡散が期待できますが、企業がコントロールすることはできません。

インターネットメディアサイトの分類

インターネットサイトのポジショニングマップ

[2014年インターネットサイトポジショニングマップ（男女比率と中心年齢）]

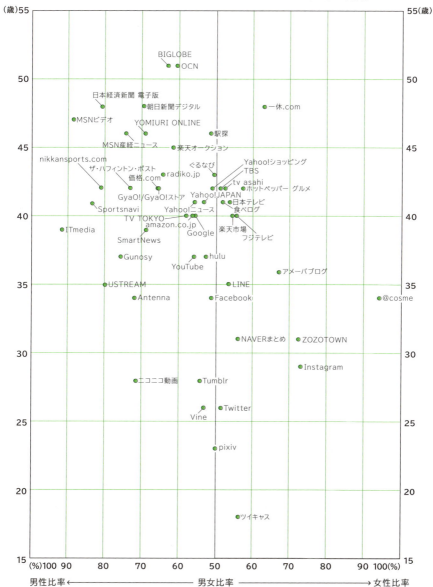

（注）12歳未満は調査対象外となっているため、12歳未満のユーザーが多いインターネットサイトは年齢が高めになっています。
ビデオリサーチ「ACR／ex2014」をもとに作成

インターネット広告の種類

インターネット広告の形態

インターネット広告には多様な広告形態があります。下記は、基本的な形態の分類ですが、それぞれに複数の広告フォーマットや広告の掲載方法（契約形態）があります。

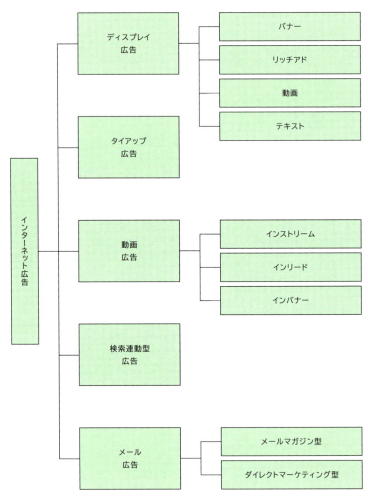

JIAA「インターネット広告の基本実務2014年度版」をもとに作成

インターネット広告の種類

インターネット広告のポジショニングマップ

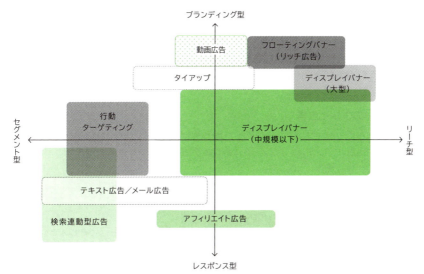

博報堂DYメディアパートナーズ資料より

広告タイプによる分類

● プレミアム広告

一般的には純広告を指し、掲載場所や掲載料金があらかじめ定められている予約型広告の中でも付加価値の高い特定の広告枠に掲載されます。

● 運用型広告

膨大なデータを処理するアドテクノロジーを活用したプラットフォームにより、広告の最適化を自動的あるいは即時的に行う広告手法で、一般的には、検索連動型広告のほか、DSP、運用型ディスプレイ広告などがあります。特定の広告枠ではなく、広告主の要望に従って、掲載料金や期間などを運用し、入札形式で取引されます。入札型広告ネットワークには、Googleが提供するGDN(Google Display Network)、DoubleClick Ad ExchangeとYahoo!が提供するYDN(Yahoo!Display AdNetwork)などがあります。

インターネット広告手法

ディスプレイ広告

ディスプレイ広告は画像やFlash、動画などで表現される広告のことで、タイプ別にみると、下記に大別されます。

● プレミアム型ディスプレイ広告

掲載場所や掲載料金、掲載期間があらかじめ定められている媒体サイトの特定広告枠で、媒体社が自社枠として販売しており、「予約型広告」と呼ばれこともあります。代表的なものにYahoo!の「ブランドパネル」があります。

● 運用型ディスプレイ広告

特定広告枠ではなく、広告インプレッションごとにリアルタイムに入札型で取引される広告です。ユーザーの行動履歴や、指定したコンテンツなどデータに基づいて広告を表示させます。主なものに下記があります。
①GDN（Google Display Network）、DoubleClick Ad Exchange
　グーグルが提供する入札型の広告ネットワークサービスです。
②YDN（Yahoo! Display AdNetwork）
　Yahoo!が提供するプロモーション広告のひとつで、入札型の広告ネットワークサービスです。
③DSP（Demand Side Platform）
　複数のメディアやアドネットワークを横断して入札・購入するサービスです。

ターゲティング広告

ターゲティング広告とは、エリア、デモグラフィック（性別・年齢）、ドメイン（国・企業・大学）、時間閲覧履歴・閲覧環境など、アクセスしてくるユーザーのネット上での情報に基づいて広告素材を配信し、効率的な広告接触を可能にする手法で、行動ターゲティング・リターゲティングといった手法があります。

● 行動ターゲティング

行動ターゲティングとは、ユーザーが訪問したサイトカテゴリーの行動履歴情報をデータベース化し、特定のカテゴリーに興味があるユーザーとしてセグメントし、広告を配信する手法です。

● リターゲティング

リターゲティングとは、ユーザーが訪問した広告主サイトの行動履歴情報をデータベース化し、その広告主のサービスに興味があるユーザーとしてセグメントして、広告を配信する手法です。広告主サイトを一度訪れたユーザーを見込み客としてとらえ、ユーザーがサイトを離脱した後にも、再訪問を促すように、広告を配信します。

インターネット広告手法

[購買ファネルとターゲティング広告]

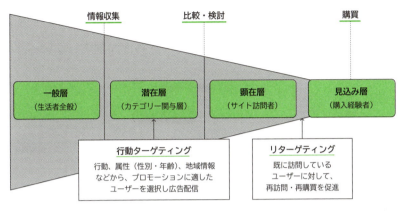

[行動ターゲティングの仕組み]

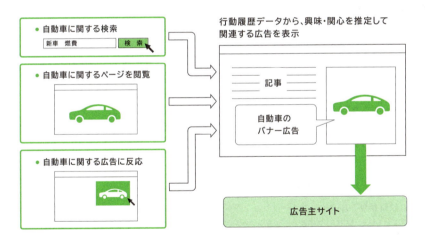

リスティング広告

リスティング広告とは運用型広告の代表的なもので、ユーザの検索や興味・関心・行動にターゲティングした広告を配信することを主目的とした手法です。

● 検索連動型広告

検索連動型広告は、ユーザーが検索窓に入力したキーワードに関連性の高い情報をテキスト広告として、検索結果ページに表示するものです。検索という能動的な行動を行っているユーザーに限定して表示することができるため、通常のディスプレイ広告よりも優れた費用対効果を期待できます。

アフィリエイト広告

アフィリエイト広告は、広告掲載ではなく、資料請求や商品購入など成果数に応じてサイト運営者に報酬が発生する仕組みのことをいいます。広告主にとっては、獲得コストを1件あたりで設定できるため、費用対効果が高いというメリットがあります。成果がない場合、報酬は発生しないため、極めてリスクの低い広告手法といえます。

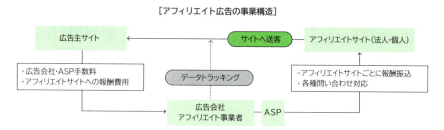

[アフィリエイト広告の事業構造]

第三者配信（3PAS）

バナー広告やテキスト広告などのディスプレイ広告はウェブサイトを運営する媒体社が持つ広告配信サーバから配信されていましたが、同じ広告主・同じ商品の広告であっても、配信されるサーバが異なるため、ウェブサイトごとの広告効果を比較したり、ウェブサイト間の相関的な影響を把握したりするのが難しい状況でした。それを解決したのが、それぞれの媒体社に依存しない、第三者のサーバによる広告配信です。第三者配信を行うことで、さまざまなウェブサイトに掲載する広告を一元管理して広告効果を一律に評価することができ、その評価をもとに、素材の配信比率を最適化することができます。また、従来の広告配信では難しかった、ポストインプレッション効果（クリックではなく、閲覧による広告効果）の測定が容易になりました。

アドマーケットプレイスの構造

広告の取引がリアルタイムでオークション形式で行われるシステムをリアルタイム・ビッディング（RTB）といい、リアルタイム・ビッディング（RTB）は広告枠の取引をリアルタイムで行うことを可能にしました。広告主や広告会社があらかじめ、ターゲットの属性データ（オーディエンスデータ）を指定して入札をしておくと、在庫が発生した時点でオークションが行われ、対象に適合した入札の中から最も高額の広告が表示されます。アドマーケットプレイスは、広告主（広告会社）側のシステムである「DSP（Demand Side Platform）」と、媒体社側のシステムである「SSP（Supply Side Platform）」の2つが連結することで成り立っています。DMPは、Data Management Platformの略で、自社や外部のさまざまなデータを一元化して管理するプラットフォームのことです。DSPでディスプレイ広告を入札する時に、DMPで蓄積・統合されたデータを分析して、ターゲティングを行い、ユーザーに合致した適切なメッセージの発信や最適なタイミングでの広告配信を行います。

インターネット広告手法

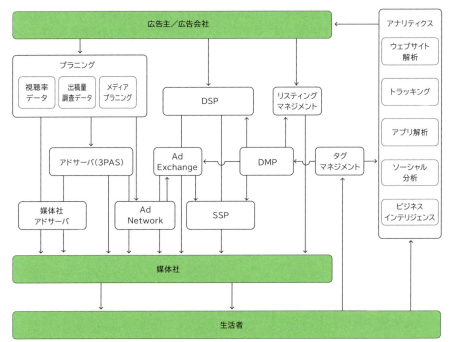

デジタル・アドバタイジング・コンソーシアム 資料より

アドベリフィケーション（Ad verification）

運用型のディスプレイ広告ではDSPやSSP、アドネットワーク、アドエクスチェンジといったさまざまな配信プラットフォームを経由するため、最終的な配信先ページが確認できないケースがあり、広告主が希望しないコンテンツへ掲載されてしまうリスクがあります。その問題をテクノロジーで解決するのがアドベリフィケーションです。米国のオンライン広告の業界団体であるIABでは2012年にアドベリフィケーションのガイドラインが出されています。独自のアルゴリズムでサイトを評価してブラック/ホワイトリスト化し、不適切なページには掲載されないようにアラートしたり、掲載されたサイトやページの確認ができる費用対効果の高い運用が可能です。また、インターネット広告の中には、スクロールされずに実際には見られていない広告に課金されている広告枠があります。このような状況を防ぐために、ディスプレイ広告の50％以上の領域が1秒以上表示された広告枠を「Viewable impression」として、表示の確認を可能にするテクノロジーです。

インターネット広告手法

スマートデバイス広告

スマートフォンやタブレット端末といったスマートデバイスにおけるWeb閲覧には、PCと同様の「ブラウザ」とともに「アプリ」が利用されており、広告もブラウザ、アプリの2種類あります。スマートデバイス広告を出稿する広告主はアプリ開発・制作会社が多く、いわゆる獲得型の広告出稿が多いのが特徴です。通常の指標のほかに、CPI(Cost per install)という独自指標が用いられています。また一般の広告主の場合もプロモーション型で、クーポンによる来店促進やマストバイキャンペーンなどに使われるケースが多く、「リワード型広告[※1]」が利用されています。広告フォーマットとしてはディスプレー広告、インタースティシャル、動画など、PCと同様なものもありますが、スマートデバイス端末の特性上有利な「インフィード型広告[※2]」が増えています。

※1 リワード型広告
成功報酬型広告の一種で条件を満たしたユーザーに報酬の一部を還元する仕組みを持った広告。アプリのダウンロードが圧倒的に多くなっていますが、会員登録促進なども実施可能です。アプリのダウンロードの報酬として、ユーザーに対してポイントなどの報酬を支払います。またアプリストアのランキングを上昇させるために用いられることもあります。代表的なものに「CAReword」「Adcrops」「LINE フリーコイン」などがあります。

※2 インフィード型広告
コンテンツが表示される場所に、コンテンツに溶け込んだ形で違和感なく表示されている広告(例えば、Facebook上ではフィードという表示があり、投稿が表示されている情報や場所を指しますが、そのフィード上に掲載される広告がインフィード型広告です)。

プレミアム型 ディスプレイ広告	運用型 スマートフォン アドネットワーク	動画/リッチ広告	キュレーション メディア	ソーシャルメディア
●Yahoo! ・トップパネル ・スマートディスプレイ ●YouTube ・モバイルビデオマストヘッド	●GDN (Google Display Network) ●YDN (Yahoo! Display AdNetwork) ●adPapri ●Bypass ●InMobi ●Smarti	●YouTube Instream TrueView ●GyaO! インストリームアド ●Yahoo! ・Crisp ●InMobi リッチメディア広告 ●iAd iAd for Brands	●Gunosy ・Promotion Ads ●Antenna ・ネイティブアド記事	●Facebook ・モバイルニュースフィードターゲットブロック ・Link Ad/Video Ad/Photo Ad ●Twitter ・プロモトレンド ・プロモツイート in タイムライン ●LINE ・スポンサードスタンプ ・公式アカウント

インターネット広告の効果

インターネット広告の効果は、ユーザーが広告に接触した段階で得られるインプレッション効果、広告に誘導するトラフィック効果、広告に接触した後に行動させるコンバージョン効果があります。効果はすべて計測が可能です。

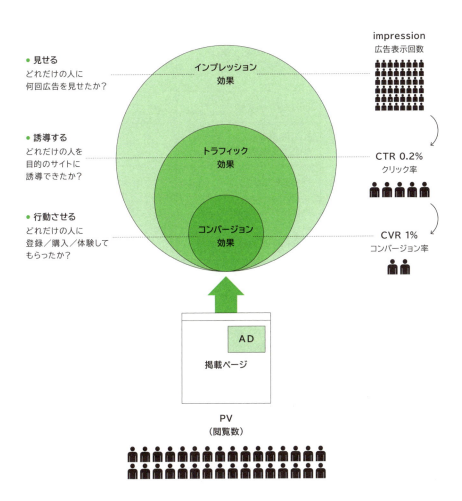

インターネット広告効果

インターネット広告の効果指標

インターネット広告は、広告接触だけでなく、その後の行動に至るまでの効果をとることができるさまざまな指標があります。

効果区分	データ提供元	効果指標	コスト換算指標
媒体接触	媒体社	PV（Page View）、UU（Unique User）、UB（Unique Browser）	
	調査会社（ビデオリサーチインタラクティブ、ニールセン）	PV、UU、滞在時間、訪問回数、ユーザーデモグラフィック	
広告接触	媒体社	imp（インプレッション）	CPM
	第三者配信システム	UU（Unique User）、UB（Unique Browser）	
		ビュースルー	
		Reach、Frequency	
	パネル調査	Reach、Frequency、広告認知	
態度変容	媒体社	Click、CTR	CPC
	第三者配信システム	Click、CTR ランディングページへの訪問者	
	パネル調査	ブランド認知、興味 好意度、購入意向	
行動	トラッキングツール サイト解析ツール	ゴールページまでの訪問者数 コンバージョン数（見積もり、資料請求、会員登録、販売数など）	CPA
	第三者配信システム		ビュースルーコンバージョン率
その他（経営指標）	—	ROI（Return On Investment）・投資利益率 ROAS（Return On AdSpend）	

（注）ソーシャルメディアや動画広告には、これ以外の指標もあります。

インターネット広告効果

インターネット広告の効果測定ツール

● アドトラッキングツール

インターネット広告を出稿した場合、媒体社から提供されるレポートはインプレッション、クリック数、CTRの3つで、クリックして来訪したユーザーが広告主サイトで目的のコンバージョンに至ったかどうかといったことは把握することができませんでした。また、媒体社ごとにアドサーバーが異なり、測定基準もばらばらだったため、広告のクリック以降の情報を取得するツールとしてアドトラッキングツールが誕生しました。

● アクセス解析ツール

アクセス解析ツールは、広告主サイトを基点に、ターゲットの流入経路・サイト内の動線を解析するツールです。サイトを訪れたユーザーはどこから来るのか、動線は的確かどうかなど、集客に役立てるために、その経路を測定し、分析することができます。

アドトラッキングツールとアクセス解析ツールの基本的な仕組みは同じで、①ウェブビーコン方式、②サーバーログ方式、③パケットキャプチャー方式のいずれかになります。また、2つの機能を統合したツールも出ています。一般的にはトラッキング専用ツールの方がシンプルで初心者でも使いやすく、統合型はより多くのデータを扱うため、設定や分析に時間がかかり、上級者向けです。またアクセス解析ツールは「Googleアナリティクス」のように媒体社側で提供しているものも多く、FacebookやYahoo!なども解析ツールを提供しています。

● 第三者配信（3PAS）

単なる配信ツールではなく、ポストインプレッション効果、ビュースルーコンバージョンといった重要な効果指標を計測できます。また、複数媒体への出稿においてもユニークユーザー数、リーチ、フリークエンシーなどが測定できます。アトリビューション分析を行うにはこのツールの導入が必要です。

広告効果最適化手法（オプテイマイゼーション）

インターネット広告の効果はダイレクトマーケティング型で発展してきた経緯があり、広告の効果的、効率的な配分のための分析手法が発達しています。

● アトリビューション分析

アトリビューションとは本来、「帰すること、～に起因する、という意味を持ちます。インターネット広告におけるアトリビューションとは、成果に対する広告の貢献度を明らかにすることです。従来、広告主はバナー広告やリスティング広告、メール広告などさまざまな広告を実施して、目的のコンバージョンへ至った広告（ラストクリック）のみを評価するといった運用が行われていました。それに対して、実際にはそれ以前に接触した広告も間接的にコンバージョンへ寄与しているのではないか、といった疑問が投げかけられ、「コンバージョン・パス」（コンバージョンへ至るまでのユーザーのオンライン上の行動履歴）を測定し、その間に接触したチャネルをすべて把握し、コンバージョンに至るまでの間接的な効果をとらえるようになりました。このように成果に対する広告の貢献度を明らかにし、プラニングの予算配分に役立てています。なお、ビュースルーコンバージョンのように、広告の接触時（インプレッション）からのデータが必要になるため、第三者配信とアクセス解析ツールの導入が前提となります。

インターネット広告効果

- ラストクリック重視

効果の評価対象

- アトリビューション分析

各施策の貢献度をもとに、広告予算配分を最適化。
例えば、バナー広告Aとバナー広告Cの貢献度が高い場合、バナー広告Aとバナー広告Cの予算配分を高くするなど、貢献度に応じて予算配分します。

効果の評価対象

● オーディエンスデータ分析

広告主は自社サイトの会員登録情報などのデモグラフィックデータや、ユーザーのサイト内行動履歴などのデータ（プライベートDMP）を所有していますが、それだけでは効果的、効率的な広告のプランニングはできません。プライベートDMPに加えて、広告出稿データや第三者配信データ、外部のDMPデータを連携させてオーディエンス分析することによって、出稿のタイミング、クリエイティブなどターゲットに最適な広告のプランニングが可能になります。

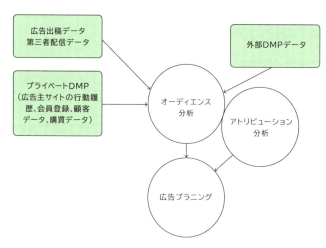

インターネット広告業務フロー

インターネット広告業務の基本的な流れ（予約型）

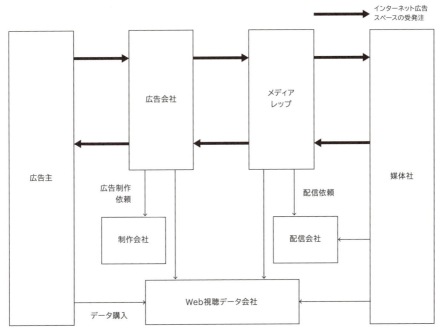

(注)広告スペースの取引にはメディアレップを経由しない、媒体社と広告会社間の受発注もあります。

● インターネット広告ビジネスに携わる事業社

・メディアレップ
インターネット上の多数の媒体社と広告会社を仲介し、媒体社の営業を代行します。主なメディアレップには電通系列のサイバー・コミュニケーションズ、博報堂DYグループのデジタル・アドバタイジング・コンソーシアムがあります。

・配信会社
媒体社に代わって、広告配信を一括して行う事業者です。広告配信数、クリック数などの各種データを一元化して測定管理し、レポーティングを行います。

・Web視聴データ会社
インターネットユーザーから対象者を募って調査を実施し、視聴行動データを収集し提供する会社です。ビデオリサーチインタラクティブのWeb Report、ニールセンのNetViewなどがあります。

・制作会社
広告スペースのクリエイティブを担当します。バナーやキャンペーンサイトのWebページ制作など編集タイアップコンテンツの制作や、媒体社のコンテンツ制作受託を行う場合もあります。

インターネット用語集

CPA	Web広告の評価指標の一種。「1顧客を獲得するのに必要な広告コスト」を意味する。コスト パー アクション（Cost Per Action）、コスト パー アクイジション（Cost Per Acquisition）の略。
CPC	Cost Per Clickの略。Web広告料金÷延べクリック数。
CPM	Web広告1,000インプレッションあたりの料金。テレビのCPMと定義が違うので注意が必要。
CTR	Click Through Rateの略。クリック数÷インプレッション数。
PV（Page View）	当該サイトWebページの総閲読のページ数合計。メディアサイトの媒体価値の基本指標。
SNS（Social Networking Service）	プロフィールや日記などの情報を共有、趣味や地域などテーマごとに設けられた掲示板やチャットで交流できるコミュニティ型の会員制Webサイト。多くのPVを背景に媒体化するサイトやフリーミアムモデルで収益をあげるサイト、（モバイルSNSを中心に）テレビCMなどに大量の広告出稿を行うサイトもある。
アドネットワーク	広告を配信するために、束ねられた複数のWebページ群のこと。または、そのようにして広告を配信する仕組みのこと。ネットワーク全体に広告を配信するほか、サイトコンテンツのカテゴリーごとの配信、行動ターゲティングなどが可能なものが多い。
アドベリフィケーション	DSPやアドエクスチェンジを通じて配信される広告が、広告主の意図・条件に沿ったサイトや場所に掲載されているかを検証する機能。条件に基づき、不適当な掲載先を除外することができる。
アドマーケットプレイス	Web広告において、広告主とメディアが直接広告枠の売り買いを行う市場や仕組みのこと。広告主（広告会社）側のシステムである「DSP（Demand Side Platform）」と、媒体社側のシステムである「SSP（Supply Side Platform）」の2つが連結することで成り立っている。「アドエクスチェンジ」とも呼ばれる。
アトリビューション分析	直接効果・間接効果を分析し、成果に対する広告やコンテンツの貢献度を明らかにしていく分析のこと。分析結果を元に、マーケティング施策における媒体の選定や予算配分を最適化していく。Web上の施策のみについて行う「オンラインアトリビューション」と、テレビや新聞などのオフラインメディアを含めて分析する「オフラインアトリビューション」がある。
アプリ	「アプリケーションソフトウェア」の略称で、ある特定の作業を行うためにインストールするプログラムのこと。最近ではスマートフォンにおいて、ブラウザとの対比的な存在として重要視されることが多い。Android端末では「Google Play ストア」、iOS端末では「App Store」といった、スマートフォンの種類に応じた専用のアプリをダウンロードできるサービス（アプリマーケット）が存在する。

インターネット用語集

インバナー型動画広告	動画広告の種類の1つ。本来バナー広告やディスプレイ広告が掲出されるスペースに動画が流れるもの。
インフィード型広告	SNSやキュレーションメディアのフィード画面において、コンテンツが表示される場所に、コンテンツと同様の形で表示されている広告。
インプレッション	Web広告のブラウザ上の表示回数。Web広告のセールスの基本単位とする場合が多い。
インリード動画広告	動画広告の種類の1つ。記事コンテンツの中に設置されたスペースに動画が流れるもの。
運用型広告	膨大なデータを処理するアドテクノロジーを活用したプラットフォームにより、広告の最適化を自動的あるいは即時的に行う広告手法で、検索連動型広告のほか、DSP、運用型ディスプレイ広告などがあります。特定の広告枠ではなく、広告主の要望に従って、掲載料金や期間などを運用し、入札形式で取引されます。
オーディエンス	「観衆・聴衆」という意味から転じて、Web分野においては広告やWebサイトを閲覧する、不特定多数の閲覧者のことを指す。
間接効果	直接効果に対して、アクションを起こす直前に接触した広告やコンテンツだけでなく、それ以前に接触した広告やコンテンツもまたそのアクションに対して寄与しているという考え方、またはその現象。クリック（クリックスルー）を通じた間接効果と、閲覧（ビュースルー）を通じた間接効果「ポストインプレッション効果」が存在する。
キュレーションメディア	新聞社や出版社などコンテンツを持つ一次情報メディアの情報を独自の視点で収集して分類、流通させる二次情報メディアのこと。インターネット上にある膨大な情報量が独自の視点で整理、分類されているため、欲しい情報をわかりやすく、すぐに得ることができる。
コンバージョン	Webサイト上で最終的に得られる成果のこと。資料請求、申し込み、購入など何をコンバージョンとするかはWebサイトの目的によって異なる。
スマートデバイス	従来のパソコンや携帯電話とは対比的に、スマートフォンやタブレット端末、広義にはスマートウォッチ、スマートグラスなども含め、より高次的な機能を持つ電子機器全般のことを指す。相互に情報をやりとりして連携する機能を有したり、携帯可能な大きさであることが多い。
ソーシャルメディア	Webサイト上で、ユーザー（個人や組織）が情報発信や情報交換できるメディアの総称。マスメディアが発信する情報のように、ユーザーが発信する情報が広く伝わり、新たなコミュニケーションやつながりが生みだされる可能性がある。

インターネット用語集

直接効果	アクションを起こす直前に接触した広告やコンテンツのみについて成果として認める考え方。またはその現象。
動画広告（ビデオアド）	インターネット上で映像と音声を用いて効果的にメッセージを伝えることができる広告手法。企業や商品ブランドの認知やイメージといったブランディング効果を上げるために実施されることが多く、テレビCMに近い。
トラフィック	本来の意味である「通行（量）」から転じて、Web分野においては、Webサイト閲覧者の流れ方やデータの通信量を指す。
トリプルメディア	マーケティング戦略を検討する際に活用するチャンネルの大別の方法で、ペイドメディア（Paid Media）、オウンドメディア（Owned Media）、アーンドメディア（Earned Media）の3つを指す。Webの広告プランニングにおいて、これらのメディアをどのように組み合わせるかということが効果や効率を考える上で重要となる。
ビュースルーコンバージョン	ある広告が閲覧された後（クリックは伴わない）、任意の一定期間内にコンバージョンに至ること。コンバージョンは通常クリックを通じたもの（クリックスルーコンバージョン）しか測定されないが、ビュースルーコンバージョンを測定することにより、間接効果を含めた広告効果を分析することができる。ビュースルーコンバージョン率とは、コンバージョン数÷インプレッション×100。
プレミアム広告	入札形式で取引されない純広告全般を指す。狭義には、掲載場所や掲載料金があらかじめ定められている予約型広告の中でも付加価値の高い特定の広告枠に掲載される広告のこと。
プレロール型動画広告	動画広告の種類で、動画コンテンツの前に挿入される広告。
リスティング広告	運用型広告の代表的な広告種類で、ユーザーの検索や興味・関心・行動にターゲティングした広告を検索結果内や、Webページ上の広告枠に表示する手法を指す。「検索連動型広告」とも呼ばれる。
リワード型広告	成功報酬型広告の一種で、条件を満たしたユーザーに報酬の一部を還元する仕組みを持った広告。主にアプリのダウンロード促進目的などに使われる。

7章 － アウトドアメディア
［交通・屋外ほか］
Outdoor Media

アウトドアメディアの概要

アウトドアメディアの概要

アウトドアメディアは、生活者の生活動線すべてを接触機会としてとらえ、生活に密着したあらゆるシーンに展開できるメディアです。駅・街・商業施設など生活者の行動を動線に広告訴求することにより、購買動線につなげていくことが期待できます。アウトドアメディアは、交通、屋外、店・ルート、施設、家メディアの5つのジャンルに分類されます（次ページ参照）。

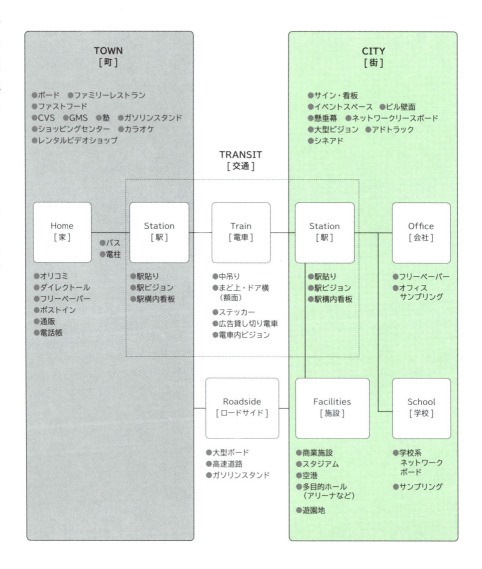

アウトドアメディアの概要

アウトドアメディアの分類

交通メディア

交通機関に関連したメディア

- ●電鉄
- ・中吊り
- ・まど上・ドア横（額面）
- ・ステッカー
- ・広告貸し切り電車
- ・電車内ビジョン
- ・駅貼り
- ・駅ビジョン
- ・駅構内看板
- ・新幹線
- ●バス
- ・ラッピングバス
- ●タクシー

　　　　　　　　など

屋外メディア

街やロードサイドなど屋外で展開されるメディア

- ●サイン・看板
- ●イベントスペース
- ●ビル壁面
- ●懸垂幕
- ●ネットワークリースボード
- ●大型ビジョン
- ●アドトラック
- ●シネアド

　　　　　　　　など

店・ルートメディア

ターゲットの立ち寄る場所や出かけた先の空間（時間）をメディア化したもの

- ●一般生活ルート
- ・ガソリンスタンド、書店／総合スーパー、スーパーマーケット、ドラッグストア
- ●食生活ルート
- ・トレイマット
- ●ビジネスルート
- ・オフィス、ビジネスホテル
- ●娯楽・レジャールート
- ・カラオケ、レンタルビデオ店
- ●教育ルート
- ・大学、学習塾、幼稚園
- ●美容・健康・スポーツルート
- ・美容院、フィットネスクラブ
- ●医療ルート

　　　　　　　　など

アウトドアメディア　Outdoor Media

施設メディア

人が集まる施設に設置されたメディア

- ●商業施設
- ●スタジアム
- ●空港／機体・機内
- ●多目的ホール（アリーナなど）
- ●遊園地

　　　　　　　　など

家メディア

家庭内で接触するメディア

- ●オリコミ

- ●ダイレクトメール
- ●フリーペーパー
- ●ポストイン
- ●通販
- ●電話帳

　　　　　　　　など

博報堂DYメディアパートナーズ オリジナル分類

アウトドアメディアの特性

アウトドアメディアの接触状況

店頭、交通機関、屋外広告など、アウトドアメディアに対する接触は高く、マスメディアに匹敵するパワーを持っていることがわかります。

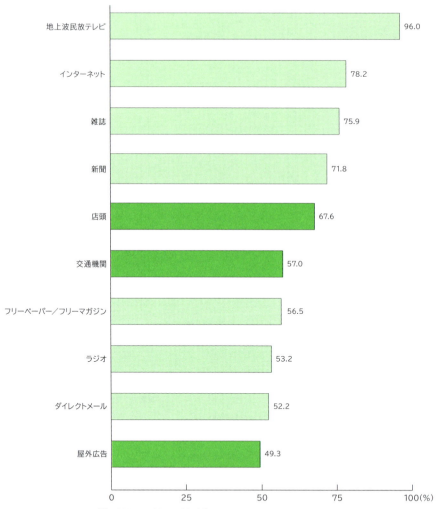

[情報チャネルの接触状況]

チャネル	%
地上波民放テレビ	96.0
インターネット	78.2
雑誌	75.9
新聞	71.8
店頭	67.6
交通機関	57.0
フリーペーパー／フリーマガジン	56.5
ラジオ	53.2
ダイレクトメール	52.2
屋外広告	49.3

(注) ラジオは、AMラジオ、FMラジオの合計
(注) インターネットは、ブログやSNS（Twitter、mixi、Facebookなど）の書き込み、企業・ブランドのインターネットサイト、企業以外のインターネットサイト、メールマガジンの合計

博報堂「HABIT／ex2014」をもとに作成

アウトドアメディアとテレビのシナジー効果

テレビ接触の前後に通勤・通学があるため、電車・車で交通広告や屋外広告に接触する可能性が高く、アウトドアメディアとテレビのシナジー効果が期待できます。

[平日生活行動とテレビ接触]

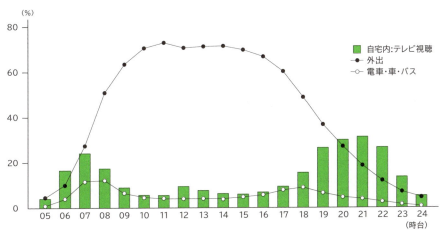

ビデオリサーチ「ACR/ex2014」をもとに作成

[テレビCM+交通広告の効果]

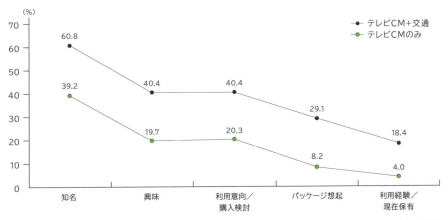

パッケージ商品39事例平均
博報堂オリジナル「キャンペーントレース調査」より

デジタルサイネージ

デジタルサイネージとは

デジタルサイネージとは、交通機関、屋外、店舗、施設など、生活動線上のさまざまな場所において、デジタル技術を活用してディスプレイやプロジェクターなどの電子機器を用いて映像や情報を発信するメディアです。ディスプレイの汎用化や無線LANの普及に伴って成長を続けており、テレビやインターネットの動画広告の流用や、リアルタイムでの素材配信・エリア別配信など、従来のアウトドアメディアにない広告手法が可能なメディアとして、注目を集めています。「交通系」「施設系」「屋外系」「店・ルート系」のカテゴリーに大別され、メディアごとに異なる特性と利用目的があります。現在は「交通系」サイネージが市場を牽引しているものの、将来的には「店・ルート系」のサイネージの比率が高まると予測されています。

デジタルサイネージの媒体特性

		媒体特性	広告効果
交通	電車	路線利用者数に応じた到達力 一定の滞留時間に伴う広告注目度	アドリーチ獲得 テレビCMとの相乗効果
	駅	駅利用者数に応じた到達力	アドリーチ獲得 テレビCMとの相乗効果
	タクシー	一定の滞留時間に伴う広告注目度	特定ターゲットへの深い浸透
施設	空港／機内	長時間の滞留時間に伴う広告注目度 「旅行」「ビジネス」などの目的との関連性	特定ターゲットへの深い浸透
屋外	大型街頭ビジョン	通行者数に応じた到達力 「街」のイメージとの関連性	特定ターゲットへのアドリーチ獲得 街イメージによるイメージ形成
	街・施設 （ビルなど）	「街・施設」の利用目的との関連性 「街・施設」のイメージとの関連性	特定ターゲットへの深い浸透 街・施設イメージによるイメージ形成
店・ルート	量販店 家電量販店 CVS ドラッグストア	来店者数に応じた到達力 販売との関連性・売場との距離の近さ	特定ターゲットへのアドリーチ獲得 当該店舗での販売支援
	病院などの 各種ルート	一定の滞留時間に伴う広告注目度 利用目的との関連性	特定ターゲットへの深い浸透

主なデジタルサイネージ

● イオンチャンネル®

イオンチャンネル®は、イオン食品売場レジ＋食品レジ付近店内に設置された32型モニターを通じて広告を放映する、イオングループ運営のサイネージメディアです。

全国168店舗（2015年1月現在）、モニター面数約1,300台にて展開が可能で、全店舗の年間食品レジ通過客数は約4億9,900万人。設置ディスプレイの認知は89.3％で、1回の放送単位である2週間で実に約1,700万人に到達可能です。また総合スーパーという場の特性から、主婦・ファミリー層を中心としたターゲットに効率的にアプローチが可能であるという特性も持っています。

[1ヶ月間の食品レジ通過者比率]

	女性	男性	男女計
10代以下	9.2%	15.7%	11.1%
20代	17.1%	13.1%	15.9%
30代	34.3%	24.5%	31.5%
40代	19.4%	19.0%	19.3%
50代	11.8%	15.3%	12.8%
60代以上	8.2%	12.5%	9.4%
男女比	71.6%	28.4%	100.0%

イオン調べ「2009年調査」より

● イオンチャンネルでの情報接触効果

店頭取扱品カテゴリーのみならず、それ以外の製品／サービスへの関心・好意も高め、購入・利用意向の向上に寄与する効果をもたらします。

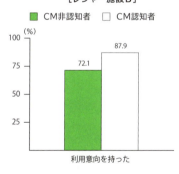

CM認知者＝「調査直近1ヶ月間に当該製品のCMをイオンチャンネルで見た」と回答した人
イオン調べ「2013年3月調査」より

● JACLA VISION（ジャクラ ビジョン）

JACLA VISION（ジャクラ ビジョン）は自動車教習所のロビーに設置された教習所専用の大型ビジョンで、全国に300ヶ所あります。主なターゲットは自動車教習所に通う20代前後の若者です。18～24歳で全体の87％を占め、月間で約6万人、年間で70万人に到達可能です（2012年JACLA調べ）。

交通メディアの種類

交通メディアとは、電鉄、タクシー、バスなど交通機関に関連したメディアで、特性は、高い反復接触と長い接触時間です。交通メディアの種類には、電鉄、バス、タクシーなどがあります。

● 電車内

電車内にはさまざまな場所に中吊り、まど上、ステッカーなど多様な広告スペースがあります。広告掲出期間や路線、料金もさまざまで、ターゲット、エリア、予算規模などを考慮した選択が可能です。

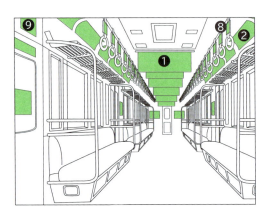

❶中吊り	短期集中訴求型の広告で、その速効性から週刊誌、月刊誌の出稿が圧倒的に多いほか、新商品発売・催事などキャンペーンに利用されます。
❷まど上（額面）	掲出期間が長くじっくり浸透させる内容に向いている広告で、商品や沿線施設・金融関係の広告が継続的に掲出されています。
❸ドア横（額面）	B3ポスターをフレームに入れた仕様で、目線の位置にあり、見やすいため注目率が高くなっています。
❹ドア上	細長いスペースで、各種ステッカー・まど上などの混合した特性を持ち、乗降時に自然に目に入る位置にあるため注目率が高くなっています。
❺戸袋ステッカー	ドアの横で目線の位置とほぼ同じ高さのため目にとまりやすく、駅売店に置かれる身の回りの商品広告が多いです。
❻ドアステッカー	戸袋ステッカーと同様、コンパクトなスペースながら視線を自然に集め、注目率が期待できます。
❼ツインステッカー	ドアの左右に1枚ずつの2枚1組のユニークな広告で、その特性を生かした表現手法が試みられています。
❽吊り革	掲出本数が多いこと、長期間であること、手元の位置にあることで広告メッセージの浸透を図れます。
❾電車内ビジョン	天気予報やニュースなどコンテンツを持つ映像メディアで、高い注目率が期待できます。

交通メディアの種類

● 駅

駅構内での駅貼りポスター、イベント、駅サイネージなど多様な広告が展開できます。また、駅ごとに違う乗降客をターゲットにすることも可能です。

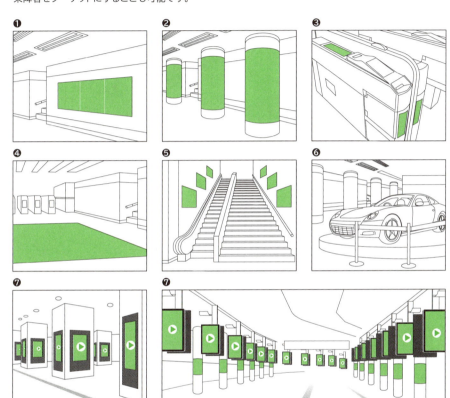

❶駅貼りポスター	多くの駅利用客の目を引きつけることが可能です。連貼り、組貼りや乗降人数の多い効率的な駅を選択したセットポスターの種類も豊富です。
❷アドピラー	駅構内の柱を使ったユニークな広告メディアで駅コンコースを歩く人々の注目をひきます。円柱の表面をうまく活用することで、缶飲料・乾電池など実際の商品の形を模した展開も可能です。
❸自動改札ステッカー	改札通過時に自然に目にとまるステッカー広告で、毎日の通勤・通学の中で必ず接触するため、高い反復効果と広告到達が期待できます。
❹フロア広告	足元に広告があり、意外性と高い認知が期待できます。自由に形をデザインできるので、商品の形状をかたどったPOP広告、大型広告など工夫しやすいメディアです。
❺集中貼り	ターゲットや目的に合わせて駅で集中的に掲出することで、高いPR効果が期待できます。また、複数の駅を組み合わせることにより、大規模なキャンペーン展開も可能です。
❻駅イベント	多くの人々が集う駅でイベントを効果的に実施することができます。
❼駅サイネージ	利用者の動線に従って連続的に設置された大型ディスプレイで、豊かな広告表現の展開が可能です。

アウトドアメディア　Outdoor Media

交通メディアの種類

● バス

バスはターゲット、エリアが絞りやすく、低予算でコスト効率の良い広告展開をすることができます。

❶まどステッカー
❷天吊り
❸運転席背面
❹吊り革広告
❺まど上ポスター

・バスラッピング
・車外看板

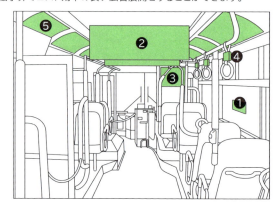

● タクシー

タクシーは24時間、365日稼動する交通機関で、東京では約28,000台※のタクシーが広告メディアとして走っています。タクシーの乗客を対象としたサンプリングも可能です。

❶アドケース
❷スーパーステッカー
❸サイドウインドウステッカー
❹ボディステッカー
❺タクシーデジタルサイネージ
　（タクシーちゃんねる）

・ラッピングタクシー

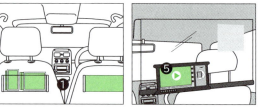

※東京23区、武蔵野市、三鷹市2010年登録台数

交通メディアの接触状況

路線・駅の利用ランキング

[路線利用ランキングベスト10]

路線	人数
JR山手線	3,700千人
JR京浜東北線・根岸線	2,859千人
JR総武線（各駅停車）	1,844千人
JR中央線（快速）	1,622千人
小田急小田原線	1,343千人
東京メトロ丸ノ内線	1,120千人
東京メトロ銀座線	1,098千人
JR総武線快速・横須賀線	1,087千人
東急東横線	1,070千人
京急本線	1,053千人

[駅利用ランキングベスト10]

JR 新宿	1,995千人
JR 東京	1,399千人
JR 池袋	1,248千人
JR 横浜	1,014千人
JR 品川	958千人
JR 上野	864千人
JR 秋葉原	808千人
JR 渋谷	763千人
東急 渋谷	708千人
東京メトロ 渋谷	674千人

（注）当該エリア（東京50km圏）を1週間に1度以上利用した人の推定人数
ビデオリサーチ「SOTO／ex2014」をもとに作成

電鉄の接触状況

電鉄は学生や勤め人といった層で、男女ともに接触率が高くなっています。

[主要6メディアへの接触率（平日）]

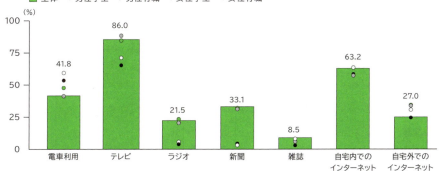

■ 全体　● 男性学生　● 男性有職　○ 女性学生　◎ 女性有職

電車利用	テレビ	ラジオ	新聞	雑誌	自宅内でのインターネット	自宅外でのインターネット
41.8	86.0	21.5	33.1	8.5	63.2	27.0

（注）学生は、中学生、高校生、大学生、各種学校・予備校
（注）有職は、給料事務・研究職、給料労務・作業職、販売・サービス職、経営・管理職、専門職・自由業、商店、工場、サービス業の自営業、農・漁・林業
（注）合計15分以上の行為者

ビデオリサーチ「ACR／ex2014」をもとに作成

アウトドアメディア　Outdoor Media

交通メディアの接触状況

電鉄の広告接触状況

[ユニット別接触状況]

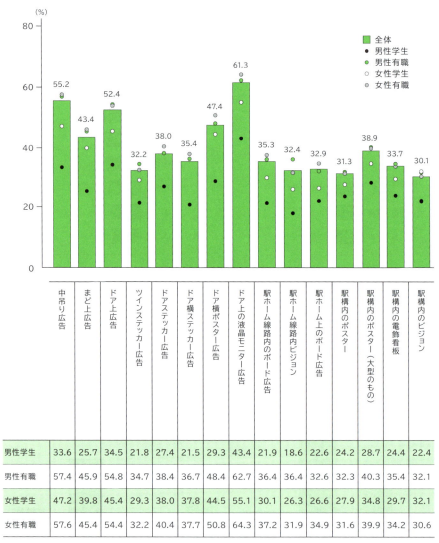

	中吊り広告	まど上広告	ドア上広告	ツインステッカー広告	ドアステッカー広告	ドア横ステッカー広告	ドア横ポスター広告	ドア上の液晶モニター広告	駅ホーム線路内のボード広告	駅ホーム線路内ビジョン	駅ホーム上のボード広告	駅構内のポスター	駅構内のポスター(大型のもの)	駅構内の電飾看板	駅構内のビジョン
男性学生	33.6	25.7	34.5	21.8	27.4	21.5	29.3	43.4	21.9	18.6	22.6	24.2	28.7	24.4	22.4
男性有職	57.4	45.9	54.8	34.7	38.4	36.7	48.4	62.7	36.4	36.4	32.6	32.3	40.3	35.4	32.1
女性学生	47.2	39.8	45.4	29.3	38.0	37.8	44.5	55.1	30.1	26.3	26.6	27.9	34.8	29.7	32.1
女性有職	57.6	45.4	54.4	32.2	40.4	37.7	50.8	64.3	37.2	31.9	34.9	31.6	39.9	34.2	30.6

(注)学生は、中学生、高校生、大学生、各種学校・予備校
(注)有職は、給料事務・研究職、給料労務・作業職、販売・サービス職、経営・管理職、専門職・自由業、商店、工場、サービス業の自営業、農・漁・林業

週1日以上電車に乗った人でベースダウン
ビデオリサーチ「ACR/ex2014」をもとに作成

交通メディアの接触状況

電車内・駅構内での行動

電車内や駅構内は交通メディアに接触する可能性が高く、移動時間を利用してメディア接触する機会もあるため、他メディアとの相乗効果が期待できます。

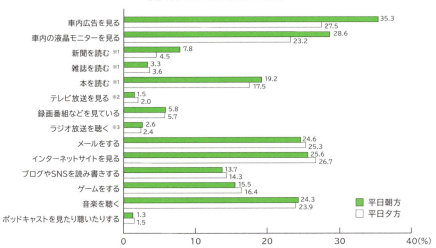

[電車内の過ごし方 東京50km圏]

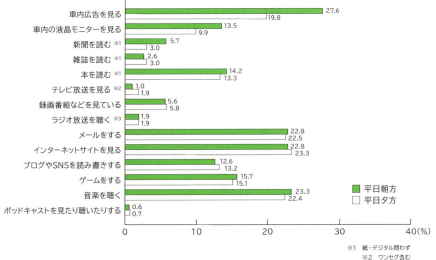

[電車内の過ごし方 関西]

※1 紙・デジタル問わず
※2 ワンセグ含む
※3 インターネット放送含む週1日以上電車を利用した人ベース
ビデオリサーチ「ACR／ex2014」をもとに作成

交通メディアの料金

主な交通メディアの掲出料金

	ユニット	内容	期間	数量	料金（円）
電鉄	中吊り広告	JR山手線群シングル	平日2日	2,800枚	2,100,000
		JR京浜東北線群シングル	平日2日	2,300枚	660,000
		東京メトロ全線シングル	2・3日	3,300枚	2,571,000
		大阪地下鉄全線シングル	3・4日	1,450枚	817,000
	まど上広告	JR山手線群シングル	4・5日	1,300枚	800,000
		JR京浜東北線群シングル	4・5日	2,300枚	500,000
		東京メトロ全線シングル	14日	3,300枚	5,448,000
		東急全線シングル	1ヶ月	1,350枚	2,350,000
	ドア横額面広告	JR新B額面3面セット（S期料金）	7日	28,650枚	19,800,000
	ステッカー広告	JR首都圏Sセット（A期料金）	1ヶ月	10,100枚	9,130,000
		東京メトロ全線ステッカーA（a期料金）	1ヶ月	3,300枚	7,500,000
		東急ドアステッカーA	1ヶ月	1,350枚	2,200,000
	貸し切り電車	JR山手線アドトレイン（A期料金）	半月	―	14,300,000
		東京メトロUライナー（A期料金）	半月	―	8,500,000
		東急TOQBOX	14日	―	6,100,000
	車体広告	JR山手線1編成	14日	―	6,000,000
	車内ビジョン	JRトレインチャンネル　山手線、中央線快速、京浜東北線・根岸線、京葉線、埼京線、横浜線、南武線セット	7日	15秒	4,400,000
	駅貼り広告（セット枠）	連貼セット　山手ライン（B0サイズ）	7日	30枚	2,200,000
		東京メトロワイドセット	7日	40枚	2,300,000
		大阪地下鉄連貼Aセット	7日	20枚	1,200,000
	駅貼り広告（一般枠）	JR東日本S等級駅（B0サイズ）	7日	1枚	84,000
		JR西日本ランク1駅（B0サイズ）	7日	1枚	77,200
		JR東海A等級駅（B0サイズ）	7日	1枚	54,000
バス	まど上ポスター	東京都営バス 全営業所	7日	1,547枚	514,000
		東急バス 全営業所	7日	960枚	393,000
		西武バス 全営業所	1ヶ月	715枚	840,800
	ラッピング	都営バス（特S）	1ヶ月	1台	400,000
		西武バス（Aランク）	12ヶ月	1台	1,100,000
		東武バス（セントラル大型）	12ヶ月	1台	800,000
タクシー	パンフレット広告	タクシーアド　アドケース・カードサイズ	3ヶ月	500台	500,000
	リアウィンドウステッカー	タクシーアド　スーパーステッカー	1ヶ月	500台	1,750,000〜
	車体広告	タクシーアド　ラッピング	1ヶ月	10台	350,000〜

2015年4月現在

アウトドアメディア　Outdoor Media

交通広告出稿状況

交通広告の業種別出稿量

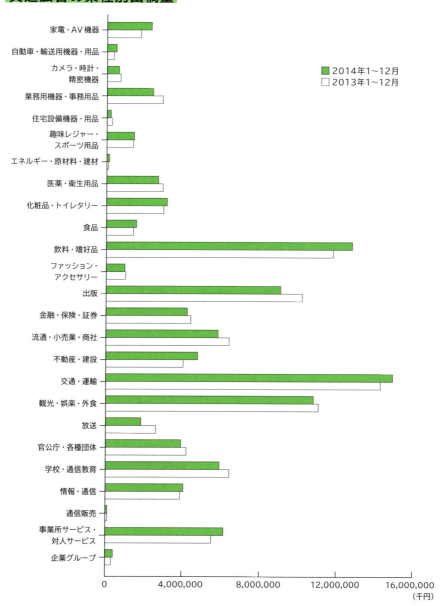

(注)首都圏の大手鉄道会社7社（JR、東京地下鉄、東急、京王、小田急、西武、東武）の駅媒体、車両媒体ごとの主要交通広告及び他4社（京浜急行、相模鉄道、京成、都営地下鉄）の中吊り広告　エム・アール・エス広告調査「広告出稿統計」をもとに作成

アウトドアメディア　Outdoor Media

屋外メディアの種類

屋外メディアの種類

屋外メディアとは、街やロードサイドなどの屋外で展開されるメディアを指し、街頭のサイン・看板、イベントスペースや大型ビジョンなどが代表的です。これらのメディアは、街に集まる多くの来街者に対し、継続的にインパクトのある広告展開が期待できます。

● 主なイベントスペース

媒体名	サイズ	期間（日）	料金（円）
109スクエア（渋谷）	W：3.64m×D：3.64m＋W：4.8m×D：2.4m	1	648,000
PARCOイベントスペース スペイン坂広場（渋谷）	W：7.5m×D：4.42m×T：2.7m	1	650,000
新宿ステーションスクエア	W：7.04m×D：3.89m	1	580,000
ソニースクエア イベントスペース（銀座）	約26㎡	6	4,600,000

2015年4月現在

[屋外大型ビジョン]

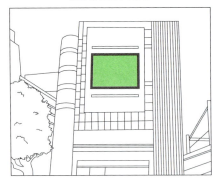

[ビル壁面]

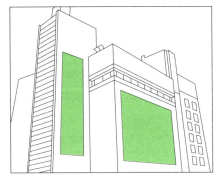

屋外メディアの種類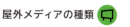

● 主な大型メディア

媒体名	サイズ（H×W）	期間（日）	料金（円）
新宿西口ブライトサインⅠ	柱　1.03m×0.99m（×62面） 壁面　1.85m×5.00m（×1面）	1ヶ月 （28日保証）	16,100,000
新宿西口ブライトサインⅡ	1.03m×0.99m（×31面）	1ヶ月 （28日保証）	3,418,000
109シリンダー（渋谷）	12.0m×8.0m	14	12,000,000
109-2外壁広告（Q2ポイント）（渋谷）	15.45m×6.47m	14	7,300,000
東急東横店壁面＋南館（渋谷）	11.7m×7.8m（×2面） 7.8m×12.2m（×2面）	14	21,500,000
西村ビル（渋谷）	7.6m×14.6m	14	6,125,000
ラフォーレ原宿／LFH 180	18.2m×10.3m	7	12,000,000
ソニースクエア 壁面懸垂幕（銀座）	28.48m×6.7m	6	10,100,000
山野楽器（銀座）	8.06m×8.00m	14	6,250,000
有楽町マリオンセンターモール	8.0m×5.0m（×2面） 3.0m×5.0m（×2面）	14	6,500,000

● 主な大型ビジョン（日数・放映回数などにより、プランを作成します）

媒体名	サイズ（H×W）	期間（日）	料金（千円）／年	年間最低保証日数と回数
Q'sEYE（渋谷）	メイン 7.28m×12.95m バナー 5.32m×12.93m	1日〜半年	13,500／半年	最低保証日数：175日　計：10,800回
Mighty Vision SHIBUYA	5.60m×9.92m	1日〜1年	19,000	最低保証日数：350日　計：21,000回
109フォーラムビジョン（渋谷）	6.4m×8.6m	1日〜1年	17,000	最低保証日数：350日　計：21,000回
アルタビジョン新宿	7.42m×13.06m	1日〜1年	30,000	最低保証日数：350日　計：18,200回
フラッグスビジョン（新宿）	5.44m×9.60m	1日〜1年	18,000	最低保証日数：360日　計：20,160回
原宿アストロ	4.48m×7.68m	1日〜1年	12,000	最低保証日数：350日　計：16,800回
誠志堂ビジョン（六本木）	3.6m×4.8m	1日〜1年	6,480	最低保証日数：360日　計：20,160回
六本木ヒルズビジョン（200インチ）	2.69m×4.80m	1日〜1年	13,200	最低保証日数：365日　計：21,900回
NAGY（名古屋）	5.6m×9.92m	1日〜1年	7,200	最低保証日数：360日　計：24,480回
阪急BIGMAN（梅田）	2.88m×3.84m	1日〜1年	3,600	最低保証日数：365日　計：14,600回
トンボリステーション（道頓堀）	3.07m×4.1m	1日〜1年	8,000	最低保証日数：350日　計：14,000回
クレドビジョン（広島）	3.65m×4.22m	1日〜1年	3,000	最低保証日数：360日　計：18,720回
ソラリアビジョン（天神）	4.4m×5.8m	1日〜1年	4,000	最低保証日数：355日　計：14,200回

（注）仕様、条件などは変わることがあります。
2015年4月現在

アウトドアメディア　Outdoor Media

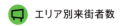 エリア別来街者数

エリア別の推定利用人数

屋外メディアは街全体をメッセージの場として、訪れる多くの来街者にさまざまな手法でアプローチできるメディアです。行動動線上メディアというアウトドアメディアならではの特性を生かし、街を訪れる際の動線となる交通メディアとの相乗効果によって、効果的に広告展開することもできます。

順位	エリア	エリア内推定人口（人）
1	新宿（西口周辺）	1,153,000
2	上野・御徒町	1,087,000
3	池袋（東口・サンシャイン周辺）	964,000
4	新宿（東口周辺）	947,000
5	新宿（南口周辺）	908,000
6	有楽町	808,000
7	秋葉原	780,000
8	銀座	752,000
8	池袋（西口周辺）	752,000
10	新橋	730,000
11	渋谷（道玄坂・東急本店通り）	663,000
12	日本橋	619,000
13	北千住	568,000
14	お茶の水・神保町	535,000
15	渋谷（宮益坂周辺）	529,000
16	渋谷（センター街・公園通り）	513,000
17	大手町	507,000
18	浅草	485,000
19	錦糸町	457,000
20	八重洲	440,000
21	蒲田駅周辺	429,000
22	高田馬場	423,000
23	六本木	412,000
23	表参道	412,000
23	中野駅周辺	412,000
26	水道橋・後楽園	401,000
27	飯田橋・神楽坂	396,000
27	恵比寿・代官山	396,000
29	浜松町・大門	390,000
30	丸の内	384,000

（注）当該エリア（東京50km圏）を1週間に1度以上利用した人の推定人数
ビデオリサーチ「SOTO／ex2014」をもとに作成

アウトドアメディア　Outdoor Media

屋外メディアの広告評価

■ サイン・看板の評価指標

サイン・看板のプランニングに際し、「何を目安にしてメディアの価値を判断するべきか」「何を基準に広告を実施するのか」を明確にするために、以下の3つの指標があります。

● DEC（Daily Effective Circulation）：交通量評価

提案するサイン・看板の所在地の1日あたりの交通量。車両交通量、歩行者数を道路交通センサス（国土交通省）、最寄り駅乗降客数などの基本数値をもとに算出。

● CPM（Cost Per Mill）：コスト評価

提案するサイン・看板が1日1,000人と接触するためにかかるコスト。コスト効率の基準値。

● FIR（Field Impression Rating）：視認性評価

提案するサイン・看板が「どのように見えるのか」を数値評価したもの。評価は5段階評価で行われ、人の進行方向とメディアの位置関係、人の目線とメディアの高さの関係、メディア周辺の状況（他の広告の有無など）で、100ポイントを満点とし、25ポイントごとの減点法にて算出。

- ・FIRの評価基準
    - ・ターゲットの進行方向に対するメディアの向き
        - ①進行方向に対し、正面に設置　　：FIR 100
        - ②進行方向に対し、斜め左右に設置：FIR 75（-25ポイント）
        - ③進行方向に対し、左右平行に設置：FIR 50（-50ポイント）
    - ・その他、高さ、視認距（ショートアプローチ）、障害物などにより各-25ポイント

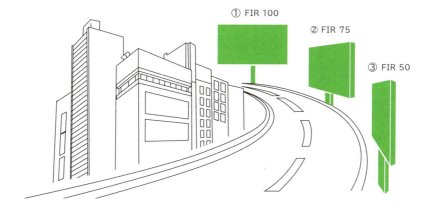

屋外メディアの広告評価

サイン・看板の評価指標

あるエリアにおいてサイン・看板を展開するとき、どのレベルまで量を確保するべきなのか、その評価基準が「SHOWING」という考え方です。SHOWINGとは、特定のエリアの人口に対するサイン・看板のDEC（Daily Effective Circulation）の合計の割合を指します。
例えば、人口50万人のエリアに対し、そのエリアに展開したサイン・看板のDEC合計が50万人なら100SHOWING。DEC合計が25万人なら50SHOWING。あるエリアで展開したサイン・看板すべての前を、人口の何％が通ったかを表す数字です。SHOWINGが大きいほど広告効果は高まります。目標とするSHOWINGを得られるようなDECのメディアを選定することで、効率的な展開が可能になります。

● SHOWINGの計算例

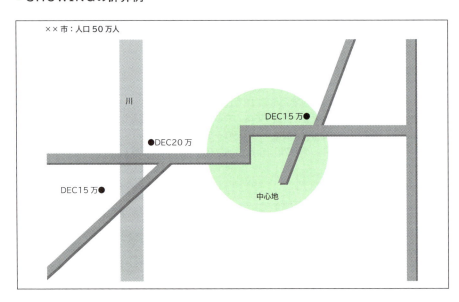

$$\frac{トータルDEC＝15万＋20万＋15万}{人口50万人} \times 100 = 100SHOWING$$

シネアド

シネアドとは

シネアドとは映画館で本編上映前に流れるCMのことです。シネアドは全国をネットワークすることができ、1館・1作品からの上映も可能という柔軟性に富んだメディアです。上映前の期待感が高まっているタイミングでオンエアすることから、高い専念視聴が期待され、もっとも記憶に残るメディアといわれています。そして、最新鋭の映像・音響設備を導入しているため、高品質な映像と音声が再生可能です。映画館ではシネアド上映以外に、サンプリング、ロビーイベント、プレイスメントなど多面的なプロモーション展開も可能です。商業施設に入居したシネマコンプレックスでのシネアド上映は、購買行動に影響を与え「リーセンシー・メディア」として注目されています。

● 主な映画館チェーン

映画館チェーン名	総劇場数	主な劇場	総スクリーン数
イオンシネマ	80	イオンシネマ板橋、イオンシネマ越谷レイクタウン	687
TOHOシネマズ	63	TOHOシネマズ六本木ヒルズ、TOHOシネマズ渋谷	589
ユナイテッド・シネマ（シネプレックスチェーン含むグループ）	34	ユナイテッド・シネマ豊洲、シネプレックス幕張	331
MOVIX	26	新宿ピカデリー、MOVIXさいたま	246
ティ・ジョイ	17	新宿バルト9、T・ジョイ博多	164
109シネマズ	17	109シネマズ木場、109シネマズ名古屋	154
シネマサンシャイン	13	シネマサンシャイン池袋、シネマサンシャイン平和島	99

● 主な映画館の料金例

劇場名	スクリーン	座席数	30秒2週間料金（円）	
			全スクリーン上映	作品指定
TOHOシネマズ六本木ヒルズ	9	2,099	1,500,000	750,000
新宿バルト9	9	1,842	1,400,000	340,000
TOHOシネマズ渋谷	6	1,224	900,000	350,000
ユナイテッド・シネマ豊洲	12	1,770	900,000	300,000
イオンシネマ板橋	12	2,326	990,000	350,000
横浜ブルク13	13	2,615	800,000	200,000
チネチッタ	12	3,208	900,000	280,000
109シネマズ名古屋	10	1,940	800,000	200,000
TOHOシネマズ名古屋ベイシティ	12	2,671	800,000	300,000
TOHOシネマズ梅田	10	2,558	1,300,000	450,000
梅田ブルク7	7	1,595	750,000	200,000
TOHOシネマズなんば	12	2,440	1,300,000	450,000

（注）デジタル素材配信費などが別途必要です。
2015年4月現在

アウトドアメディア Outdoor Media

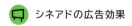

シネアドの広告効果

シネアドは、映画上映直前にオンエアされるため、記憶に残りやすく、商品・サービスの内容理解に効果的で、他メディアとの相乗効果も期待できます。映画鑑賞後は消費行動の機会が多いため、シネアドを活用することにより、映画鑑賞後の広告商品購入につなげることが期待できます。

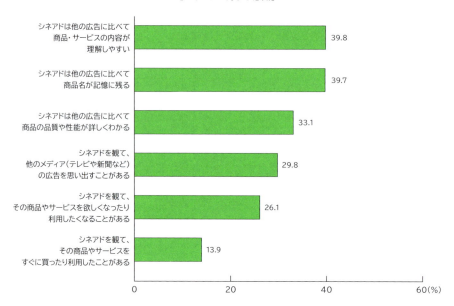

[シネアドに対する意識]

- シネアドは他の広告に比べて商品・サービスの内容が理解しやすい: 39.8
- シネアドは他の広告に比べて商品名が記憶に残る: 39.7
- シネアドは他の広告に比べて商品の品質や性能が詳しくわかる: 33.1
- シネアドを観て、他のメディア（テレビや新聞など）の広告を思い出すことがある: 29.8
- シネアドを観て、その商品やサービスを欲しくなったり利用したくなることがある: 26.1
- シネアドを観て、その商品やサービスをすぐに買ったり利用したことがある: 13.9

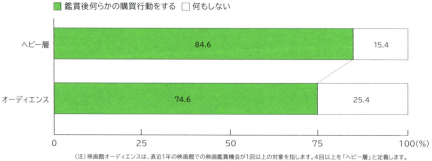

[映画鑑賞後の行動について]

■ 鑑賞後何らかの購買行動をする　□ 何もしない

- ヘビー層: 84.6 / 15.4
- オーディエンス: 74.6 / 25.4

（注）映画館オーディエンスは、直近1年の映画館での映画鑑賞機会が1回以上の対象を指します。4回以上を「ヘビー層」と定義します。

シネブリッジ「メディアに関するアンケート」より

店・ルートメディアの概要

生活者が立ち寄る場所・空間・ルートそのものをメディア化したのが、店・ルートメディアです。「一般生活」「食生活」「ビジネス」「娯楽・レジャー」「教育」「美容・健康・スポーツ」「医療」「その他」の8ジャンルに分類されています。

店・ルートメディアの種類

①一般生活ルート
通常の生活行動の中で、接触する店やルート。
(例) ガソリンスタンド／理髪店／書店／総合スーパー、ドラッグストアなどの流通ほか

②食生活ルート
ファストフード、レストランなど、食べることに関連した店やルート。

③ビジネスルート
ビジネスマン・OLをターゲットとした、オフィスやオフィス周辺のルート。
(例) フリーペーパーほか

④娯楽・レジャールート
遊び・旅行・趣味など、暮らしの中のオフタイムにアプローチする店や空間。
(例) カラオケボックス／ゲームセンター／レンタルショップほか

⑤教育ルート
学生やその親をターゲットとした学校などの教育関連ルート。
(例) 幼稚園／学習塾／専門学校ほか

⑥美容・健康・スポーツルート
主に女性をターゲットとした、美容・健康・スポーツに関連した店・施設など。
(例) 美容院／フィットネスクラブ／エステティックサロンほか

⑦医療ルート
歯科・薬局・病院など。

⑧その他
通信販売・カードほか各種会員誌同梱。

● ターゲティング可能な手渡す広告「カタリナ」

カタリナとは全国37チェーン約5,000店舗の総合スーパー、スーパーマーケット、ドラッグストアでレジ会計時に発券され、レシートとともに直接購入客に手渡すことができる広告です。購買時や過去の購買履歴といった実際の購買データを元にしたターゲットセグメントが可能なため、ターゲットに効率的にリーチし、来店促進、購買促進に効果的です。

施設メディアの種類

施設メディアの種類

施設メディアとは、野球場や多目的アリーナ、空港やスキー場など、大勢の人が集まる施設に設置されたメディアの総称です。野球場のスコアボードや内・外野の看板などなじみ深いものが多く、テレビで放送されるという付加価値の高いメディアでもあります。

アウトドアメディア / Outdoor Media

施設名	広告枠		サイズ（H×Wmm）	仕様	料金（万円）
東京ドーム（最大収容人員：50,000人 観客動員：800万人／年）	外野大型看板		7,400×9,500	ネコ	14,000
	外野フェンス		1,000×5,000〜6,000	シート貼り	15,000
	内野フェンス		1,000×5,000〜6,000	シート貼り	4,000
横浜スタジアム（最大収容人員：30,000人 観客動員：126万人／年）	外野フェンス		2,000×10,800	シート貼り	2,500
	内野フェンス		2,000×11,000	シート貼り	900
東京国際空港（羽田空港）国内線（乗降客：6,200万人／年）	第1ターミナル	地下ロビー	1,740×2,260	コルトン	400
	第2ターミナル	2階出発コンコース	1,300×3,810	コルトン	620
成田国際空港（乗降客：3,600万人／年）	第1ターミナル南ウイング	4階出発ロビー	1,500×9,860	コルトン	1,100
	第2ターミナルサテライト	3階出発動線	1,500×3,000	コルトン	320
	第1ターミナル北ウイング	4階出発ロビー	6,000(W)×2,500(D)×2,000(H)	展示スペース	1,300

		媒体費	掲載期間	製作費概算	備考
六本木ヒルズメトロハット	内側	500万円	7日間	別途	取り付け施工に1日かかるので、実質掲出期間は火曜日朝〜日曜日夜になります。
	外側	500万円	7日間	別途	
表参道ヒルズメディアシップ　フルパック		2,400万円	7日間	別途	館内：懸垂幕・電飾看板・ビジョン　ほか 館外：ボード・フラッグ　ほか
東京ミッドタウンセット		1,050万円	2週間	別途	B1F：ガラス壁面・柱巻き・ボード　ほか 1F：柱巻き・バナーポール・ガラス壁面

（注）期間は年契約または1シーズンになります。
2015年4月現在

東京スカイツリータウン®

2012年5月22日に開業した東京スカイツリー®の来場者は1,313万人(2014年6月30日)となりました。東京スカイツリータウン®全体の来場者数は開業849日で1億人(2014年9月17日)を突破し、東京の新しい観光名所として今後も来場者が増えることが予想されます。

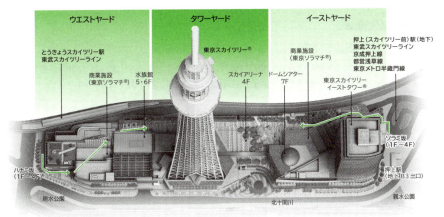

© TOKYO-SKYTREETOWN

東京スカイツリータウンの利用経験

[東京スカイツリー®か東京ソラマチ®を利用したことがある]

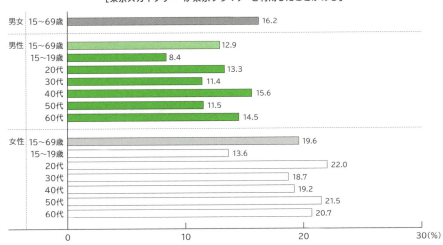

		値(%)
男女	15～69歳	16.2
男性	15～69歳	12.9
	15～19歳	8.4
	20代	13.3
	30代	11.4
	40代	15.6
	50代	11.5
	60代	14.5
女性	15～69歳	19.6
	15～19歳	13.6
	20代	22.0
	30代	18.7
	40代	19.2
	50代	21.5
	60代	20.7

(注) 東京スカイツリー®は「最近1年間の利用」、東京ソラマチ®は「最近6カ月の利用」。
(注) 調査エリアは、東京50km圏
ビデオリサーチ「ACR/ex2014」をもとに作成

家メディアの種類／オリコミ

家メディアの種類

オリコミやダイレクトメール、ポスティングなど、生活者に直接届くメディアが家メディアです。広告展開としてはオーソドックスな手法ですが、ターゲットセグメントに優れ、きめ細かい展開が可能です。代表的な家メディアは、上記のほかにも電話帳、通販同梱などがあります。

オリコミの特徴

● 家庭に到達するメディア

休刊日を除き宅配される新聞にほぼ毎日折り込まれ、家庭に配達されるオリコミは、全国の新聞購読者に到達可能です。満枠がなく、安価でサーキュレーションの高い、使い勝手の良いメディアです。

● 新聞宅配ネットワークにより確実に家庭に到達

ターゲットに合わせた新聞の選択、配布日の設定、クリエイティブの自由度など柔軟性の高いメディアです。

● 自由度の高いエリア設定が可能

各新聞販売店のカバーする区域ごとに自由にエリアが設定でき、最少申し込み単位は新聞販売店1店舗から可能です。

オリコミの料金

● サイズ

折り込む印刷物の大きさによって料金が異なり、B版が基本（A4はB4、A3はB3料金を適用するのが基本）です。ただし、料金は各県・各エリアによってすべて異なります。
例えば東京23区でB4普通紙の通常料金は@3.30円。2つ折りの物は開いた際のサイズを適用するのが一般的ですが（折ってB4の場合はB3料金を適用）、これもおのおのの判断が異なるので、事前の確認が必要となります。

● 重量

サイズ以外にも紙の重量によって料金が異なりますが、重量紙の規定は各県ごとに異なります。

● 配送費

首都圏で配布する場合、指定された配送センターに印刷物を納品した場合は配送料はかかりませんが、地方で展開する場合は現地での配送料が別途必要となります（印刷会社から配送センターまでの配送費は別途発生）。

● 変形

変形・圧着・はがき付きなどの特殊形状には別途、料金の規定があります。

オリコミの接触状況

オリコミの閲読状況

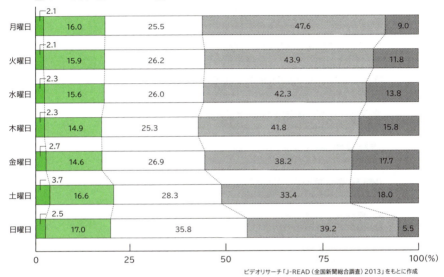

[曜日別閲読状況]

■ほとんどのチラシ広告を詳しく読んだ　■ひととおりざっと読んだ　□興味のあるものだけ読んだ　チラシ広告を読まなかった　■不明

曜日	詳しく読んだ	ざっと読んだ	興味のあるものだけ	読まなかった	不明
月曜日	2.1	16.0	25.5	47.6	9.0
火曜日	2.1	15.9	26.2	43.9	11.8
水曜日	2.3	15.6	26.0	42.3	13.8
木曜日	2.3	14.9	25.3	41.8	15.8
金曜日	2.7	14.6	26.9	38.2	17.7
土曜日	3.7	16.6	28.3	33.4	18.0
日曜日	2.5	17.0	35.8	39.2	5.5

ビデオリサーチ「J-READ（全国新聞総合調査）2013」をもとに作成

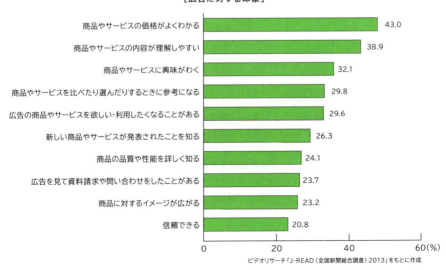

[広告に対する印象]

項目	%
商品やサービスの価格がよくわかる	43.0
商品やサービスの内容が理解しやすい	38.9
商品やサービスに興味がわく	32.1
商品やサービスを比べたり選んだりするときに参考になる	29.8
広告の商品やサービスを欲しい・利用したくなることがある	29.6
新しい商品やサービスが発表されたことを知る	26.3
商品の品質や性能を詳しく知る	24.1
広告を見て資料請求や問い合わせをしたことがある	23.7
商品に対するイメージが広がる	23.2
信頼できる	20.8

ビデオリサーチ「J-READ（全国新聞総合調査）2013」をもとに作成

アウトドアメディア　Outdoor Media

オリコミの接触状況／電話帳

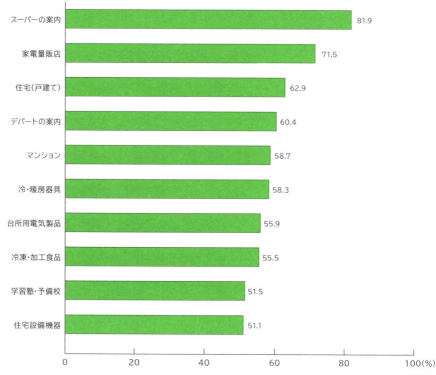

電話帳（タウンページ）

タウンページの名称で親しまれている電話帳は全国の世帯や企業に無料配布されており、配布部数は4,550万部です（2014年4月現在）。知名度は96.6％、保有率は65.6％（NTTタウンページ2014年2月調査より）となっており、インターネットが普及した現在にあっても、中高年層などに有効です。また、タウンページは生活者が実際に商品やサービスを探す場合に使用するリーセンシーメディアであるため、高い訴求効果が期待できます。また、都道府県別で行政区域の市町村単位で展開されているため、エリアを絞って活用することができます。

● 広告出稿統計（テレビ／ラジオ）

	テレビ	ラジオ
調査地域	関東・関西・名古屋	関東・関西
対象局	関東5局・関西5局・名古屋5局　計15局	関東5局・関西4局　計9局
対象広告範囲	全広告を対象	
広告量単位	秒数	
調査実施	ビデオリサーチ	

主なデータの調査概要

● 広告出稿統計（新聞／雑誌／交通広告）

	新聞	雑誌	交通広告
調査地域	全国		首都圏
対象	中央紙40紙、ブロック紙6紙、地方紙52紙、スポーツ紙13紙、タブロイド紙4紙、経済紙4紙、その他1紙　計120紙 ※対象紙数 　2014年12月現在	一般週刊誌10誌、女性週刊誌9誌、娯楽週刊誌33誌、総合月刊誌11誌、趣味・娯楽月刊誌90誌、女性月刊誌109誌、少年少女コミック誌27誌、健康誌8誌、経済誌13誌、住宅誌2誌、カード・機内誌6誌、コンピュータ誌14誌、自動車誌11誌　計343誌 ※対象誌数 　2014年12月現在	首都圏の鉄道会社7社（JR東日本、東京地下鉄、東急電鉄、京王電鉄、小田急電鉄、東武鉄道、西武鉄道） 中吊り広告は7社＋4社（京浜急行、相模鉄道、京成電鉄、都営地下鉄）　計11社
対象広告範囲	雑報を除く記事下広告を対象	自社広告を除く全広告を対象	車両媒体・駅媒体の主要交通広告
広告量単位	段数	ページ数	件数
調査実施	エム・アール・エス広告調査		

● ACR／ex調査、MCR／ex調査、SOTO／ex調査

主なデータの調査概要

調査エリア	東京50km圏（東京・神奈川・千葉・埼玉・茨城）、関西地区（滋賀・京都・大阪・兵庫・奈良）、名古屋地区（岐阜・愛知・三重）、北部九州地区（福岡）、札幌地区（北海道）、仙台地区（宮城）、広島地区（広島）
標本抽出方法	ARS（エリア・ランダム・サンプリング） ※調査対象者の無作為抽出、インターネット非利用者も含む市場全体を母集団とする設計
調査対象者	12〜69歳の男女個人
有効標本数	東京50km圏4,584s、関西地区1,708s、名古屋地区992s、北部九州地区785s、札幌地区839s、仙台地区806s、広島地区786s　計10,500s ※SOTO／ex調査のみ東京・大阪
調査方法	訪問による調査対象者説得後、電子調査票による調査 ※回答者全員に通信機能付きの回答専用端末（タブレット端末）を貸与
調査期間	2014年4〜6月
調査実施	ビデオリサーチ

● HABIT／ex調査

調査エリア	関東（東京50km圏：東京・神奈川・千葉・埼玉・茨城）、関西（滋賀・京都・大阪・兵庫・奈良）
標本抽出方法	ARS（エリア・ランダム・サンプリング） ※調査対象者の無作為抽出、インターネット非利用者も含む市場全体を母集団とする設計
調査対象者	12〜69歳の男女個人
有効標本数	関東4,584s　関西1,708s　計6,292s
調査方法	訪問による調査対象者説得後、電子調査票による調査 ※回答者全員に通信機能付きの回答専用端末（タブレット端末）を貸与
調査期間	2014年4〜6月
調査実施	ビデオリサーチACR／ex調査パネル対象者に博報堂オリジナル調査を実施

（注）有効標本数のsはサンプルのこと

● メディア定点調査2014

調査エリア	東京・大阪・愛知・高知
標本抽出方法	RDD(ランダム・デジット・ダイヤリング)
調査対象者	対象エリア在住の15~69歳の男女個人
有効標本数	東京634s、大阪645s、愛知653s、高知635s 計2,567s
調査方法	郵送調査
調査期間	2013年2月
調査主体	博報堂DYメディアパートナーズ
調査実施	ビデオリサーチ

● BSパワー調査(プロフィール調査/接触率調査)

	プロフィール調査	接触率調査
調査地域	全国	
標本抽出方法	RDD(ランダム・デジット・ダイヤリング)	
調査対象	BSデジタル放送が視聴可能な世帯及びその世帯居住の12歳以上個人	プロフィール調査世帯へ接触率を調査 1世帯最大8人まで、テレビ3台まで
有効標本数	1,045世帯、2,648s ※2013年4月調査	934世帯、2,594s(4歳以上) ※2013年10月調査
調査方法	郵送調査	郵送日記式調査
調査期間	2013年2~3月、8月	2013年10月
調査主体	民放BS6局	
調査実施	ビデオリサーチ	

(注)有効標本数のsはサンプルのこと

主なデータの調査概要

● 機械式ペイテレビ接触率共同調査

調査エリア	関東(東京30km圏)、関西(滋賀・京都・大阪・兵庫・奈良の主要地域)
標本抽出方法	調査地域において訪問・協力依頼により母集団調査を実施 母集団調査で得られた情報に基づき地区、受信経路などを割付けし、調査対象世帯を抽出
調査対象	直接受信及びCATV経由により専門チャンネル視聴可能な世帯及び4歳以上の世帯内個人 (但し、付帯調査は13歳以上の世帯内個人) 専門チャンネル視聴可能なテレビ受像機最大3台まで
有効標本数	関東・関西地区　計600世帯
調査方法	音声マッチングによる機械式調査　押しボタンによって個人接触を測定
調査主体	衛星テレビ広告協議会(CAB-J)

● Radio fit調査(ラジオ番組質的価値調査)

調査エリア	東京35km圏(首都圏ラジオ調査と同一エリア)
調査対象者	15～69歳の男女個人
有効標本数	本レポートでは、スポンサーごとの反応数で、提供効果を算出(総数:約2,000)
調査対象番組	AM／FM、ワイド／個別／ナイターなどの主要85番組(内ナイター2番組)
調査方法	ビデオリサーチ協力機関のWeb調査モニターを利用したインターネット調査
調査期間	2013年9～10月の連続した4週間
調査実施	ビデオリサーチ

● ラジオ番組長期R&F推定

調査エリア	東京35km圏
調査対象者	Radio fit調査対象者のうち、追加調査に回答した男女個人
有効標本数	15～69歳の男女約2,000s
調査対象番組	帯番組27番組、箱番組41番組　計68番組
調査方法	ビデオリサーチ協力機関のWeb調査モニターを利用したインターネット調査
調査期間	2013年9～10月の連続した4週間
調査実施	ビデオリサーチ

● J-MONITOR（新聞広告共通調査プラットフォーム）

調査エリア	当該新聞購読可能なエリア（原則として都道府県単位）
調査対象者	当該新聞を購読している15～69歳の男女個人
標本サイズ	1パネルあたり原則300s
調査方法	インターネット調査
調査実施	ビデオリサーチ

● 2013年フリーペーパー・フリーマガジン広告費調査

調査エリア	全国
調査対象	全国のフリーペーパー・フリーマガジン
調査数	調査事業所数1,460社（調査総数1,490社から廃刊・休刊・所在不明などを除いた事業所数） 有効回答数（集計事業所数）163社
調査方法	郵送調査
調査主体	電通　電通総研

主なデータの調査概要

（注）有効標本数のsはサンプルのこと

● M-VALUE（エム・バリュー）／雑誌広告効果測定調査

主なデータの調査概要

調査エリア	ビデオリサーチ「MAGASCENE」に準ずる全国主要7地区（東京50km圏、関西地区、名古屋地区、北部九州地区、札幌地区、仙台地区、広島地区の16都道府県）
調査対象者	調査エリアに居住する15〜69歳の男女個人
2013年度対象誌	19社33誌（2013年10月売り号）
目標有効標本数	1誌あたり150s
調査方法	インターネット調査
調査期間	2013年10〜11月
調査主体	日本雑誌協会、日本雑誌広告協会
調査実施	ビデオリサーチ

● メディアに関するアンケート

調査エリア	全国
調査対象者	15〜69歳の男女個人
有効標本数	1,000s
調査方法	インターネット調査
調査期間	2012年12月
調査主体	シネブリッジ

（注）有効標本数のsはサンプルのこと

宣伝会議の書籍

日本の広告会社
(アドガイド)2014-2015

宣伝会議 編
■本体10,000円+税　ISBN 978-4-88335-315-6

創刊から35年の歴史を持つ、広告ビジネスに役立つ年鑑。常に変化を続ける広告業界の最新企業情報を2280社分掲載しており、宣伝部、広報部、販売促進部の必携書。

デジタルマーケティング年鑑2015

宣伝会議 編
■本体15,000円+税　ISBN 978-4-88335-325-5

劇的に進化を続けるデジタル活用の潮流を、最新の企業事例で徹底解説。2015年の注目キーワード、<目的別>サービス・ツールの動向、デジタルマーケティング支援企業情報など、資料編も充実。圧倒的な情報量で実務に役立つ一冊。

広告制作料金基準表
(アド・メニュー)'15-'16

宣伝会議 編
■本体9,500円+税　ISBN 978-4-88335-319-4

広告制作における最新料金基準を公開。また、「プロジェクションマッピング」「進化型アドバルーン」「贈賞式イベント」「パノラマ動画」「着ぐるみ」など、時代に合わせたユニークな広告の制作料金表も追加。

広告法務Q&A

日本広告審査機構(JARO) 著
■本体3,000円+税　ISBN 978-4-88335-317-0

日本広告審査機構(JARO)の設立40周年記念出版。広告・表示の信頼性を向上させるための活動を続けるJAROに寄せられた相談の中から、汎用性の高いものを150件例示。広告規制の基礎をつかめる一冊。

詳しい内容についてはホームページをご覧ください　www.sendenkaigi.com

博報堂DYメディアパートナーズ／編

Staff

総括
三神 正樹　内田 哲也

編集・監修
西川 昌憲　新美 妙子　平野 友子

執筆
[テレビ]―大野 淳　田代 奈美
[ラジオ]―大木 秀幸　勝田 佳名子　露木 浩貴　武方 浩紀
[新聞]―原口 誠　白井 悠一
[雑誌]―崎浜 由佳
[インターネット]―小高 治正　市川 修平
[アウトドアメディア]―沢村 健吾　吉川 誠

制作
嶋田 祐三子

デザインディレクション
杉山 豊

広告ビジネスに関わる人の

メディアガイド2015

2015年5月1日　初版第1刷発行
2015年9月1日　第3刷発行

編　者　株式会社博報堂DYメディアパートナーズ
発行者　東　英弥
発行所　株式会社宣伝会議
http://www.sendenkaigi.com
〒107-8550 東京都港区南青山3-11-13
電話：03-3475-7670（販売）

装丁・本文デザイン　株式会社 Hd LAB.
印刷・製本　シナノ書籍印刷株式会社

©HAKUHODO DY MEDIA PARTNERS Inc. 2015
ISBN978-4-88335-332-3 C2063
無断転載禁止。乱丁・落丁本はお取替えいたします。
Printed in Japan